碑林三学街文史宝典

主编 张永禄 执行主编 朱文杰

西安出版社
西安曲江出版传媒股份有限公司

图书在版编目（CIP）数据

碑林三学街文史宝典 / 张永禄主编 . -- 西安：西安出版社，2017.3
 ISBN 978-7-5541-2090-3

Ⅰ．①碑… Ⅱ．①张… Ⅲ．①碑林－史料－西安 Ⅳ．① K877.424

中国版本图书馆 CIP 数据核字（2017）第 063080 号

碑林三学街文史宝典
BEILIN SANXUEJIE WENSHI BAODIAN

| 主　　编：张永禄 |
| 执行主编：朱文杰 |
| 策划统筹：史鹏钊 |
| 策划编辑：范婷婷 |
| 责任编辑：张增兰　张广孝　路　索 |
| 责任校对：张爱林　陈　辉　张忝甜 |
| 装帧设计：冯　波 |
| 责任印制：宋丽娟 |
| 出　　版：西安出版社 |
| 　　　　　（西安市长安北路 56 号） |
| 电　　话：（029）68206262 |
| 邮政编码：710061 |
| 发　　行：西安曲江出版传媒股份有限公司 |
| 　　　　　（西安曲江新区雁南五路 1868 号影视演艺大厦 14 层 11401、11402） |
| 印　　刷：陕西龙山海天艺术印务有限公司 |
| 开　　本：787mm×1092mm　1/16 |
| 印　　张：28 |
| 字　　数：300 千 |
| 版　　次：2017 年 4 月第 1 版 |
| 　　　　　2017 年 4 月第 1 次印刷 |
| 书　　号：ISBN 978-7-5541-2090-3 |
| 定　　价：268.00 元 |

△读者购书、书店添货或发现印装质量问题，请与本公司营销部联系、调换。
　电话：（029）68206213　68206222（传真）

《碑林三学街文史宝典》编委会

主　　任：吴　键　李　元　姚立军

副 主 任：孙　超　李铁军

编　　委：刘骑超　彭海涛　马更正
　　　　　党　育　邱　伟　宋雯君

主　　编：张永禄

执行主编：朱文杰

编写组成员：
　　　　　王民权　王　肃　史红帅
　　　　　王向辉　刘新中　骆延峰
　　　　　王　翰

前 言

千秋文庙蕴长安

西安,地处关中平原、中国腹地,是中华文明的摇篮之一,也是中国古代历史的中心舞台之一,在世界历史上声名远播的周、秦、汉、唐王朝均建都于此,其所承载和反射的文明光辉代表了当时人类所能企及的最高峰。西安所代表的传统文化是开放、包容的,以西安为起点的丝绸之路连接了东西方世界,促进了黄河流域文明与两河流域文明的交融与交流;西安孕育了特质不同的佛道祖庭文化和影响深远的儒家文化,浓郁的文化气息将西安书写在人类文明发展史册的醒目位置。值得注意的是,儒家文化作为中华文明的底色,在西安文化历史中留下了重要一笔。唐宋时期西安文庙是祭祀孔子、兴办太学的重要场所。随着儒学的深入发展,关中地区以冯从吾为代表,凝聚了一批继承程朱理学的文人,以关中书院为中心产生的理学分支"关学"逐渐进入思想史的视野,并且在明清之际发展壮大。

元代蒲道源的《御香至文庙》写道:"莫将灰冷叹斯文,星使来添宝鼎薰。晋邸祝釐皆有谓,泮宫行事未前闻。"伴随着文庙的兴盛,三学街地区在历史上形成了长期稳定的"一庙三学"格局。"一庙"指文庙,"三学"指西安府学、咸宁县学和长安县学。西安文庙始建于宋,明代增拓,清代修补之，现为西安碑林历史博物馆前部。西安碑林是目前国内集中收藏古代碑刻数量最大、历史最久的一处碑林，堪称是一座儒家典籍的石质图书馆和内容丰富的史料档案库，是中国文字发展史的直观展示和中国古代书法艺术与碑石雕刻艺术的宝库。

西安府学是明清西安府立地方中等学校，宋京兆府学于北宋景祐元年（1034）创立，崇宁二年（1103）徙于今址。其后，金京兆府学、元奉元路学、明清西安府学皆沿设于此。咸宁县学是明清咸宁县立地方中等学校，明成化七年（1471）徙于府学之东；明万历四十六年（1618）在咸宁县学二门外建砖塔一座，称"魁星阁"，至今仍在。长安县学是明清长安县立地方中等学校，明成化九年（1473）徙于府城南门内东偏府学西侧。

关中书院是由明代著名理学家冯从吾在明神宗万历三十六年（1608）创建于西安宝庆寺及其东侧小悉园。明清时期，它与仁文书院、东林书院、徽州书院并列为"四大书院"，一直到清光绪二十九年（1903）才被改制为陕西师范大学堂。

关学是宋明理学中的一个重要学派，由明代张载创立，后又有冯从吾集大成，在中国思想史上影响深远。就关学的内涵性质而言，它属于宋明理学中"气本论"的一个哲学学派。张载提出空虚即气，主张气为充塞宇宙的实体。同时，承认物质存在于精神之前，是朴素的唯物主义思想。"经世致用""躬行实践"的实学精神，是关学经过几百年来沉淀提炼的优良学风，它在宋明理学中具有独特的特点，同时，对中国的学术史和思想史也具有较大影响。关学所提出的这种精神，也值得我们当代人继承和学习。关中书院在冯从吾、李二曲的教育实践中，培养了一大批"明体适用"的人才，形成了学以致用的关中学风。

当代对于碑林三学街历史文化街区的范围划分基于历史上形成的"一庙三学"格局，该文化街区整体位于明城南部，在南门东侧，是由东木头市、柏树林、安居巷、三学街四条城市道路围合起来的一个完整街坊。其主要历史景观建筑有碑林博物馆、关中书院、魁星楼、卧龙寺、宝庆寺塔等。历史文化街区的保护实际上是在传统文化的传承基础上，对碑林三学街历史文化街区的保护与现代提升，是传承儒家文化精神、实现文化自信的有力途径，更有效地保护了历史遗存，积极传承和利用了传统文化财富。

陕西省西安市在2015年制定了《西安市碑林区特色街区建设管理办法（试行）》《书院门·三学街历史文化街区管理暂行办法》等一系列保护管理办法，在改造提升过程中秉承"修旧如旧"原则，依托碑林地区独有的历史文化资源，更好地向世人展示西安乃至陕西厚重的文脉和底蕴。进而，站在全球文化保护的角度，审视陕西的文化优势。

碑林文化街区的改造提升，将借鉴西安市街区改造的成功经验，通过"碑林区块+曲江团队"合作建设，形成文化带动旅游发展的新模式，在古城特色文化街区改造上做出新实践、新探索。同时街区公共基础设施将联合世界顶尖规划设计团队，超前规划好该街区的立体交通体系，有效提升区域公共基础设施水平，使碑林文化街区的改造成为西安这座千年古都综合改造提升的新亮点。

该项目启动后，由曲江新区团队和碑林三学街历史文化街区团队共同组建了相关文史专家团队，多次进行现场调研，组织专业人员编撰了《碑林三学街文史宝典》一书，字数约30万字，图片近百幅，尽收隋唐至明清时期碑林三学街街区的建设、迁移、改造等历史状貌，囊括地理、文化、遗存、诗文等诸多史料，全方位、多视角地深入介绍碑林三学街历史文化街区的建置、碑林文化及宝庆寺塔、卧龙寺塔等千年古寺的历史、概貌、文化遗存，为全方位设计、规划、保护碑林三学街历史文化街区提供翔实的图文资料和文献依据，为发掘关学文化底蕴、传承碑林千年历史精神、重塑大唐风骨和明清盛景资以品鉴。

张永禄

2017.1.12

【目录】 碑林三学街文史宝典

第一编·概况

第一章·自然概况 /3

第一节　地理位置 /4

第二节　地貌状况 /5

第三节　气候条件 /5

第四节　人口与民族 /6

第二章·街区范围 /9

第一节　三学街的概念 /10

第二节　三学街的来历 /11

第三节　三学街历史演变 /12

第三章·三学街的人文特质 /15

第一节　儒家文化 /16

第二节　碑林文化 /18

第三节　宗教文化 /21

第四节　古乐文化 /24

第五节　戏曲文化 /25

第二编·唐末至近代长安

第一章·宋元长安 /31

第一节　唐末五代的长安 /32

第二节　宋金元的长安 /35

第二章·明清长安 /41

第一节　明西安城的营建 /42

第二节　西安城内格局 /48

第三章·唐末至明清长安皇城区域遗址遗存 /53

第一节　书院 /54

第二节　庙宇、道观 /55

第三节　宗教寺院 /58

第四节　官署 /59

第五节　会馆 /62

第六节　历史文化街区 /62

第四章·唐末至明清长安的不可移动文物 /69

第三编·文化

第一章·建筑文化 /97

第一节　西安城市建筑特点 /98

第二节　三学街街区建筑 /100

第二章·宗教文化 /103

第一节　以卧龙寺为代表的佛教文化 /104

第二节　以湘子庙为代表的道教文化 /107

第三节　以大清真寺为主的伊斯兰教文化 /109

第三章·儒家文化 /111

第一节　孔庙与儒林 /112

第二节　关中书院与关学 /113

第四章·红色文化 /117

第一节　西安事变 /118

第二节　革命公园 /122

第三节　八路军西安办事处旧址 /123

第四节　东门城楼学兵队 /124

第五章·艺术文化 /127

第一节　书法与碑刻 /128

第二节　佛教造像 /133

第三节　绘画艺术 /137

第六章·宅院文化 /139

第一节　关中宅院的特点 /140

第二节　典型的关中宅院 /142

第三节　关中宅院的文化内涵 /144

第七章·民俗文化 /147

第一节　民间酒文化 /148

第二节　民间娱乐文化 /149

第三节　民间信仰文化 /151

第四节　民间曲艺文化 /153

第四编 · 文物

第一章 · 西安碑林博物馆的国宝文物 /159

第一节　《曹全碑》/161

第二节　景云钟 /162

第三节　《皇甫诞碑》/163

第四节　《石台孝经》/163

第五节　《多宝塔碑》/164

第六节　《大唐三藏圣教序碑》/164

第七节　《颜勤礼碑》/165

第八节　《大秦景教流行中国碑》/165

第九节　《玄秘塔碑》/166

第十节　《迴元观钟楼铭碑》/167

第十一节　《开成石经》/168

第十二节　大夏石马 /169

第十三节　献陵石犀 /170

第十四节　昭陵六骏 /171

第十五节　老君像 /171

第二章 · 陕西历史博物馆的国宝文物 /173

第一节　西汉皇后之玺 /176

第二节　鎏金舞马衔杯纹银壶 /177

第三节　《宫女图》/177

第四节　三彩载乐骆驼 /178

第五节　镶金兽首玛瑙杯 /179

第六节　鹦鹉纹提梁银罐 /180

第七节　青釉提梁倒注瓷壶 /180

第五编·图像

第一章·地图 /185

第二章·景观国宝 /195

第三章·碑刻造像 /211

第六编·诗文

第一章·诗歌 /249

第二章·散文 /259

第三章·古今对联选 /279

第七编·史料典籍

第一章·隋唐时期 /287

第二章·明清时期 /295

第八编·名人

第一章·政治名人 /321

第二章·书画名人 /345

第三章·文化名人 /359

第四章·佛教名人 /367

第九编·学术研究

第一章·碑林、关中书院、城墙研究 /375

第二章·明清长安文化研究 /395

第十编·保护

第一章·历代整修情况 /407

第二章·当代保护开发 /413

第十一编·大事记

附录

第一编·概况

第一章

【自然概况】

西安位于关中平原腹地,南倚巍峨青翠、重峦叠嶂的秦岭山脉,北倚逶迤的北山山系(北山山系由梁山、黄龙山、尧山等组成),东括崤山、函谷关、潼关等。关中平原东南高、西北低的特有地势,孕育着西安丰沃的土地、丰富的物产、多样的动植物资源、优异的自然地理气候环境。碑林三学街历史文化景区就位于这片宝地的中心。它临近城墙和护城河水,总面积为23.87平方公里,以汉民族和回族为主要居住人群,因其独特的自然气质和人文内涵成为西安著名的文化街区。

第一节　地理位置

陕西位于祖国大地的西北部，主要分陕北高原、关中平原和陕南山地三大部分。关中平原介于陕北高原与陕南山地之间，因区域内自然条件优越、水热资源丰富，很早就有先民在此生活、繁衍。

三学街所在的西安市碑林区，是西安市的核心城区之一，位于西安城的东南部，东西长9公里多，南北宽约4.5公里，总面积为23.87平方公里。其地理坐标为东经108°54′～108°59′，北纬34°13′～34°16′。

从管理范围上看，碑林区主要分为城墙内外两大部分。其中，南凭防洪渠与雁塔区分隔；北达西大街的东段，城外西自永乐路东到金花北路，分别与莲湖区、新城区接壤；东起金花路的东沿，与新城区相接；西部边界城外达劳动南路南段，城内则到四府街，与莲湖区毗邻。

第二节　地貌状况

就相对独立的地貌单元而言，西安处在关中平原的中部。关中平原又称渭河平原，占据着渭河的中下游地区，东宽西窄，东西长约360公里，故有"八百里秦川"之说，面积近4万平方公里。平原西高东低，是在华北地台渭河地堑的基础上因地壳不断下沉并接受泥沙堆积而形成的，海拔325～750米。平原上有三级河流阶地以及河滩地、山麓冲积扇等，为渭河及其众多支流泥沙沉降与堆积的结果。

西安市横跨渭河，北靠渭北荆山黄土台塬，南倚秦岭山脉，西自黑河西面的太白山地及青化黄土台塬，东为零河和灞源山地，襟山带水，海拔在325～750米之间，这里河流密集，大的有渭、泾、灞、浐、滈、潏等8条，其冲积塑造出广阔的冲积平原，土地肥沃，是关中平原的精华所在。

碑林区境大部分处在渭河的三级阶地上，地势开阔平坦，起伏较小，总体由东南向西北轻缓倾斜，个别地段有黄土梁峁高出阶面，形成黄土台塬。其中，最高处在观音庙和祭台村的交界处，海拔为500米；最低处则为南院门水车巷的南端，海拔仅有405米。

第三节　气候条件

关中地区属于温带半湿润大陆性季风气候，四季冷暖干湿分明，雨热同期，夏季炎热多雨，冬季寒冷干燥。不过，由于关中地区在地理位置上居于内陆，大陆性气候较我国东部更为明显。西安市的年降水量变化幅度很大，逐年分配极不平衡。多年的平均年降水量为504.7～719.8毫米，而年际相差为495.3～648.1毫米，差值与年平均降水量几乎相等。同时，年最大降水量为840.6毫米，最小则为346.2毫米，相差极大。

因受到西南方印度洋季风的影响，西安秋季多连绵阴雨天气（华西秋雨）。据1988年版《西安市地理志》，在西安（市区）年度降水量的季节分配中，秋季（8—10月）达31.1%。显然，夏秋季雨量充沛、冬春季干燥少雨是其气候的一个主要特点。

就气温而言，西安的年平均气温为13.3℃，1月份最冷，平均气温为-1.0℃；7月份最热，为26.6℃。在极端天气中，最高温度为41.7℃，最低则为-20.6℃。当然，随着近年来全球气候变暖趋势的加剧，暖冬现象频繁出现，年均气温也在相应地提高。

西安市的无霜冻期多年平均开始日为3月下旬，结束日为11月初，总天数为219～233天，约占全年的2/3。

日平均气温≥10℃的持续日数是喜温作物生长期长短的指标。西安日平均气温≥10℃多年平均日数为204～210天，平均积温在4278～4431℃之间，以临潼最多、蓝田最少。同时，西安日平均气温≥10℃的积温年际变化较大，在过去的30年中，≥10℃持续时间最长的为229天，最短的则有191天，相差38天。

第四节　人口与民族

西安的多半面积是冲积平原，聚落主要分布在河流的二级阶地上，因为优越、便利的自然条件，人类很早就在这里开始了社会生活。西安东郊的半坡遗址，是典型的母系氏族公社村落，属新石器时代的仰韶文化。

西周时期的沣河两岸，前后存在着丰、镐两座城市，因为是西周王朝的都城，在中国都城史上颇具地位，尤其是考古发现的"左祖右社"礼制，到今天仍产生着一定的影响。

随着西周的衰亡，关中一带的秦国走向壮大。秦的早期重心在关中西部，之后不断向东发展，都城数度东迁，最终定格于咸阳，指示着当时人口自西而东的流动趋向。

自西汉至唐代，长安（今西安）作为诸多王朝的都城，吸引着大量的人口于此集聚，可谓五方杂厝，异常繁华。五代之后，长安丧失了王朝都城的地位，降格为地方上的一级中心城市，但较其他地区仍有着较为明显的优势。

西安自西汉至清代人口统计简表

朝代及记录年份	政区名称	政区面积（平方公里）	人口（人）	密度（人/平方公里）
西汉（2）	京兆尹	6727	656331	97.6
东汉（140）	京兆尹	16250	285574	17.6
西晋（280）	京兆郡	7623	262840	34.5
隋（609）	京兆郡	25862	1594940	61.7
唐（742）	京兆府	23360	1960188	83.9
北宋（1102）	京兆府	18406	1056146	57.4
清（1820）	西安府	22611	2962547	131

资料来源：薛平拴著《陕西历史人口地理》，人民出版社，2001年。

说明：今天西安市的面积为10108平方公里，古代的京兆郡（府）、西安府与之并不对等，多数情况下还涵盖了西安周边的咸阳、铜川等部分区域。

1949年底，西安有人口227.87万，密度为228人/平方公里。据2014年底数据，西安的常住人口为862.75万人，密度达到了853.5人/平方公里。

历史时期的关中地区，汉族人口在总人口中一直占据优势，但游牧民族的数量也不容小觑。特别是动乱时期，随着汉人的死亡或向外迁移，大量周边民族迁入关中核心区域，加强了社会人口的多样性。如西晋丧乱之后的十六国时期，据史念海先生研究，外族人口迁入长安者超过100万人。

隋唐时期，长安作为王朝的都城，不仅成为中央迁置周边民族的重要区域，如贞观初仅突厥人"入居长安者近且万家"，同时也吸引着大量的海外人士来此经商、学习，"胡商"多侨居西市附近，给长安文化注入了新的活力。

清代为满族统治的大一统王朝，鉴于西安在西北的重要地位，有相当数量的满族官兵在此驻扎。与此同时，随着回族的迁移，也有一定数量的人口在此落户，从而形成了今天民族分布大杂居、小聚居的局面。在今天的西安市民族构成中，仍以汉族人口占绝对多数，少数民族以回族和满族居多。

第二章

【街区范围】

三学街是古城西安著名的历史街区，位于西安文昌门内西侧之南，隶属碑林区柏树林街道。三学街既是一个街巷名称，也是一个社区名称，而作为一个著名的文化街区，其内涵与辐射范围则远不受此阈限。

第一节　三学街的概念

三学街的名称有狭义和广义之分：狭义的三学街，就是东起柏树林、西至书院门的一条街巷；广义的三学街，则既可以指由柏树林、三学街、安居巷、东木头市（东段）四条街巷合围而成的一个街坊即今之三学街社区，也可以指永宁门内东侧以三学街为核心，东起柏树林、西至南大街、南起顺城巷、北至东木头市一带，即所谓三学街历史街区。因为历史、文化等方面联系密切，三学街历史街区还可以向东延伸至卧龙巷，向南扩展到文昌门外文艺路地区，向西辐射到南大街以西湘子庙街和粉巷一带，向北涵盖东木头市路北一线，自东向西包括卧龙寺巷、柏树林街、顺城巷、文艺路、东木头市、三学街、咸宁学巷、府学巷、长安学巷、安居巷、大吉昌巷、书院门街、文献巷、南大街（南段）、湘子庙、粉巷等十多条街巷。

第二节　三学街的来历

同碑林区因碑林而得名、新城区由新城而起一样，追本溯源，三学街街区之得名，最初无非是由三学街本身所具特征而来。因为这条街巷向北一侧，自东向西有咸宁学巷、府学巷和长安学巷三条街巷，而此三条街巷又因明清西安府城由咸宁、长安两县分治，曾经分别为咸宁县学、西安府学和长安县学即史所谓"三学"之所在，故三学街得其名。

西安府学　为明清西安府立地方中等学校，明洪武二年（1369）立。其地原为唐长安皇城东南隅太庙所在，唐末朱温焚毁长安城后，昭宗天祐元年（904），佑国军节度使韩建将原皇城改筑为新城，将本在外郭城务本坊的太学迁移至此。宋仁宗景祐二年（1035），侍郎范雍奏请在此设立京兆府学，其后金京兆府学、元奉元路学均设于此，明清西安府学亦相沿不改。其间元初行省平章政事廉希宪、明成化九年（1473）巡抚马文升、嘉靖（1522—1566）间都御史王尧封、万历二十一年（1593）长安县令沈听之与咸宁县令李得中、清顺治十年（1653）提学田歠茂等，曾屡加修葺或增建。史载其大门三间南向，前有坊，内有泮池。仪门内当甬道为魁星楼，正中原建有成德堂，高敞雄伟。元末遭毁后，明宣德间（1426—1435）重建，有明伦堂，共五间。两旁为志道、据德、依仁、游艺四斋，各三楹，东西号舍各三十六间。堂后为尊经阁，共五间，上贮藏图书。阁房有碑亭二座，阁后建有神器库六间。清光绪三十年（1904）废除科举改兴新学之后，方告停办。魁星楼旧址现为三学街社区委员会所在，北面之建筑也早已改造成碑林博物馆的展室，湮没不复旧时观瞻，仅余数株姿容高古之唐槐兀自虬枝婆娑，聊资游人凭吊。

长安县学　为明清长安县立地方中等学校。史载其原在西安府城西门外，明洪武三年（1370）移于府城内西门大街长安县治西侧，成化九年

（1473）巡抚马文升再徙其于府城东，偏址在咸宁地界的府学西边，至今令人称奇。万历三十七（1609）知县杨鹤、清顺治八年（1651）知县樊鸿达、乾隆七年（1742）知县杨毓芳等及光绪间曾多次修葺或增建，主要建筑有春风化雨坊、射圃、魁星楼、泮池及以"天梯"上城之"云路"等。清光绪三十年（1904）废除科举改兴新学后停办，现为西安文理学院分校，尚存古树数棵和大门、二道门。依其现存两处门址推想，其规模和气势显然较之西安府学要逊色一些。

咸宁县学 为明清咸宁县立地方中等学校，明代初年创办。初在咸宁县治西侧（今西安东县门街西段），成化七年（1471）提学副使伍福奏徙于府学之东，成化九年（1473）由知府余子俊修建。其后嘉靖十一年（1532）知府李文极、万历十三年（1585）知县李生芳、十八年（1590）知县李得中、清顺治十二年（1655）知县余国柱、康熙三年（1664）知县黄家鼎、嘉庆元年（1796）教谕姚灿、二十三年（1818）训导范芝等曾多次增建修葺，主要建筑有儒学大门、明伦堂、博文斋、约礼斋、敬一亭及东西生员斋房等。万历四十六年（1618）因在全省乡试中竟无一人高中，左布政使高第又在其二门外建砖塔"奎文阁"一座，在其迎面西安城头巽位建魁星楼一座，以"培风脉"。清光绪三十年（1904）废除科举改兴新学后停办，其各种建筑多已荡然无存，唯有奎文阁砖塔和重建的魁星楼尚能使人依稀想见其昔日的盛况。

第三节　三学街历史演变

古城西安历史悠久，三学街街区的历史也可谓绵长而厚重。史载这里秦属杜县，汉隶长安，魏晋以后则长期归京兆郡所管辖，至隋已俨然处于皇城的东南角。名闻遐迩的关中书院今址；享誉全国的碑林博物馆即为彼时的太庙所在，并在今书院门街西口和今柏树林东卧龙寺巷分别建起了著名的宝庆寺（亦称华塔寺）和福应禅院（唐改观音寺，即今卧龙寺）。有唐一代，皇城位置虽未变动，但其区域功能发生变化。天祐元年（904），朱温胁迫唐昭宗迁都洛阳，长安城被严重破坏，佑国军节度使韩建以皇城为基础另筑新城，这里仍在新城的东南角，新城的东城墙大约就在今柏树林尽东的开通巷一带。原在春明门的太白现圣侯庙（即延祥观），亦移至今安居巷附近。

宋金时期，随着全国统治中心地位的丧失和日趋衰落，长安原有的城市格局渐次消失，这一带街区的布局也因各种历史机缘而发生相应的变化：现碑林博物馆所在建起了京兆府学；柏树林街东的观音寺（原福应禅院）改名为卧龙寺；安居巷以西也继五代后晋思远禅师在今安居巷附近建立香城寺之后，出现了善感禅院；湘子庙街至迟也在这个阶段出现了湘子庙。元代京兆府改为奉元路，京兆府城改为奉元城，这里除今柏树林以东

有延祥观（太白庙），安居巷以东有提举司、府学、采芹堂、成德堂之外，今书院门一带又出现了贡院，今文庙附近还出现了奉祀孔子之父叔梁纥的启圣祠（后改崇圣祠）以及奉祀伏羲、神农和黄帝的三皇庙。

明清时期是三学街街区一个重要的历史阶段。彼时奉元路改为西安府，府城由咸宁、长安两县分治，这里先后分属于咸宁的南京里、文昌里、书院里和长安的归义里等里及咸宁的钱局坊（今安居巷左近）、五伦坊（今东木头市东）、永宁南坊（今南大街南段东侧）和长安的归义坊（今南大街南段以西）等坊。随着西安府学、长安县学、咸宁县学和关中书院（清末改陕西第一师范学堂）的相继出现，又赓续出现了名宦祠、养正书院（后改崇化书院）、左文襄公祠、张芾公馆和绍兴会馆等建筑，基本上形成其特色独具的历史骨骼、文化品格和街巷格局。至民国，咸宁并入长安，今三学街历史街区一度统归长安所辖；不久西安设市，转归西安市管辖；西

安撤市，名义上回归长安建制，实则由省会警察局管辖；西安再次设市之后，仍归西安市管辖。先后分属于第一区（辖东大街北沿以南城内地区，治所先在东木头市2号，后迁安居巷北口）之海伦镇和第二区（辖南大街东沿以西、四府街以东、西大街东段北沿以南及南关，治所在盐店街东段路南）之书院镇。从西往东，湘子庙街驻有黄河水利委员会、陕西省通志馆、西安市商会、长安县教育局和东南中学等单位，南大街和粉巷驻有中央信托局、中央银行和交通银行，书院门驻有中统局西安办事处、于右任先生私邸。第一师范学堂改为西安师范学校，兴隆巷出现了今高培支故居即所谓"高家大院"，三学街也出现了景梅九、郑自毅等名贤住宅和由清末秘密反清机关健本学堂演变而成的健本小学。而尤其受世人瞩目的是，东木头市不仅驻有监察院山陕监察使署、国民党西京市党部等重要机关，还驻有关西日报社、民意报社、秦风日报社、西京日报社、朝阳剧场、陕西省医专附属医院、东南小学（绍兴会馆旧址，今东木头市小学）和刘治洲（继刘镇华任陕西省长）公馆。原来的左文襄公祠改成了文襄中学（西安市第24中学前身），辛亥先贤高又明也住在这里。其中影响最大的则是1932年4月经国民政府决定长安"改名西京，定为陪都"之后，民国元老张继领衔的西京筹备委员会，由全国经济委员会西北办事处、西京筹备委员会和陕西省政府合组的西京市政建设委员会也驻在东木头市2号，较之明清的繁盛又是另一番景象。

第三章

【三学街的人文特质】

三学街历史文化街区位于西安碑林区，碑林区为西安市著名的文化奥区，而三学街历史街区就历史人文而言，尤为其精粹所在。虽然其民风民俗、饮食、语言与西安其他地方基本相同或相近，但其蕴含的儒家文化、宗教文化、碑刻文化、音乐戏曲等方面显示出的种种特点，历来为世人所称道，表现出文化高地的卓越风采，成为碑林区、西安市乃至陕西省一张独具特色的靓丽名片。

第一节　儒家文化

儒家文化的高标和突出，是三学街历史街区最大的人文特质，也是这里最大的亮点。宋元以迄明清，自为观瞻所系，时至今日，也同样令人称道或膜拜。而这种特质最初的寄托和最为准确精辟的表达，就是所谓"三学一庙"以及关中书院和养正书院。

"三学一庙"，具体说就是指西安府学、咸宁县学、长安县学和西安文庙（亦称孔庙）。其中西安府学、咸宁县学和长安县学的情况，前面已做说明，这里只重点介绍文庙和关中书院、养正书院。

西安文庙　即祭祀孔子的祠庙。唐玄宗开元二十七年（739）封孔子为文宣王，因称孔庙为文宣王庙。明以后称文庙，相对武庙（即关羽庙）而言。西安文庙位于府城南门内之东，建于宋，元至元中廉希宪重修，明正统（1436—1449）知府孙仁增拓之。总体坐北向南，大门为棂星门，门前为泮池，跨以石桥。万历二十八年（1600）巡按李思孝建桥前"太和元气"石坊及左右碑亭。永寿王府中尉惟坳建；坊前为屏。东西二坊，曰贤关，曰圣域。入棂星门内为仪门，前有二碑亭，两司府县官厅东西相向。入内有正殿七间，两庑各十七间。庑南为厨舍，东西各二间。庙左为启圣祠，明清时期历有修葺。康熙二十三年（1684）十月初一，圣祖御题匾曰"万世师表"。雍正元年（1723）改启圣祠为崇圣祠；四年（1726）三月御题匾曰"生民未有"。现为西安碑林博物馆前部。

关中书院 位于今西安市南门内东侧书院门街西安文理学院处。明万历二十年（1592），陕西著名学者、御史冯从吾因疏忤神宗罢官归里后，与友人萧辉之、周淑远等在此地之西宝庆寺讲学多年，弟子日众，而寺地狭隘。万历三十七年（1609）十月，陕西布政使汪可受、按察使李天麟、参政杜应占、闵洪学及副使陈宁、段猷显等，为冯从吾另于宝庆寺之东小悉园处创建关中书院。冯从吾等在此大力宣传儒家思想、昌明理学，四川、甘肃、河南、湖北等地学子皆负笈来此求学。清康熙三年（1664），陕西巡抚贾汉复又令西安知府叶承桃、咸宁知县黄家鼎对书院进行整修。康熙四十一年（1702），关中书院被用为督学使署，成为当时陕西省教育行政长官的办公机关。康熙六十一年（1722），督学改驻三原，关中书院重又恢复，并将正学书院并入，规模扩大。雍正十一年（1733），清廷拨给关中书院帑银1000两，作为书院经费补贴。乾隆二十一年（1756），御赐书院"秦川浴德"匾额；三十六年（1771），巡抚毕沅莅任之初，以为"移风易俗，教化为先"，重视学校教育，重新修建关中书院，并延请江宁进士戴祖启来陕主持关中书院，还在全省选拔一批优秀生徒于书院学习。不数年，这些生徒学业有成，乡试中试膺馆选者大半，一时称为盛事。嘉庆、道光年间，书院仍历有增修，而至咸丰、同治年间，因连年兵燹，教育荒废，关中书院如同关闭。同治十二年（1873），布政使谭钟麟重新整顿关中书院，参照朱子白鹿书院规章和课程设置，修正了书院的课程，并提出"重躬行、讲经义、稽史事、通时务、严课程"

五则办学要求。光绪七年（1881），巡抚冯誉骥于院内设立"志学斋"，选拔高才生入斋学习。数年后，按察使黄彭年会同布政使曾龢，为书院增建斋舍，并广购珍贵图书，以供师生借阅参考，书院面貌为之一新。关中书院规制，设山长一人，由抚台聘请，掌管教务；监院一人，专管庶务；斋长二人，代表生徒协助书院管理。课程有经、史、子、集，考课有诗、古文、词、八股试帖、策论、杂著等。每月一官考，分月由大吏来主考。成绩优秀被列为超等、特等的给予奖赏。除此以外，每月课堂测验二次或三次，由山长主考，成绩优异的给予"膏火"（生活津贴）而无奖赏。肄业生员根据学业成绩，可举为贡生、廪生和附生。关中书院的经费旧有生息银3190余两，另由粮道每年补贴经费3000两。光绪二十九年（1903），陕西巡抚升允改关中书院为陕西第一师范学堂。关中书院旧址现为西安文理学院。

养正书院 位于今柏树林街东侧卧龙寺巷。乾隆三十八年(1773)，咸宁、长安两县各于郭外建学舍，东称春明，西称青门，专教两邑童子，并拨当商生息银各60两，以为每年维修费用。因无师生生活津贴补给，年久两学舍逐渐颓废。嘉庆七年（1802），清军同知叶世倬在卧龙寺巷购买房屋，合并两学舍创为养正书院，与关中书院分课生徒。养正书院成立后，由清军同知与咸、长两县共同主办。道光时，养正书院易名为崇化书院。

第二节 碑林文化

"碑林"为西安人对"西安碑林"或"西安碑林博物馆"的简称，明显蕴含着骄傲的情绪。碑林区以辖区有西安碑林而得名，而西安碑林正处在三学街历史街区，既确凿地证明着一段独特的历史，也成为今日三学街街区一份独特的人文资源和一个经久不衰的旅游热点。

西安碑林是中国集中收藏古代碑刻数量最大、历史最久的博物馆，位于西安市三学街。它形成于唐末至北宋三次迁置唐《开成石经》的过程中，距今已有900余年的历史，最初称"碑院"，自明万历年间始有"碑林"称谓。唐天祐元年（904）昭宗东迁，长安城遭到毁灭性破坏。时任佑国军节度使的韩建，以原皇城范围缩建长安城。他与后梁之初长安守将刘鄩，先后将处于城外的太学并唐石经迁入新城内"尚书省之西隅"。迁入新城的太学后来成为京兆府文庙，唐石经立于文庙中。从北宋初起，长安地方官绅搜集或重刻前代名碑，向文庙集中。元丰三年（1080），知永兴军府事吕大防迁建文庙、府学于"府城之坤维"；元祐二年（1087），陕西转运副使吕大忠将唐石经及诸多唐宋碑刻也迁往此处，置于"府学之北墉"；崇宁二年（1103），知永兴军府事虞策又将文庙、府学及唐石经等碑刻一并迁于"府城之东南隅"即碑林现址，并大兴土木，为粗具规模的碑林进一步发展打下基础。碑林形成后，历代均有整修。据现存记事碑刻和其他文献，计金代2次，元代5次，明代3次，清代4次，民国2次（以上均未含对府县三学和文庙的整修）。碑林藏石也不断增加，品种渐趋多样。明嘉靖三十四年（1555）十二月华县大地震，碑林遭受巨大破坏。万历十六年（1588）陕西左布政使姚继可对遭地震破坏的《开成石经》进行整理，并辑石经字样，刻石经补字97石116面。清乾隆三十七年（1772）陕西巡抚毕沅重新规划和改建了碑林建筑，对藏石加以整理、分类陈列，并建立了相应的管理制度。近代最大的一次整修是1937—1938年，由当时的中央古物保管委员会出面，联合陕西省政府，组成"整理西安碑林工程监修委员会"负责实施，由考古学家黄文弼具体主持，建成陈列室8所、卷棚2所、碑廊6所及其他辅助建筑，基本形成今日碑林的建筑格局。在藏石方面，入藏于右任所捐北朝及隋唐墓志380余石。整修后，成立了西安碑林管理委员会。1944年又以西安碑林为基础，成立陕西省历史博物馆。新中国成立

第一编·概况

后，西安碑林作为陕西省博物馆的重要组成部分，得到了更好的保护，藏石大幅度增加。随着博物馆事业的发展，新建陕西历史博物馆落成开放后，原陕西省博物馆于1993年1月易名西安碑林博物馆，成为一座以收藏、陈列和研究历代碑石、墓志及石刻造像为主的专题博物馆。现藏自汉迄民国各代碑石、墓志1600余件（组）2500余石，展出1100余石，设有石刻艺术室和7个文物陈列室，占地面积31900平方米，建筑面积12984平方米，陈列面积4900平方米。西安碑林博物馆既是一座儒家典籍的石质图书馆和内容丰富的史料档案库，也是中国文字发展史的直观展示和中国古代碑刻书法艺术的宝库，堪称中国古代石刻艺术的崇高殿堂。其中：

石刻艺术馆 建于1963年，匾额为陈毅元帅所题，展陈内容主要为汉代至明清的陵墓石刻。其中东汉双兽、汉画像石砖、唐李寿石椁及墓志、昭陵六骏等，雕刻手法多样，风格各异，是不同历史时期石刻艺术中的精品。

第一展室 陈列《开成石经》，内容包括《周易》《尚书》《诗经》《礼记》《春秋左氏传》《论语》《孝经》《尔雅》等12部经书，计60多万字，用石114方。清代补刻的《孟子》也陈列于此，合称"十三经"。这些经书是封建社会知识分子必读之书。当时为避免文人学士在传抄经书时出现错误，方便永久保存，就把经书刻在石碑上作为范本，立于长安城国子监内，以供校对。《开成石经》是目前仅存的一套完整的石刻经书。

第二展室 陈列书法名碑，以唐代为主。内容上，《大秦景教流行中国碑》《不空和尚碑》是研究唐代中外文化交流的宝贵资料；书法价值上，虞世南《孔子庙堂碑》、褚遂良《同州圣教序碑》、欧阳询《黄甫诞碑》、欧阳通《道因法师碑》、张旭《断千字文》、柳公权《玄秘塔碑》，以及僧怀仁集王羲之书的《大唐三藏圣教序碑》、颜真卿《多宝塔碑》和《颜家庙碑》等，无一不是从古至今书法爱好者学习的范本。其中僧怀仁花费

24年心血，从内府藏王羲之墨迹中集字刻成的《圣教序碑》，再现了书圣王羲之秀劲超逸的书风，加之碑文由唐太宗作序、唐高宗作记，颂扬了卓越的佛学家玄奘，又有玄奘写的谢表及心经，被誉为"三绝碑"。

第三展室 陈列由汉至宋代的各种书法字体名碑。篆书有唐《美原神泉诗序》等，隶书有汉《曹全碑》等，楷书有唐《臧怀恪碑》等，行书有唐《慧坚禅师碑》等，草书有隋《智永千字文碑》、唐《怀素千字文》、张旭《肚痛帖》等，都是驰名中外的书法瑰宝。

第四展室 陈列宋至清代名书法家苏轼、黄庭坚、米芾、赵孟頫等人的诗文书迹，以及明清时期有珍贵史料价值的碑石。还有一部分为宋至清代的各种线刻画，其中宋刻《唐太极宫残图》《唐兴庆宫图》、清刻《太华山全图》《关中八景》等，对研究古代建筑和旅游胜迹都有参考价值。

第五展室 陈列宋、元、明、清各代的地方史料碑石，以清代的居多。其中许多碑石记述了修庙、记功、拨田、赠学、修渠等内容，是研究当时社会和地方历史的资料，并且在书法艺术上也有一定价值。

第六展室 除陈列少数元、明人士诗文作品外，大部分是清代的诗词歌赋。其中元赵孟頫、明董其昌、清康熙帝及林则徐所书的石碑等，都是难得的珍品。

第七展室 陈列清代用《淳化秘阁帖》复刻的碑石，共145方。石刻两面，其内容有历代封建帝王、名臣及书法家的各种字体，更有王羲之和王献之的草书字，为不可多得的著名碑帖。

第三节　宗教文化

基于历史的原因，三学街历史街区的宗教特色也十分鲜明，其突出的标志是东边的卧龙寺巷和西边的湘子庙街。著名佛教古刹卧龙寺和道教宫观湘子庙，除过某些特殊的时期，一直香火旺盛，至今仍是西安著名的旅游胜地，游客载道。民国时期的陕西佛教会就设在卧龙寺内，隋代修建的饱经沧桑的宝庆寺华塔仍矗立在这里，在古城西安的文化底色上打下了深深的烙印。

卧龙寺 位于西安城内柏树林街东侧卧龙寺巷。创建于隋，初名福应禅院；唐改为观音寺；宋改为卧龙寺；清同治时重修。清光绪二十六年（1900），光绪、慈禧避难西安，赐银千两，整修全部殿宇。慈禧给山门题"敕建十方卧龙禅林"门额一方，给大雄宝殿题"慈云慧日""三乘迭耀"牌匾两面；光绪皇帝给天王殿题"欢喜地"门额一方。民国时期为陕西首刹，建筑宏伟。寺有东、中、西三院，占地面积167亩，殿宇、廊庑、僧寮200余间，泥塑佛像、菩萨像57尊，基本上保持清末原貌。西京筹委会1935年编《西京指南》记载："藏有宋明藏经七千余册，极为名贵。上海中国佛学会出巨资照相印行，以为佛学之研究。原书移省立第一图书馆保存。又有梵文贝叶经四页。此贝叶据佛教中人言，乃释迦佛在世时之叶。以两面皆光，无正背之分，为曾被佛光长生之证云。大殿上有千手观音像，为珠宝所镶成。此像系清时西藏所进贡者，后慈禧巡陕，赠该寺。其旁有石观音像，系六朝时物。……前殿之旁有佛足迹碑及胜子佛唵字碑。亦有名之古迹也。"1924年，康有为莅陕期间，曾题门匾一面。1930年夏，朱子桥等人捐资在寺前修建佛学图书馆，并请山西五台山佛教会和王发心居士等募款修补寺前后及东院，10月26日完工开光。1933年夏，朱子桥、戴季陶、井岳秀等人捐资整修讲堂、禅室、浴室，并新修念佛堂一座。是年，国民政府主席林森巡视西北时，驻跸其中。1935年春，杨虎城为卧龙寺佛学图书馆捐赠影印宋版《碛砂藏经》一部。民国时期寺中历任住持有圆心、圆耀、宝生、范成等，1933年华县宁山寺慈云法师一度应请出任方丈，后因宁山寺事忙退席。1939年朗照法师继任方丈，说法讲席九年。1931年宝生和尚曾传戒一次，1935年慈云法师曾传戒一次，1942年、1944年、1945年朗照法师曾传戒三次，培育僧才不少。1932年至1949年，陕西省佛教会设于卧龙寺。

宝庆寺　亦称华塔寺，位于西安城永宁门内书院门街口北侧。隋文帝仁寿年间（601—604）始建，原址在隋唐长安城安仁坊，明景泰二年（1451）移于今址。明清时期，关中书院设于此，冯从吾、李二曲曾在此讲学。清光绪三十二年（1906），书院改建两级师范学堂。1912年，学堂再改陕西省立第一师范学校；1934年"一师"又改陕西省立西安师范学校。陈光尧《西京之现状》载："宝庆寺即华塔寺，在南门内警察分驻所中。寺中有塔，内藏唐时之石像石刻极多。在数十年前，曾有日本浪人盗窃数十具，今已封闭不可登临。"1943年春，西京筹备委员会以塔垣造像极为珍贵，在寺四周筑墙，借以保护，又筑山门一座，上书"唐华塔"三字。

陕西省佛教会　会址在西安南城卧龙寺。其前身为陕西省中华佛教会，1930年改为此称，接受中华佛教总会指导。九一八事变后，陕西省佛教会发表《陕西佛教会抗日救亡声明》；西安事变时，公开声明拥护张学良、杨虎城"八大主张"；七七事变爆发后，又发表抗日声明。后曾举行护国息灾法会，祈祷抗战胜利，追荐阵亡将士暨死难同胞。1933年至1945年妙阔法师任会长，1945年后朗照法师任会长。新中国成立后自行停办。

延祥观　元骆天骧《类编长安志》："延祥观，新说曰：本太白现圣侯庙，原在春明门，韩建废外郭筑新城移于此，金敕赐延祥观，在府东南隅。"位置约在今西安城文昌门内一带。

湘子庙　传说为"八仙"之一的韩湘子出家之地。创建于宋，道教界亦说创建于五代，金元时毁于战火，格局定于明代。自明末到民国初，一直香火鼎盛。后经战乱，其殿堂或被占或遭毁。后院在民国时期被借用，新中国成立后为清洁队办公处。1990年，碑林区有关人士提出修复湘子庙，

经过十多年筹备，2005年有关单位搬出后，由八仙庵出资照原貌修复重建。

第四节　古乐文化

长安古乐，也作"长安鼓乐"，现在习惯叫"西安鼓乐""西安古乐"，是流传于以古长安为中心的关中平原一带的优秀民间大型鼓吹合奏古乐。长安古乐脱胎于唐代燕乐，后融入宫廷音乐，盛唐时按民族国家和演出形式的不同，将其划分为宴乐、清商、西凉、高丽、天竺、龟兹、疏勒、安国、康国、高昌十部乐，由坐部伎或站部伎在天子及诸侯宴饮宾客时演奏。安史之乱期间随宫廷乐师流亡而流入民间，依托寺庙进行乐事活动，逐步分为僧、道、俗3个流派。明清时达到鼎盛，广泛流传于西安城区及其周边地区，并常在庙会、祭祀、祈雨、传统节日时演奏。民国时期西安城区的城隍庙、迎祥观、显密寺、大吉昌、西仓、东仓，长安县何家营、皇甫村、周至县南集贤、仙游寺和蓝田普化楸树庙、西川田家村等地，仍演出不断。到新中国成立初，西安尚有乐社50余家。之后因后继乏人和缺少资金，活动日渐稀少，但改革开放之后又趋活跃，为国家公布的第二批中国终南山民间文化遗产重点保护工程29个试点之一。其后来的演奏形式主要分为行乐和坐乐两种，以坐乐为主。行乐单纯，曲调为单牌子散曲，演奏时前有仪仗进行表演，辉煌壮观。坐乐是以多种牌子的乐曲与打击乐混合组成的一种套曲形式。古乐的乐器分旋律乐器与节奏乐器，前者有笛、笙、管、双云锣、方匣子等，后者又分为鼓乐器、铜乐器和木乐器三类。西安古乐形式多样、内容丰富，僧、道、俗三大流派保留下来的曲目总计1000多首。

当年三学街历史街区也是西安城区长安古乐盛行的地区，民国时期，除了其尽东的东仓古乐社名头响亮之外，这里的大吉昌古乐社也有相当名气。

大吉昌古乐社　1918年由傅振中、裴玉杰、周鼎山等著名鼓乐高手创建，艺术风格属僧派。傅振中等早期曾拜师于西仓鼓乐社名家谢青莲、程金林，在接受西仓鼓乐社传统风格的同时有新的发展。大吉昌古乐社常与三义庙、风火洞等兄弟乐社合作演奏，并传授行乐技艺，风格古雅纯净、清新明丽，其中杨家祯等演奏的《尺调双云锣八拍坐乐》及《游月宫》等曲目，最能体现其特点。多系艺人搓"煤头"（用黄火纸制成空心纸棒，作为吸水烟等点火用品）手忙口闲时念唱曲调，熟练曲谱，空暇时排练吹奏，为庙会、民间婚丧庆吊演奏，借以谋生，且艺人们多为平民阶层，注意吸收民间生活的音乐养料，故而颇为广大群众喜闻乐见。大吉昌古乐社每年农历五月三十日至六月初一去南五台山进香，六月十七至十九日去西五台参加庙会活动。改革开放后，大吉昌古乐社在"古为今用"精神的指导下，积极参加"红五月"音乐会、市古文化艺术节等活动，并为音乐界专家进行汇报演奏，被现场录音灌片，还与日本"法政寺雅乐代表团"进行交流演奏。

1987年3月，大吉昌古乐社作为西安市古乐代表团的成员，赴京参加第五届华夏之声音乐会演奏，受到了普遍的关注和好评。20世纪90年代，根据大吉昌古乐社的保留曲目《玉门散》《清吹》编创的弦乐四重奏、古筝独奏等曲目，分别在国内和亚洲音乐论坛赢得了荣誉。他们通常演奏的坐乐有《尺调昆仑全套》《吴调大莲香》《耍古端》等；演奏的行乐有《乱八仙》《青春》《满园春》等。

第五节　戏曲文化

秦腔是我国最古老的剧种之一，对京剧、昆曲、汉剧、粤剧和弋腔、梆子腔都有着广泛深刻的影响，而西安作为秦腔的"父母之邦"，在我国悠久灿烂的戏曲文化史上，自有光彩夺目的地位和尊荣。唐宋以后西安就班社层出，佳作不断。清代中叶到辛亥鼎革前后，还出现了一大批具有近代意识的戏曲班社，乾隆时期还成立了著名的梨园会馆。民国时期，三学街历史街区附近的东大街、端履门和南院门等地区曾集有三意社、尚友社（集义社）等多家班社，街区所在的东木头市还有著名戏剧家封至模先生创办的夏声剧校。新中国成立后的几十年间，三学街历史街区延续了这种势头；不仅其周边有骡马市的西安市秦腔二团、西安越剧团、西安京剧团、西安说唱艺术团和工农剧场、解放剧场、春光剧场，以及端履门的五一剧场、民主剧院和南院门的东风剧院，东木头市的朝阳剧场依然红火，有着浓厚的戏剧氛围；而且城外的文艺路上更集中了不少艺术单位，也成为一道亮丽的风景。

西安市秦腔一团 地址在东木头市。1938年6月创办，曾用名集义社、尚友社。1966年改名西安市秦腔一团。1971年11月曾与西安市易俗社合并，1979年5月分开后恢复原名西安市秦腔一团，并以朝阳剧场为其排演场。主要保留剧目有《铡美案》《游西湖》《白玉楼》《闯宫抱斗》《五典坡》《铜台破辽》《杨门女将》《辕门斩子》等。部分演员曾赴日本演出《会阵招亲》等。

西安市五一剧团 地址在东木头市146号。1949年创建，原为解放军西北野战军后勤政治部文工团，简称"战勤剧团"。1951年7月移交西北野战军后勤部西安办事处，由兰州迁至西安。1955年移交陕西省军区政治部，改名为陕西省军区五一剧团。1969年下半年移交西安市，改名为西安市秦腔三团。1982年，恢复原名五一剧团。主要保留剧目有《戚继光斩子》《枣林湾》《红楼梦》《祥林嫂》《三曹父子》《汉宫秋月》等。李爱琴主演的传统戏《周仁回府》和现代戏《三世仇》，久演不衰，深受群众欢迎。

陕西省戏曲研究院 驻文艺路11号。前身为1938年7月在延安成立的陕甘宁边区民众剧团，新中国成立后迁至西安，改称西北民众剧团。1952年扩建为西北戏曲研究院，1956年随西北大区撤销，与陕西省秦腔实验剧团、陕西省眉户剧团合并组成陕西省戏曲剧院,1980年改为现名。主演秦腔、眉户、华剧(碗碗腔)、同州梆子。内设艺术研究室、秦腔团、眉户团、华剧团、同州梆子团、青年实验剧团及演员训练班。曾创作、改编和演出500多个剧目,在省内外具有广泛影响,先后组团赴日本、芬兰、香港等国家和地区访问演出,受到极高的赞誉。一些优秀剧目还被拍摄成戏曲艺术片。主要优秀保留剧目有秦腔现代剧《血泪仇》;秦腔改编历史剧《赵氏孤儿》《千古一帝》《杨贵妃》《游西湖》;眉户现代戏《十二把镰刀》《梁秋燕》;碗碗腔传统剧《借水赠钗》等。

陕西省京剧团 驻文艺路7号。前身为陕西省军区成立的新声京剧团,1958年改名为陕西省京剧团。1964年元月,与省戏校京剧班合并,建立陕西省京剧院,首任院长为著名京剧大师尚小云。1970年改名陕西省京剧团。1958年以《风雪桥山》参加西北区首届戏曲会演;1964年以《延安军民》参加第一届京剧现代戏会演;1965年以《秦岭长虹》参加西北区京、歌、话剧会演;1979年以《射虎口》参加省国庆三十周年献礼演出。主要保留剧目有《将相和》《西门豹》《黑旋风李逵》《十八罗汉斗悟空》等。

西安评剧团 驻东木头市印花布园37号。1956年7月6日建立,由明星、黎明两个评剧团合并而成。1970年5月剧团撤销,1978年恢复,1987年2月再次撤销。传统剧目《杨三姐告状》《三凤求凰》《火焰山》《甜蜜的事业》等曾久演不衰,深受观众欢迎和好评。

第一编·唐末至近代长安

唐末至近代是西安由首都向西北重镇转变的时期。从唐末韩建改建"长安"新城，历经五代、宋、元，虽有长安、咸宁两座罗城作为县城，但仍然是以隋唐长安城皇城为其城市的基本规制。明代以隋唐长安城皇城为基础的扩城，奠定了近现代西安发展的基本格局，从此，西安的城市发展又进入一个新的历史阶段。

第一章

【宋元长安】

五代、宋、金、元时期的长安，与唐长安城相比有了很大变化，与明清时期的西安府城亦有诸多迥异之处。此时期有新城、京兆府城、奉元城等称谓，这一段历史时期，是唐末到明清长安的过渡时期。

第一节　唐末五代的长安

唐末天祐元年（904），原黄巢义军叛将朱温胁迫唐昭宗迁都洛阳，强令长安百姓随之一同迁居，同时拆毁宫殿、衙署以及百姓的房屋，将所得木材顺流而下运送至洛阳，导致长安城生灵愁苦、满目疮痍。百姓对此毫无办法，只能不断咒骂："国贼崔胤，召朱温倾覆社稷，俾我及此，天乎！天乎！"长安自此变成废墟，"岂知万顷繁华地，强半今为瓦砾堆"，子兰的《悲长安》便是长安被朱温破坏后破败不堪的真实写照。

长安城被毁后，留守于此的佑国军节度使韩建为了便于防御和管理，"去宫城，又去外郭城，重修子城（皇城）"，将其改筑为"新城"。根据文献记载，唐末韩建这次"重修子城"即以原皇城改建为新城的主要工程有以下几项：

1. 缩小城区。依《长安志图》所载"渐遂去宫城，又去外郭城，重修子城"，以及《类编长安志》"黄巢寇长安，焚毁宫室逮尽。许公韩建弃旧城，去郭城，因子城筑今京兆府"等记述，韩建督修的新城主要是在唐长安城子城的基础上建设的，而此子城即是旧时唐皇城，故其规模与唐皇城一致。《新唐书·地理志》、宋敏求《长安志》等文献皆记载：唐代的皇城，亦称子城，东西长五里一百一十五步（约合今2815.5米），南北宽三里一百四十步（约合今1719.4米），周围十七里一百五十步。考古实测数据为东西2820.2米，南北1843.6米，周长9.2公里，面积约5.2平方公里，为一东西略长、南北稍短的矩形结构，建筑面积约占整个长安城的十六分之一。因此，鉴于新城规模与唐皇城大抵相当，故因唐皇城之旧基改建而成的韩建新城的面积也应仅及整个长安城的十六分之一，城市规模较之盛唐时期已不可同日而语。

《长安志图》述及新城规模时又曰："又有小城二，以为长安、咸宁县治所。"即将唐时皆属长安管制的长安、咸宁县规划在外，并在长安城东西两侧筑两个小城，以为长安、咸宁县治所。此种情况，在长安历史上当属首次，或因"新城"的范围颇小，难以容纳二县的县治，抑或是有意所为，以适应战乱的形势。而无论出于何种原因，这一变化确实对以后长安城制产生了很大影响。

2. 连接北城墙。原隋唐长安皇城仅东、西、南三面筑有城墙，北面无墙，而以一条宽阔的东西横街与宫城南墙相接。今去宫城，但保留宫城南墙，使其连接为新城的北城墙，从而使新城成为四面环有高大城墙的坚固堡垒。同时，按照皇城东南城角与西南城角筑有圆形角台之制，也在新城新连接而成的东北与西北两城角处，加筑了圆形角台台基。1984年在原皇城的安福门以北100余米即新城的西北城角处，发现有贴附于城墙主体之外的圆形夯土台基，可能就是韩建这次加筑的。

3. 封闭诸多城门。由于新城范围缩小，同时也出于防卫上的考虑，没有保留原先诸多城门的必要。于是，南城墙封闭了中间的朱雀门，保留了东侧的安上门与西侧的含光门，但将含光门的中、西门洞封闭，仅留东门洞。此东门洞在北宋后期至金代时亦加封闭。东城墙封闭了偏北的安福门，保留了中间的顺义门。北城墙仅留原

第二编·唐末至近代长安

宫城南墙中门承天门，易名为玄武门，关闭宫城南墙其他门。

4. 改造城区。韩建这次改筑新城，就是要将原来皇城内的中央衙署区改造为百姓入住的住宅区。这次改筑，将原先居民住宅坊里外筑坊墙的封闭式改变为无坊墙限隔的开敞式，以便居民出入和生活；同时，新城内工商业店铺不再如原先必须设在固定的东市与西市地区，而是散布于城内街巷之间，且这些店铺贸易也不再受时间的限制。

5. 环掘护城壕。原隋唐长安城仅外郭城外有护城壕，而皇城为内城，城墙外无护城壕。唐末韩建放弃外郭城与宫城，而以皇城改筑为新城，这就使原皇城即新城由内城变为外城，城墙成为城防的第一道防线。按照城与池互防之制，韩建始在新城城墙外侧四周动工修掘了护城壕，这也是今西安城外护城壕的第一期工程。

6. 修建咸宁、长安两县县治小城。唐末以后，长安新城仍沿隋唐旧制，城内实行咸宁、长安两县东西分治之制。由于新城城区缩小，原先的咸宁、长安二县署分别在外部地区的东南隅宣阳坊（今和平门外李家村一带）与西南隅长寿坊（今西南郊糜家桥），距唐末新城较远。于是，韩建在改筑新城的东西两侧各筑一座小城，以为两县治所：东侧为咸宁县治，西侧为长安县制。

唐末五代时期，长安已不再是国家的首都，其地方行政建制也因政权的更替发生着变化：天祐元年，昭宗东迁于洛，降为佑国军。后梁开平元年（907），改京兆府为大安府；二年，改佑国军为永平军。后唐同光元年（923），复以大安府为西京京兆府及西京称号，置为陪都。后唐何时废西京（西都）称号，史无明文。如以清泰三年（936）——后唐灭亡这一年为限，长安为陪都共有14年。后晋天福三年（938）改永平军为晋昌军，后晋至元初府城均称京兆府。后汉乾祐元年（948）改晋昌军为永兴军。后周仍以永兴军为处理关中地区的军政事务机构。虽然政区名字经常变化，但是新城的规模基本未有改变，当时的府衙即设于今钟鼓楼广场一带。

第二节　宋金元的长安

一、北宋时期的长安

北宋时期，随着战乱的结束，社会相对稳定，关中地区的经济也得到了恢复与发展，长安城进入了一个发展繁荣期。

北宋以路为最高一级行政区，路下置府、州、军、监，府、州、军、监下领县，县下又有乡里。宋时陕西的行政区划屡有变动，曾先后设置陕西路京兆府（辖今陕、甘大部及宁、晋、豫部分，也是"陕西"被正式作为行政区划名称的开始）、永兴军路京兆府及大都督府等。宋代的京兆府学即在今天驰名中外的西安碑林所在地。根据宋徽宗政和元年（1111）的行政区划，陕西的大部属永兴军路统辖，关中西隅为秦凤路领有，陕南部分地区则分属利州路和京西南路。今西安市域在宋时绝大部分为永兴军路京兆府管辖，只有西部一隅属秦凤路凤翔府辖境。北宋的京兆府共领有十五县，其中的长安、万年、临潼、高陵、栎阳、蓝田、鄠县、终南等八县在今西安市境。因当时长安是京兆府和永兴军的治所，所以称之为"京兆府城"或"永兴军城"。

北宋时期的长安仍然延续了五代时期的规模，城门的位置和名称并没有大的变化。东、西两面相对的是景风门和顺义门；南面二门，东边是安上门，西边是含光门；北面仍为玄武门。长安、万年两县的治所依然置于城外。虽然记载这一时期京兆府具体情况的文献资料很少，但随着陕西及关中地区经济的恢复与发展，京兆府城也逐渐趋于繁荣。至北宋神宗熙宁年间（1068—1077），城中居民已逾万户，街市店肆林立，工商业颇为兴旺，是西北地区最重要的经济都会。各类建筑十分密集，连接城门的几条大街成为城内最主要的通道。当时，城内以安上门街为界，将城区划分为东西各几个"厢"，每厢又分为若干坊。

地方最高行政衙署处于东、西大街与安上门街的相交地段，大体位于今钟鼓楼广场及以东地带。城内与宗教相关的建筑较多，各种名目的寺、观、祠、庙等遍布城中。

从城市本身来说，当时有几项工程对城市的发展产生了较大影响：

宋仁宗在位时（1023—1063）为了防范西夏的侵袭，由知永兴军范雍主持，对城垣进行了较为全面的修葺和加固，但城垣的范围未作变动。

为了解决城内居民的用水问题，宋真宗大中祥符七年（1014），经知永兴军陈尧咨的提议，修复了唐末废弃的龙首渠部分渠段，引浐水入城中街坊，使多数居民不再食用苦咸井水。

宋哲宗元祐五年（1090），为了保存散布于城内外的碑刻，在漕运使吕大忠的建议下，将存留的汉唐石刻搬迁，集中安放在城内京兆府学之北，使大量珍贵石刻文物得到妥善保存，为日后建成"碑林"奠定了良好的基础。

关于范雍修葺城垣一事，《宋史·范雍传》卷二百八十八记："初完永兴城，或言其非便，诏止其役。雍匿诏而趣成之。明年，贼犯定川，邠岐之间皆恐，而永兴独不忧寇。"这段记载虽然简约，但有几点值得注意：第一点，范雍当时是冒着违诏的风险来修葺城垣的，这既说明当时军事形势的凶险，也说明当时的长安城垣已破损严重，不能起到很好的防御作用；第二点，记述中用"初完永兴城"来说明这次修葺工程，可知其重点在于修补、加固；第三点，文中特别记述了永兴城修葺完毕后所发挥的作用，即敌军再次侵扰关中时"永兴独不忧寇"，说明修葺加固后的永兴城在当时来说已经成为一座十分坚固的城池。对于范雍这次修葺永兴城的具体情况，我们不能确知，但可依据现有的资料进行一些推测。

其一，当时的长安已有了护城河。唐时为了解决城市用水问题所修建的引水系统大约至唐末已经废弃。宋真宗大中祥符七年（1014）修复了龙首渠的部分渠段，并将浐河水引入城中。对于这件事，《宋史》卷二百八十四记：陈尧咨"知永兴军。长安地斥卤，无甘泉，尧咨疏龙首渠注城中，民利之。然豪侈不循法度，敞武库，建视草堂，开三门，筑甬道，出入列禁兵自卫。用刑惨急，数有杖死者"。元骆天骧《类编长安志·泉渠》在述及陈尧咨引龙首渠水一事时说："可五六十丈，开渠引注入城，散流廛闬，出纳城壕。"这段话当引自陈尧咨的建议。以此观之，当时的疏渠引水工程规模并不大，仅开渠五六十丈即可引水入城。由"出纳城壕"一词可知，当时已经有了或者又恢复了护城河。五代时期的"新城"是否也有城壕或护城河，我们不甚清楚，但可以肯定地说，宋时的长安已有了护城河。

其二，有关城门的问题。宋京兆府城沿用五代的"新城"，即唐皇城，除北面的玄武门是韩建"缩城"时新开的外，其余四门的门址和门名也都沿用唐代皇城。由于没有相关的文献资料和完整的考古发掘资料，以前我们只知道京兆府城有五座城门和它们的名称，对其具体情况并不清楚。唐代皇城几座城门的规模都很大，与京兆府城有关的两座规模最大的城门是朱雀门和宫城南门——承天门。这两座城门在韩建缩城时都被封闭，其原因可能有二：一是考虑防御安全的需要，缩小后的府城不需要像原来皇城那样多的城门；二是这两座城门是当时皇城和宫城最主要的门，在战乱和昭宗迁都时遭受破坏的程度当更为严重，而修复城门的工程无疑要比筑墙封闭困难得多。

二、金元时期的长安

金元时期，长安城没有根本性的变化。金与南宋长期对峙，在陕西地区大致以秦岭为界，金占有今天的陕北、关中地区，陕南地区属南宋。金在陕西地区的行政区划基本上沿袭了北宋的制度：路是最高一级行政区，下领府、州；府、州领县；县下有镇及乡里。根据金世宗大定二十九年（1189）的行政设置，今陕北辖于鄜延路，关中属京兆府路，西部少数地区属庆原路和秦凤路；今西安市在当时绝大部分属京兆府辖境，只有西部一隅属秦凤路凤翔府。

元代的西安地区初属安西路总管府管辖，仁宗皇庆元年（1312）改安西路总管府为奉元路。奉元路上承金京兆府路，但废金京兆府，由奉元路直辖同、华、耀、乾、商五州及咸宁、长安、咸阳、兴平、临潼、蓝田、泾阳、高陵、鄠县、周至、眉县十一县，辖境相当于今关中东、中部地区。其中咸宁、长安、临潼、蓝田、高陵、鄠县、周至七县相当于今西安市所辖的八区五县境。

长安城在金代是京兆府和京兆路的治所，因此仍可称其为京兆府城。元奉元路城继承宋、金京兆府城。元世祖至元九年（1272），皇子忙哥剌受封安西王，出镇关中，治京兆。至元十四年（1277），改京兆府为安西路总管府，京兆府城亦因之改称"安西府城"。同时，安西王还在府城东北浐河之西营建王城，名安西王府，历史上又称其为"斡珥朵"。仁宗皇庆元年（1312），因安西王阿难答谋反被废，安西府城又改称奉元路城。

元代的奉元路城较宋代的京兆府城并没有根本的变化，只是南面的含光门在元代已被封闭，使全城仅有四门，即四面各有一门，城门的名称仍沿用前代旧名，东曰景风，南曰安上，西曰顺义，北曰玄武。作为长安、咸宁县治的两座小城仍位于大城东西两翼。元奉元路城既是奉元路治地，又是陕西行省、陕西行御史台署衙所在地。由于陕西行省初为陕西四川行省，辖区包括西北、西南大片地区，后分立四川行省，陕西行省则辖有今陕西及甘肃兰州市以东的广大地区。陕西行御史台一直负责陕西、四川、云南、甘肃四道的行政监察与官吏考核。因而奉元路城实际上已是元代西北兼及西南地区的军事重镇和政治、经济、文化中心。

金元时期是否对长安城进行过大的修整并无文献记载，但是我们可以根据今天西安城墙的情况推知，元代曾对西安城进行过较大规模的修整。今西安城的西南角为半圆形，而其他三个城角均为方形,这个半圆形的城角很可能即是元代修城的证据。上面已经提到,元代时曾在奉元路城的东北方修筑了安西府城。经考古钻探得知,这座城东西城基各长603米,南城基长542米,北城基长534米,规模虽然不大,但却有着自身的特点:城的四角均向外突出,突出部分的平面近半圆形,直径在29～30米左右。以其形制及附近堆积的砖瓦来看,城的四角可能有角楼一类的建筑。半圆形的城角大约是元代筑城的特点,与以往的筑城传统不同。当时的奉元路城四个城角都应是半圆形的,与安西王府的情况相同。明代扩城时以西南城角为基点,故保留了它原来的形状。

虽然元代西安城较之以前并没有发生根本的变化,但这一时期仍是西安城城市发展的重要阶段。由于封闭了含光门,只保留了四个城门,因此,与城门相对的四条大街也就确定了城内建筑分布的固定格局,这种格局的影响一直保留到今天。奉元路城的四个城门中,只有东面的景风门和西面的顺义门处于东西对应的位置,连接这两座城门的大街东西贯通全城,也就是今天东大街和西大街的前身。北面的玄武门约处于当时北墙的中部,而南面的安上门则处于南墙的东部,这两座城门不相对应。安上门大街与景风门大街交会的十字路口正是今天钟楼所在地。今天的西大街当时叫"指挥大街"。当时城内主要的纵街有含光、广济、银巷等,主要的横街有市北、驿亭(或称掖庭)、九耀、草场、水池等,这些街道纵横交错,构成城内平面的坊里布局。城内除分布着十分密集的民居、商业店肆等,还分布着各级官署以及宗教寺院、宫观、庙宇、府学、贡院等。在元世祖至元年间(1271—1294),意大利人马可·波罗曾经来到奉元路城。他在游记中赞美这座城市实在是大而好看,城内工商业兴旺,生产各种金丝布帛及各种军工器械,尤以丝织品最为著名。市场上各种生活用品极为丰富,价格低廉,呈现出一派繁荣景象。安西王府的宫殿更是壮丽无比,殿堂规模宏伟,装饰华丽。

由此，我们可以想见奉元路城当时的基本情况。

元代城内的建筑至今均已无存，但是有一件事情还是值得一提，即当时城内已建有钟楼和鼓楼。钟楼的位置在西，即今广济街口一带；鼓楼在钟楼的东边，其具体位置大约就在今鼓楼所在地。鼓楼在元代也叫"敬时楼"，源于古语"敬授人时"或"敬授民时"，寓意了鼓楼的报时功能。保留至今的西安钟鼓楼重建于明代，已成为西安的标志性建筑。

奉元路城中宗教场所较多，主要分布于城内东半部官署区的外围，以道教场所和地方性宗教场所为主，城东有元（玄）都观、咸宁王祠，城东北为城隍庙、后土祠、道士庵和武安王庙，城东南有开元寺、三皇庙、太白庙和宣圣庙。城内西半部宗教场所较少，城西有秦郑国祠、西岳庙和玉清宫，西北有奉元王祠。

第二章

【明清长安】

明清长安——西安城是在隋唐长安城皇城的基础上扩建而成的,是长安城从衰败走向昌明的又一次涅槃重生,成为近现代西安发展的基础,经历了沧海桑田的历史变迁。

第一节　明西安城的营建

明代是我国城墙建设的顶峰时期，全国范围内筑城活动此起彼伏。民间有俗语说"唐塔、猪（朱）打圈"，顾名思义，说的是这三种建筑物都在不同时代得到较大的发展，极具代表性。其中"猪打圈"指的便是明朝修城墙，这是因为"猪"与"朱"同音，而"打圈"在关中方言里就是修圈之义，借指筑城。修筑城墙成为明代的一个典型特点，如今许多城市的城墙都是明代开始修筑的，闻名遐迩的明万里长城更是明代修筑城墙的突出代表。

明朝开国皇帝朱元璋之所以会如此注重城墙的建设，大概有两方面的原因：一是对朱升"高筑墙、广积粮、缓称王"计策的继承与延续；二是因为在元末群雄争战中汲取了元朝不注重修筑城墙的教训，他深知城墙在战争中的重要性，江山来之不易，而要守住江山更是不易，"非深沟高垒，内储外备，不能为安"。于是建国初期便派诸子和亲信大将在全国掀起修筑城墙的高潮：不仅在全国各州、府、县所在地建造城池，而且在南北边境建造南北"边墙"，即现在著名的南方的南长城和北方的明万里长城。到了清代,城墙仍然发挥着重要的防御功能。纵观有清一代,反清浪潮从未停歇,朝廷的统治一直不曾安稳,因而统治者十分重视各地城防安全,时常在明代城池的基础上对城墙进行修葺,以利于防守。

明洪武二年(1369)三月,大将徐达攻占元奉元路。次年,右丞相徐达攻克奉元路城,平定了西北,改奉元路为"西安府"。历史上的"西安"之名由此而始,使用至今。"西安"与"安西"同义,取西部疆土平安、稳固之义。这一时期,蒙元贵族虽被迫退出华北、中原,但从北平(今北京)退至应昌(今内蒙古赤峰市克什克腾旗境内)的元顺帝作为蒙古贵族统治集团的政治共主,仍有一定的军事实力,所谓"引弓之士,不下百万众也;归附之部落,不下数千里也;资装铠仗,尚赖而用也;驼马牛羊,尚全而有也","元亡而实未始亡耳"。屯兵甘肃、盘踞西北的扩廓帖木儿亦拥众数十万,曾反攻原州、陆州、兰州、凤翔等地。其他数支小股元军也不断骚扰西北各地。

西安城作为西北最重要的区域中心城市和军事重镇,是明朝军队向西北出击、荡平元朝残余势力的后方基地。而宋元旧城城区狭小,难以容纳大量驻军和相应人口,城池扩展势在必行。

明初西安城的重要政治地位也在一定程度上促进了城区规模的扩大。洪武二年(1369)九月,朱元璋置临濠(今安徽凤阳)为中都时,曾以西安作为国都选址之一。后虽因西安地处西北,漕运供给不便,未能成为大明首善之地,但却奠定了西安在当时政治格局中的重要地位。宋元旧城区的规模已然与西北乃至整个西部最重要城市的地位不相适应。

洪武年间,朱元璋为巩固全国统治并确保北部边防安全,"许修武事以备外侮",封诸子至各军政重镇为藩王。朱元璋封次子朱樉为秦王,驻守西安。作为藩王之首,秦王"富甲天下,拥赀千万",与北京的燕王、大同的代王等同为边境藩王而手握重兵,有"天下第一藩封"之称,因而府城规格高、规模大。但元奉元路城空间相对局促狭小，秦王府城的选址与兴建便对西安大城的拓展提出迫切要求。

修建西安城墙是为秦王朱樉就藩所做的重要准备工作。朱樉是明太祖朱元璋与马皇后所生第二子，明成祖朱棣同母兄长，年龄和地位仅次于当时的太子朱标。洪武三年（1370）朱樉便被封为秦王，洪武十一年（1378）正式就藩西安，后因言行多失，致使朱元璋不满而被召回京师，虽在太子的劝解下得以回到藩国，但言行却并未改正，洪武二十八年（1395）三月病死，追谥为"愍"。

一、城墙修筑时间

关于明初西安城墙的修筑时间，史书上并无明确记载，《陕西通志》等对此也仅是含糊带过："洪武初，都督濮英增修。"尽管如此，我们仍可根据蛛丝马迹推测出来。据《明太祖实录》记载，洪武三年（1370）四月明太祖下诏封次子朱樉为秦王，镇守西安府，同时开始进行王府官职、经费、礼仪等的准备工作。西安城的修筑同秦王府的修筑一样，理应是为秦王就藩而做的准备工作之一。而西安城墙的增修时间应当与兴建秦王府城大致相同。

关于秦王府的修筑起讫时间，吴宏岐曾专门撰文进行了考证，通过对《明史》、嘉靖《陕西通志》、《明实录》、《大明一统志》等史料的比较研究，认为秦王府的修筑应当是起始于洪武四年（1371），而竣工于洪武十年（1377）。笔者认为这一论断有理有据，十分可信。

据《明太祖实录》记载，洪武六年（1373）秋七月长兴侯耿炳文、陕西行省参政杨思义、都指挥使濮英等人为修西安城一事上奏朱元璋："陕西城池已没，军士开拓东大城五百三十二丈，南接旧城四百三十六丈。今欲再拓北大城一千一百五十七丈七尺，而军力不足，西安之民耕获已毕，乞令助筑为便。"从上述叙述中可以看出，至洪武六年七月已经完成拓东大城的工程，而拓建东大城则必先拆除宋元旧城的东面城墙——旧城拆除的建筑材料极可能用于新墙的修建——同时又要新修千余丈的新城墙，此项工程浩大，非短时间可以完工，由此反推东大城开始修筑的时间也应当是在洪武四年或五年。此外，尚民杰据雍正版《陕西府志》中记载的"长安县署洪武四年由西城外移建于府城内"，认为在洪武四年（1371）"拓东大城"的活动可能已经在进行中。综上所述，有理由认为西安城墙修筑的起始时间应当为洪武四年（1371），最晚不会晚于洪武五年（1372）。

根据《大明一统志》记载，秦王朱樉于洪武十一年（1378）正式到西安，想来护卫王府的西安城垣应当在朱樉到达西安以前已筑成。又根据《洪武实录》卷一二八记载，洪武十二年（1379），"西安城中水皆咸卤不可饮，乃命西安府官役凿渠甃石引龙首渠水入城中，萦绕民舍，民始得甘饮"。引水入城应在筑城之后，说明筑城初步完工应是在洪武十一年（1378）。综上所述，将西安的筑城完工时间定为洪武十一年应当是准确的。即明西安城墙从洪武四年开始修筑，到洪武

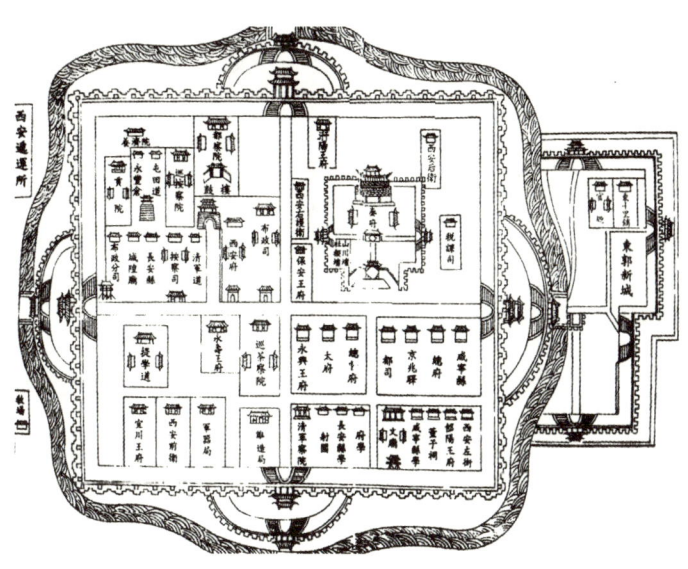

嘉靖《陕西通志》中的西安城图

十一年完工，前后历时约七年，从而奠定了西安城墙的基本形制和规模。

从嘉靖《陕西通志》所附的西安城图可以推测，东关城的兴建也当是明初西安城拓展工程的一部分。东关城的修筑就是为了将城东的部分高地包括进来，其不规则形状实际也是按照地形的走向设置的。从东关城与其他三关城形制、规模的巨大差异也可推测并非同一次工程的结果，其他三关城不仅规模远小于东关城，且形状均近似矩形，而东关城城墙走向并不规则。

二、西安城墙拓建过程

据宋敏求《长安志》记载，唐末韩建所筑新城"东西五里一百一十五步，南北三里一百四十步"，又知一里为180丈或360步，一丈约3.3米，则唐末新城东西约3160米，南北约2013米。明清西安城较之以前分别向东外移约1200米，向北外移约700米，即明西安城墙是以韩建新城为基础向东、北延伸而成。关于明初拓城活动，《明太祖实录》记载如下：

"陕西城池已没，军士开拓东大城五百三十二丈，南接旧城四百三十六丈。今欲再拓北大城一千一百五十七丈七尺，而军力不足，西安之民耕获已毕，乞令助筑为便。中书省以闻。上命俟来年农隙兴筑，仍命中书省考形势，规划为图，以示之，使按图增筑，无令过制，以劳人力。"

细细分析这段记载，我们可以发现其中包含的几个问题：一是当时已经完成东大城的拓建，新筑南墙四百三十六丈，约1438.8米，与旧城墙相接，将城墙南墙拓筑至如今位置；二是修筑的东墙长五百三十二丈，约1702.4米，这个数字与旧城"南北三里一百四十步"（2013米）相差约三百米，依此来看，最初的西安城墙增筑规划可能只是将城向东开拓，北墙仍与旧城相齐；三是"欲再拓北大城一千一百五十七丈七尺"，这个数字与舆地馆实测的一千三百七十丈相差甚远，可能旧城北墙仅有两百余丈城墙残余，侧面印证了前文所记"陕西城池已没"表示的西安城墙破败的事实,且此时应是东墙与北墙破败比较严重,后中书省重新规划时可能考虑到秦王府所处位置过于靠近城墙,且位于北边高坡之下,不利于城池的防御,故再将北墙向北移动,移至高坡之上,是故虽然有太祖明令增筑城墙时"无令过制,以劳人力",却出现新拓北墙比原计划更长的事实;四是欲令民众相助筑城,说明最初筑城只是军方参与(西安城墙出土的刻有左卫、前卫字样的明代城砖也证明了军队参与修筑城墙的事实),因工程巨大军力不足,才请求皇帝批准动员百姓参与筑城,而朱元璋批示"俟来年农隙兴筑",说明后期城墙的修筑是军民合作的成果。

从现有资料来看,明初新筑的西安城墙向北、向东各扩建约三分之一,建成的墙体十分高大、坚固。全城城墙通高12米,顶部墙厚12~14米,底部墙厚15~18米,较原奉元城的城墙(约高10.3米)墙体增高1.7米,防卫能力更强。在四面城墙各开有一座城门,南墙和北墙城门位置大约在城墙中部,东墙与西墙的城门略偏南部,城门外均建有一座平面呈长方形的瓮城以拱卫城门。瓮城墙体高厚与城墙墙体大致相当,城门与瓮城正墙中部墙体顶部分别建有高大宏伟的城楼与箭楼,东门瓮城外筑有一东关郭城,是西安城墙防御系统的重要组成部分,至于为何只筑东关新城尚不得而知。除此之外,城墙上还修建了大量相关的防御设施:城墙四周拐角筑有角台,角台之上各建有角楼一座,其中西南城角较为特别,其角台形制为圆形,而其余各角台均为方形。城墙外墙、两角台之间,每隔120米便修筑有一座马面,马面伸出墙体之外,长约12米,宽约20米,全城共计98座马面,其上各建有一座敌楼。墙体顶部内外沿均建有较轻薄的女墙,其中内沿女墙称为宇墙,其高约0.75米,厚约0.45米;外沿女墙称为垛墙,高约1.75米,厚约0.45米。每隔2.35米设一个宽0.6米的垛口,共计5984个垛口。城墙内侧共建有7处滚坡式登城马道，用于守城的步兵和骑兵上下城墙。另外，在四座城门内城侧分别修建有一条阶梯式登城坡道，用于守卫城门的将领步行登城。

伴随着西安城向东、北两面拓筑城墙，全城格局也发生了相应变化：西门安定门沿用原隋唐皇城西面中门顺义门，致使东西大街并非横贯于全城南北的中部，其中北大街长约1940米，较之南大街的670米长出近两倍；南门永宁门为原隋唐长安城皇城南面偏东的安上门，而非中门朱雀门，故而东大街（长约2150米）与西大街（长约2088米）长度相差不大，仅差62米；建于明洪武十七年（1384）的钟楼，原址位于唐末新城的城中心（即今西大街广济街口），在明万历十年（1582）移至今址，形成了西安城以钟楼为中心、东西南北四条大街向外辐射的主要城市格局。

第二节 西安城内格局

一、明初修建的秦王府城

明代的西安城虽然失去了国都地位，但其城市有内城外城，西安城内东北隅的内城即秦王府城。

关于秦王府城修建的时间，历史文献中有三种记载：《明史·地理志》记在洪武三年（1370）四月，《明实录》卷五四载洪武四年，而《大明一统志》卷三二《西安府上·藩封》记在洪武九年。实际上秦王府城应是在洪武四年开始修建的，洪武九年竣工。

明代的西安城秦王府城继承了周礼《考工记》的内城、外城思想。据嘉靖《陕西通志》卷五《封建下·皇明藩封》所载，明秦王府城的内城为砖城，它的外面还有萧墙，"萧墙周九里三分；砖城在灵星门内正北，周五里，城下有濠，引龙首渠水入"。

今人在编绘有关明代秦王府城的地图时，通常简单地将秦王府城绘成东西窄、南北长的长方形外形。其实，从嘉靖《陕西通志》卷七《陕西省城图》、康熙《陕西通志》卷首《会城图》和雍正《陕西通志》卷六《疆域·会城图》中可以明显看出，明代秦王府城的城郭有内外二重城垣，呈东西窄、南北长，并且南面稍向外凸出的"回"字形。清初，明代秦王府城的萧墙被拆毁，而砖城则被改建为八旗教场，民国时期为陕西省政府驻地，新中国成立后仍旧如此。明代秦王府城砖城的范围大致应包括今省政府大院及其南面的新城广场。明秦王府城王城高度与西安府城大致相同，城河规模则略小；王城面积约占西安府城的1/10强，萧墙面积则接近西安府城的1/4左右，规模是相当大的。

据嘉靖《陕西通志》卷五《封建下·皇明藩封》记载，秦王府城不仅砖城、萧墙各有四门，而且承运殿正南有承运门，砖城与东、西、北三面萧墙之间还有三个过门。

据嘉靖《陕西通志》所记，"砖城"（亦即"王城"或"宫城"）内主要有承运殿、圆殿、存心殿、东殿、西殿、王宫等宫室建筑。承运殿为王宫前殿，亦即正殿；圆殿为中殿，"在承运殿后"；存心殿为后殿，"在圆殿后"；东殿"在承运殿东廊之中"，西殿"在承运殿西廊之中"，应是承运殿东西两侧的配殿；王宫大概是秦王的寝室。另外，承庆宫"在长春园之后"，是秦王"世子"即长子未受封时的住所；西宫"在西过门之西"，西宫当是王妃的宫殿，已在"砖城"之外。承庆宫既为"世子"所居之所，准历代东宫（太子宫）体例，并参照秦王府西宫的方位，估计在砖城之外的东过门之东或东北。

除此之外，嘉靖《陕西通志》中说秦王府城中还有其他一些比较重要的建筑："山川坛，在砖城外西南隅"；"社稷坛，在砖城外西南隅，与山川坛相近"；"秦祖庙，在棂星门内东北"；"宗庙，在后宫之左"；"长春园"位于明王府砖城的东北角；"宾竹亭"位于砖城西南角，规模不是太大。

从整体上来看，秦王府城是明代藩王府城的一个典型代表。其前堂后寝、左祖右社的布局是依据历代帝王都城制度设计的。而秦王府王宫居中、王妃西宫居右、世子即王嗣的承庆宫居

第二编·唐末至近代长安

左的宫室格局，亦与隋唐长安宫城的内部布局略相吻合。东西窄、南北长的秦王府城，平面布局十分规整，所有建筑均以王官前殿承运殿南的承运门为中心展布，强化了南北轴线的作用，充分突出了秦王府的特殊政治形象。

二、明清长安坊里的格局

自明初西安城扩建完毕，确定东西南北方向的长乐、安定、永宁、安远为四个城门后，城市内部空间格局基本形成，即四门大街将全城划为四个相对完整的区域，四区大小依次为东北、西北、东南、西南。东西、南北主干道连接城市四门的格局对于城市内部街巷、官署、寺庙、学校、府宅等的布局产生了直接的影响，元代市容混杂的状况得以改变，城市功能分区随之逐渐形成。这种空间格局对后来西安城各功能区（如官署区、文教区、商业区等）的形成、发展具有深远的影响。

明清两代由于秦王府、满城和南城的相继修筑，城市格局发生了巨大变化，也直接影响到城市交通与街巷的变迁。由于原来的东大街被包括于清代新修的满城之内，明代西安东、西、南、北四条大街仅存北、南、西三条，而且显然北大街也因为背靠满城西墙而使其重要性降低。内环城马道也被满城与南城隔断，城市内部交通网络因两大军事禁区的出现而遭到一定程度的破坏。满城与南城之外的城区街巷仍沿明代发展而来。从光绪十九年（1893）所绘《清西安府图》分析，当时城内的街巷主要可分为居民区、商贸区、文教区、军事区等不同的类型。

西安西南城区的主要大街有东西向的南院门大街、梆子市街，这一线构成本区的东西向主干道，将西南城区分为南、北两部分。吴宏岐、史红帅《关于清代西安城内满城和南城的若干问题》载：墙下还有东西向的湘子庙街和太阳庙街等；南北向主要有南广济街、琉璃庙街、四府街、甜水井街等；此外还有以吉祥之意取名的永寿巷、慈福巷、包吉巷，以商贸加工业命名的南北叮当巷、南北油巷、北牛市巷、盐店街，以所在机构命名的教场巷，以名人姓氏命名的卢进士巷、宋家巷，还有反映城市水环境的古涝巷、水窖巷等。

西北城区主要南北向大街有三条，自东而西分别是北院门大街与雷神庙街一线、北广济街（及其向北延伸部分）、北桥梓口与洒金桥所在大街；东西向大街有五条，自南而北分别是城隍庙后街、西华门外大街、二府街与红阜街一线、梁府街与九府街一线、糖坊街。这一地区为官署和回民的汇聚之地，居民区中的短巷较多。另有一些巷形成于大型建筑物（群）的两侧，与居民区中的巷有所不同，多发挥便利交通的功用，如贡院两侧的东、西枣刺巷，永丰仓两侧的东、西巷等。西北城区主要的巷有回民聚居的皮院巷、皮院后巷、花角巷、古京兆巷、学习巷等，此外还有因紧邻官署、贡院、鼓楼、莲花池等而得名的粮道巷、所巷、东举院巷、鼓楼巷、大莲花池街、小莲花池街等。

东南城区在南城之外，东西向大街主要是四牌楼街与东、西木头市一线，将东南城区分为南北两部分。主要的南北大街自东而西有端履门大街、骡马市大街，东西向的有书院门大街及文庙（碑林）西安府学、长安咸宁两座县学、关中书院为依托的学府街。巷有顺城巷、辘轳把巷、县坡巷、参府巷、社学巷、东柳巷、南柳巷、西柳巷、北柳巷、三台巷、油店巷等等。

明初西安城在元奉元路城的基础上扩展之后，城内的传统商业区最早即继承元奉元城内市场的基本布局，主要是在扩展后的城西南隅、南大街两侧和西北隅的回民聚居区布设。城西的商业市场主要有回民区的羊市、西大街北侧的城隍庙市场、南北院门周边的市场；城东则有南大街东侧的东木头市、西木头市、东大街中段的菜市等。

至清代，西安城商贸活动在周边地区商业城镇快速发展的大背景下更为昌盛，商业街市多达数十个，基本形成城西区南北院门周边商业区和城东区东关城商业区并立的格局。清代中后期如雨后春笋般兴起的商人会馆分布较为集中，主要布设于城内西南隅，与南院门商业区相邻。

第三章

【唐末至明清长安皇城区域遗址遗存】

唐末至明清长安皇城区域作为西安城的基础,是文化积淀非常深厚的地区,留下许许多多人文遗迹。由于岁月的侵蚀,许多遗迹虽已不复存在,但也能沉入记忆。下面我们把这些尘封已久的记忆做一些梳理。

第一节 书院

贡院 古代会试的考场，即开科取士的地方。贡，就是通过考试选拔人才贡献给皇帝或国家的意思。贡院最早始于唐朝。据元李好文《长安志图·元奉元城图》所绘，西安贡院旧址位于南城门（安上门）内东偏府学之南（约在今西安城书院门街与三学街一带），后搬至西安市莲湖区贡院门街和东西举院巷一带，现在的儿童公园就是其原址的一部分。西安贡院亦称西安举院，是明清时代陕西科举取士的考场所在地。其西为北马道巷，东为早慈巷，南接西举院巷和贡院门街，北为香米园，面积广袤，屋宇栉比鳞次。光绪三十一年（1905）七月，因科举制度废除，贡院随之而废。

少墟书院 晚清西安书院。清代西安城西门外原长安县立小学青门学舍旁建有纪念明关中著名学者冯从吾的冯公祠，后毁于兵燹。光绪十六年（1890），巡抚陶模奏请重修冯从吾专祠，并在青门学舍旧址附设书院。因冯从吾号少墟，学者称其为少墟先生，故书院名少墟书院。少墟书院旧址约在今西安西关正街西段路北新民巷附近。

咸长考院 清代咸宁、长安两县举行童试的考场。清制凡童生升入府、州、县学须经过童试，童试又分县试、府试与院试。咸长考院即西安府城咸宁、长安两县童生举行升学考试的考场。位于西安城六海坊，光绪十六年（1890）学使柯逢时以旧清军同知署改建。旧址在今西安东厅门街路北西安高级中学处。

易俗社剧场 西安易俗社原叫"陕西易俗社"，创办于1912年，是世界艺坛三大古老剧院社之一。开办时其主创人李桐轩、孙仁玉等以启迪民智为己任，把剧社办成了社会教育事业，第一次建立了文化、业务和训练相结合的戏曲性质的剧社。被誉为"秦腔须生泰斗"的刘毓中、有"西京梅兰芳"之雅称的王天民以及孟遏云、肖若兰等都出自该社。地址在钟楼往东一百米左右。

第二节 庙宇、道观

八仙庵 又名八仙宫。位于明清西安城东郭北部东北郭门内之南，在今西安东关北火巷。俗传宋时有郑生见八仙显化于此，遂建庵。光绪二十六年（1900），慈禧太后与光绪逃至西安时，曾赐银千两修造青砖牌坊两座及大影壁，并敕封八仙庵为"万寿八仙宫"。八仙宫为十方丛林，是西安地区全真教派最大的一座道教庙宇。

五岳庙 奉祀五大名山之神的祠庙。五岳，即东岳泰山、南岳衡山、西岳华山、北岳恒山、中岳嵩山，传为群神所居。唐玄宗封五岳为王，宋真宗封为帝，明太祖尊为神。旧址在今西安城南门内之西五岳庙门街。

三圣庙 奉祀伏羲、神农、黄帝三皇的祠庙，元大德元年（1297）建。旧址约在今西安柏树林街附近。

雷神庙 奉祀神话中司雷之神的祠庙。雷神亦称雷公、雷师，《山海经·海内东经》："雷泽中有雷神，龙身而人头，鼓其腹。"《长安县志·祠祀志》："雷神庙，在城北，明万历四十五年重修，咸宁赵民俊有记。"旧址在今西安城北面雷神庙街北口新巷八一街小学院内。

马神庙　清朝奉祀马神的祠庙，位于洒金桥东侧的劳武巷。明清两朝在街南修了常平仓和预备仓，就是今天的西仓粮库，当时这里驻扎了运粮的马车队，马车出出进进，为了祈祷平安修了马神庙，所以街名就改成马神庙巷了。

火神庙　奉祀神话中火神的祠庙。清西安府城火神庙有二：一在城内火药局，顺治十一年（1654）吴都司建，旧址约在今西安开通巷东；一在东关南郭门内路东，旧址在今西安东关南街南段路东。

瘟神庙　瘟神，旧时迷信传说散播瘟疫的恶神。宋元以来，民间有于元旦四鼓祭瘟神之俗。西安城瘟神庙于道光九年（1829）建，位于西关。旧址约在今西安西关正街中段路南。

龙王庙　奉祀神话中雨神龙王的祠庙。西安府城有多处龙王庙：一在东郭外，明洪熙（1425）间秦王府建；一在南城外，明景泰元年（1450）建，清雍正元年（1723）重修；一在府治西南，旧址约在今五岳庙门街中段，清雍正五年（1727）建。又府城外南二十里有龙王庙，城东十二里长乐坡有五龙庙。

太阳庙　在四府街与太阳庙门街附近，具体地点已无法知晓。

东岳庙　奉祀东岳泰山神的祠庙，位于明清西安城长乐门内北侧。宋政和六年（1116）建，明弘治（1488—1505）间与清光绪二十一年（1895）修。原庙宇规模较大，现仅存大殿与后殿及壁画、明清碑刻等。

湘子庙　奉祀神话中八仙之一韩湘子之祠庙。西安府城湘子庙位于永宁门内西侧湘子庙街西段路北。

关帝庙　为纪念三国时蜀国大将关羽所建。明清时全国的关帝庙很多，西安府城内的关帝庙旧址在南门瓮城内南墙西侧。

真武庙　奉祀道教真武帝君的祠庙。相传古净乐国王的太子生而神猛，越东海来游，遇天神授以宝剑，入湖北武当山修炼，经四十二年而功成，白日飞升，号玄武君。宋大中祥符（1008—1016）间因避讳，始改玄武为真武，真宗尊为"镇天真武灵应佑圣帝君"，简称"真武帝君"。北宋时京兆城即建有真武庙，明清西安城真武庙在东南隅靠东城墙处，旧址在今顺城东路南段中部。

娘娘庙 "娘娘"是对女土地神"地母"的一种俗称。自原始农业出现时，即产生对土地的崇拜。地母作为最原始的女性土地神，是土地崇拜形成的标志，反映了母系氏族公社时期的社会基础与观念、信仰。旧址约位于窦府巷里南段路东。

二郎庙 奉祀二郎神之庙。二郎神是中国古代神话人物，名杨戬，住灌口，当为秦李冰次子住灌口斩蛟为民除害故事演变而来。自宋以后，各地多建有二郎神庙。旧址约在今西安西关正街东段路北王家巷附近。

许士庙 许士庙街是劳武巷东北的一条小巷。民国时，街西侧北头还有一座小庙叫许士庙，牌匾上写"洗耳翁祠"。传说古代有个姓许的人很有学问，皇帝特来请他在朝廷担任要职，但他厌恶做官，认为皇帝的话弄脏了自己的耳朵，便跑到河边洗耳。后人敬重他的人品才修了这座庙。新中国成立后把庙拆了修了莲湖路，现在只留下这个街名。

琉璃庙 位于西安市西大街中段路南。当年这条街里曾有一座庙叫灶君庙，庙里供奉着灶君爷的神像。到祭祀时，附近的居民都会到灶君庙前烧香拜佛，香火特别旺盛。据说因庙宇的房顶是用琉璃瓦盖成的，所以把这条街称为琉璃庙街；而另外一种说法则是因街道内有琉璃庙而得名。

药王洞 奉祀佛教菩萨药王之祠。药王，传为施良药治除众生身心两种疫病的菩萨。据光绪十九年（1893）《清西安府图》所绘，西安府城药王洞有四处：一在城西北药王洞街中段路北，一在城西南白鹭湾北段路西，一在城南五岳庙门街，一在东关东新巷之北。

迎祥观 位于宋、金京兆府城市

第二编·唐末至近代长安

北街。宋称迎祥观,元改名灵应观。元骆天骧《类编长安志·寺观》:"灵应观,《新说》:在府城市北街。宋迎祥观,大元丙子始改为灵应观。"据嘉庆《咸宁县志·金京兆府城图》按云:"市北街当即奉元城图内羊市、马市北街。"奉元城羊市、马市约在今西羊市西段附近,处其北街的市北街当在今大皮院附近。

第三节 宗教寺院

广惠寺 位于清西安城通化坊。据光绪《清西安府图》所绘,广惠寺在府城东南隅通化坊靠东城墙处,寺址约在今西安城东南隅建国五巷东段。康熙四十年(1701)建,后雍正十年(1732)、乾隆四十一年(1776)、嘉庆二十一年(1816)相继修葺。

宝庆寺 亦名华塔寺,位于西安城永宁门内书院门街之北侧。原在隋唐长安外郭城安仁坊。隋文帝仁寿年间(601—604)建。隋文帝与唐中宗曾亲临该寺。唐文宗时因以五色砖作塔,故又名华塔寺。五代时殿宇毁于兵火,唯塔存。明景泰二年(1451)移建该寺与塔于今址。万历年间(1573—1620),冯从吾讲学于其中。清雍正元年(1723)住僧文天重修寺阁。该寺原有许多堪称绝品的佛教造像雕塑,1929年前后流失于西方和日本,如今在美国、法国、日本的一些大学博物馆里有大量展示。

开元寺 位于明清西安城钟楼东侧路南,旧址在今西安城钟楼东南隅开元商城。因建于唐开元二十八年(740),故名。宋建隆四年(963)中书令王彦超及僧嗣麟重修。明嘉靖四十二年(1563)复修。清康熙三十年(1691)镶白旗防御使佟阿利等重建。

报恩寺 位于明清西安城西南隅报恩寺街。报恩寺创建于元。雍正《陕西通志·祠祀》"报恩寺"条载:"元至元中赐平章也先捏夫人也鲁为花圃,尝见白石像放光,因舍为寺。"初敕额"大兴国报恩寺"。明代称报恩寺。清康熙二十九年(1690)重修。

清凉寺 据光绪《清西安府图》所绘，清西安城董子祠东北有清凉寺。寺址约在今西安城和平门内西八道巷。

莲池寺 位于明清西安府城莲花池，在今西安城西北隅莲湖路莲湖公园处。此处为明秦王府游览地，因有通济渠水所注之莲花池塘，故寺名莲池寺。崇祯八年（1635）修。清康熙七年（1668）巡抚贾汉复重修，易池名为放生池。雍正元年（1723）继修。

观音堂 位于清西安城内东南隅观音寺巷（今名西五道巷）。清同治五年（1866）建。

云居寺 位于西安城西北隅洒金桥北段路西。原为唐长安宫城南墙的一段基址，高25米，土台基，据传宋代因台建寺，初称安庆寺。明洪武时重修，改称云居寺。因该寺佛殿依其地势起伏分别建在五个高台上，故俗称西五台。康熙五十七年（1718）重修。

化觉巷清真寺 位于西安鼓楼西北化觉巷。明代称清修寺。因在大学习巷清真寺之东，又称东大寺。据《敕谕碑》所载：明洪武二十五年（1392）三月十四日，咸阳王赛典赤七代孙赛哈知奉旨宣谕于西安修建礼拜寺。占地面积12300平方米，建筑面积约4000平方米，呈东西向长方形，墙垣砖砌，四进院落，有木质牌楼、石质牌楼、敕修殿、月碑、省心楼、水房、凤凰亭、望月台等建筑。

第四节 官署

碑林三学街街区附近的驻省城西安的官署主要以明清官署为主，如西安左卫署、府教授廨、西安军装局等。另，前朝唐、金、元等也有在此设立官署。如唐太庙署、唐少府署、唐太常寺等。

总督署 清代陕西总督衙署。清沿明制，正式以总督为地方最高长官，辖一或数省，官阶从一品，因其分别加兵部尚书或左右侍郎，例兼右都御史或右副都御史、右佥都御史衔，故称部院大臣；衙署称总督部院署，署址在今西安城西大街东段路南南院门中共西安市委大院。光绪十四年（1888），巡抚叶仁英移驻总督署，"南院"遂成为巡抚署，而总督行署迁驻"北院"，署址在今西安城西大街东段路北北院门西安市政府大院。

巡抚署 明清陕西巡抚衙署。巡抚之名起于洪武二十四年（1391）懿文太子巡抚陕西之行。明代巡抚虽非正式地方大吏，但事实上与总督同为省级地方最高长官，掌握着本地区的军政大权。清沿明制，并正式规定各省设巡抚一人，从二品，为省级地方军政长官，统布、按两司，总揽一省军事、吏治、刑狱等。巡抚俗称"中丞"，与总督同为封疆大臣，唯品位略低。雍正元年（1723），巡抚多加兵部右侍郎兼右副都御史衔，故巡抚署亦称巡抚部院署。明清陕西巡抚署位于西安城西大街东段路北鼓楼之北的"北院"，署址在今西安北院门西安市政府大院。

西安府署 明清西安府地方长官衙署。明洪武二年（1369）三月以奉元路改置西安府。明清西安府皆置知府一人，明秩正四品。清初秩正四品，乾隆十八年（1753）改从四品，为本府的行政长官。《明史·职官志》载："知府掌一府之政，宣风化，平狱讼，均赋役，以教养百姓。每三岁，察属吏之贤否，上下其考，以达于省，上吏部。"旧址在今西安西大街东段鼓楼东侧路北。

长安县署 长安县地方行政长官衙署。长安县始置于西汉高帝五年（前202），治所在今陕西省西安市西北。隋开皇三年（583）移治大兴城即今西安市，至清不改，历与咸宁县（原称大兴县、万年县）分治京城或府城。明清时期隶于西安府。设知县一人，正七品，掌一县之政。旧址在今西安城西大街城隍庙东。

咸宁县署 咸宁县地方行政长官衙署。咸宁县原为隋大兴县，唐武德元年（618）称万年县，天宝七载（748）改名咸宁县，乾元元年（758）复名万年县。元为奉元路治，明清为西安府治，历与长安县东西分治京城或府城。位于今西安市东部，旧址在今西安城东县门街中段路北。

清军厅 明朝陕西行都司署，俗称兵马指挥司，设于今西安高级中学校园内，俗称军厅。清初改为清军同知署即清军厅，乾隆三十二年改称库厅，同治年间北大街另设军厅，此街遂改为东厅门。

布政使司署 明代为陕西省行政长官衙署，清代为督抚之下分理本省民政与财政的官员衙署。明初沿元制，于洪武二年（1369）四月置陕西等处行中书省，长官为平章政事。明清陕西布政司署在府城西安北院门大街路东。明洪武九年（1376）改为司署，设僚属廨舍，十七年（1384）增建廨宇。正统八年（1443），左布政使郭坚增建后堂厨库。嘉靖二十九年（1550），左布政使葛守礼继修，建诚心堂。清顺治五年（1648），左布政使刘宏遇大加修葺，前后堂及厨库、吏舍、重门、缭垣悉新之。康熙四年（1665），布政使颜敏重修署门、大堂、内堂等。遗址在今西安城北院门街路东、西华门大街路南至鼓楼以北。

协标都司署 清代西安绿营兵武官署。清制领兵镇守险要之处曰协标。《称谓录·副将·协台》："副将为提镇，分守险要者曰协标。"都司，绿营兵武官名，正四品，位在参将、游击之下。协标都司署位于府城西安北大街二府街中段路北，光绪三十四年（1908）缺裁署废。

捕厅衙门 捕厅衙门是古代负责军粮监管和案情诉讼审判的机构，相当于现在的公检法，是明清时期司法体系重要的组成部分。旧址位于五味什字南侧水车巷内。

法道署 清代中期陕西主管盐政的官署。乾隆四十四年（1779）以驿盐道改设。长官设盐运使一人，正四品，职在督察本省所辖地区盐场生产与盐商行息，审评盐价，管理水陆运输等事宜，并按时上报盐政。遗址在今天的西大街东段、鼓楼东侧。

第五节　会馆

会馆是明清、民国时期寓居外地的同籍人创设的一种社会组织,最初目的是用于本省、府、县旅外人士去世后,暂时停放灵柩。后来另辟堂室,逐渐成为同邑旅外人士集会饮宴之所,供同乡、同业聚会、交流和寄寓。自明至民国时期,西安城作为西北地区的军政、文化和商贸重镇,城市会馆数量众多,分布集中,地域来源广泛,在城市经济、文化、信仰、文教等生活中发挥着非常重要的作用。

清代后期,西安城内共有31所会馆,其中外省会馆达18所,陕西省内县级会馆8所,行业会馆5所。外省18所会馆分别为:甘肃会馆、山西会馆、三晋会馆、山东会馆、中州会馆、中州西馆、八旗奉直会馆、燕鲁沈吉江五省会馆、安徽会馆、安徽东馆、江苏会馆、湖广会馆、福建会馆、全浙会馆、绍兴会馆、江西公寓、两广会馆、四川会馆。

以20世纪30年代中期为限,45所会馆所处位置较为清楚。其中17所外省会馆所处街巷分别为:江西会馆,小湘子庙街;燕鲁沈吉江五省会馆,盐店街;中州会馆,盐店街;山东会馆,盐店街;甘肃会馆,梁家牌楼;安徽会馆,五味什字;湖广会馆,南四府街;江苏会馆,大保吉巷;福建会馆,南院门;浙江会馆,大湘子庙街;两广会馆,大皮院;四川会馆,西大街;三晋会馆,梁家牌楼;绍兴会馆,东木头市;山东公寓,崇礼路新五号;西京沪商联欢社,红埠街西北代办所;山西会馆,东关长乐坊。

第六节　历史文化街区

三学街　明清西安城街名。位于原隋唐长安皇城东南隅顺城街,北临太庙。唐末长安新城称南城巷。崇宁二年(1103)知永兴军府事虞策将京兆府学由"府城之坤维(西南)"处迁建于此街路北今址。明成化九年(1473),咸宁县学由府城东县向咸宁县治西迁

徒，建于此街府学西侧。本街三学并立，由此得名。现街北有国家文物保护单位西安碑林与文庙。

咸宁学巷 位于府城南门内东侧，柏树林南段之西。在原唐长安皇城中宗庙处，唐末以皇城改筑为新城后渐为居民坊巷。南北巷，南起三学街，北不通。此巷因有咸宁县学而得名。咸宁县学旧在咸宁县治之西（今县坡巷），成化九年（1473）提学副使伍福移建于此。

府学巷 位于府城南门内东侧。在原唐长安皇城太庙东侧中宗庙处，唐末以皇城改筑为新城后，渐为居民坊巷。南北巷，南起三学街，北抵文庙西，即今天的西安碑林博物馆。崇宁二年（1103）京兆知府虞策置京兆府学于此，金、元、明、清皆沿置府学，故名。

长安学巷 位于府城南门内东侧，府学之西。在原唐长安皇城中宗庙处，唐末以皇城改筑为新城后渐为居民坊巷。南北巷，南起三学街，西北接安居巷。此巷以有长安县学而得名。长安县学旧在长安县治之西（府城西门大街都城隍庙附近），成化九年（1473）巡抚马文升移建于此。

书院门 西安城街名，在南门内城墙附近。书院门这个地名起源于"关中书院"。关中书院是明、清两代陕西的最高学府，也是全国四大著名书院之一，现在是西安文理学院。

北院门 明清西安城街名。位于府城西门大街东段路北鼓楼之北。明洪武十三年（1380）修建鼓楼后即形成此街。南北纵街，南起鼓楼，北抵巡署"北院"。此街因在"北院门"前，新中国成立初称北院门街，并延伸至鼓楼南到西大街，今简称北院门。光绪二十六年（1900）慈禧太后与光绪帝避难西安，原定以总督行署作为行宫，但慈禧嫌房居不宽，修缮未周，不愿居住。陕西当局只好将慈禧和光绪安排在原巡抚衙门暂住。总督行署修好后，又搬进里面居住。因总督行署和巡抚衙门南北相对，慈禧和光绪在西安期间，手下之人不断来往于两地之间，故又称为南院、北院。慈禧等人回京后，南、北两院仍作为西安城的重要衙署，多次进行修葺，并派专人进行保护。

南院门 明清西安城街名。位于原隋唐长安皇城主管国家厩牧舆辇之事的太仆寺处,是唐末长安新城形成的居民街巷。清初,陕西总督行署、光绪十四年(1888)巡抚署相继设立在此街,与北院门对称为南院门。光绪二十六年(1900)八国联军攻占北京,慈禧太后偕光绪皇帝西逃西安期间,以南、北院为行宫。清至民国时,这里店铺毗连,商贾云集,民谣云:"绸缎布匹老九章,钟表眼镜大西洋。西药器械世界大药房,金银首饰老凤祥。购置鞋帽鸿安祥,要买百货慧丰祥。南华公司吃洋糖,想生贵子藻露堂。"这里是西安城的商业中心,繁盛一时。新中国成立后,陕西省人民政府、中共西安市委相继设于此地,现为碑林区人民政府所在地。

后宰门 明清西安城街名。位于原隋唐长安宫城东宫地区。唐末放弃宫城而以皇城改筑长安新城时被隔于北城墙之外。明初向北拓筑府城后始迁入城内。明初,筑秦王府城,此街为王府内城北门(广智门)与外城北门(北外门)之间的南北通道。清代圈入满城,为八旗校场北门的直接通道。1928年拓修此街为北城墙,统改名为北新街,而以清代新城门大街(北大街)口至革命公园西门段的东西街,易名为后宰门。

南大街 西安以钟楼为中心辐射的四条大街之一,北起钟楼,南至南门(永宁门)。处唐长安皇城安上门大街南段西沿,明初安上门改建为永宁门后,改称南门大街,清时大约以东、西木头市为界,南段称南门大街,北段称南大街,中段称滴水河,为西安城内南向出城主要干道,亦为西安城内四大街中最短、最狭窄的一条。1927年冯玉祥部主陕时,修筑城内主要街道,拆除其残破石条路面,一并改用土和石子砌筑,并将两边略微放宽,以方位统称为南大街;1930年杨虎城任省主席后,再次拓宽。从南到北,东西两边分别依次有书院门、黄龙寺巷、文献巷、东木头市、油店巷、降子巷、顺城巷和湘子庙街、粉巷、西木头市、解放里、东涝巷通此,商铺密集,人车辐辏,为民国西安繁华街衢。

卧龙寺巷 位于府城东南隅柏树林之东。在原唐长安皇城太庙署处。唐末以皇城改筑为新城后,渐为居民坊巷。南北纵巷,北起东厅门,向南接东西巷,向东通新开道巷(后称开通巷),向西通柏树林街。以巷南因有宋代所建卧龙寺故名。

柏树林街 位于府城东门大街中段路南,端履门大街之南。在原隋唐长安皇城东南隅文献皇后庙处。唐末韩建以皇城改筑为新城后,渐为居民坊巷。南北纵街,北接端履门大街,南抵南城墙。自宋以后,此街南段路西临近文庙。正统年间(1436—1449),西安知府孙仁在文庙四周广植柏树,此街由此得名。

湘子庙街 位于南大街南段西侧,东西横街。在原隋唐长安皇城安上门内西侧,靠近南城墙处。唐末长安新城形成居民街巷。唐末以后街东口建有奉祀唐代杜佑的杜祁公庙。清代属于咸宁县管辖,归义三坊。据嘉庆《咸宁县志》载,此街东口亦建湘子庙一座,为奉祀中国古代神话传说中的八仙之一——韩湘子的祠庙,街随庙名,称湘子庙街。现此街有名人字画店铺60余家,为西安著名的书画一条街。

下马陵 明清西安城街名。本街东起和平门,西至柏树林,东西向顺城墙街,长825米。东段原为隋唐长安郭城崇仁坊西南隅的顺墙街,西段原为隋唐长安皇城东南的顺城街。唐末以皇城改筑长安新城后,此街东段隔在城外。明初,向东拓筑府城后,此街迁入府城内,始为府城南顺城街。嘉靖三年(1524),陕西巡抚王珝与巡按御史喻茂坚在本街东段路北,建奉祀汉儒董仲舒的董子祠,以祠后墓冢为董仲舒墓(一说董仲舒墓在陕西兴平,为汉武帝茂陵的陪葬墓)。相传,昔年汉武帝每至董墓前则下马,董子门人与儒士过其墓皆下马,以示尊崇,俗称"下马陵"。本街由此得名下马陵。

端履门 明清西安城街名。位于府城东门大街西段路南。在原隋唐长安皇城左藏外库院处,唐末以皇城改筑为新城后渐为居民坊巷。南北纵街,北起东门大街,南至柏树林。此街明代

第二编·唐末至近代长安

时直对秦王府外城正南门棂星门与内城正南门端礼门，地方官员入秦王府前，到此必先端履整衣，故名。清顺治六年（1649），以秦王府城改筑为满城，并在原棂星门前临东大街口处建有端履门。此街又正北对满城端履门，故沿称端履门大街。今仍沿称。

大差市 唐末，长安城毁，佑国军节度使韩建缩建长安新城，新城东西两侧筑万年、长安两个县城，成为母子三城拱卫之形制。此街分为城内、城外两段：城内至元代仍称景风门街；城外为万年县城北门外横街。因县城有西北最大的驿站京兆驿，车马过往，商贾云集，宋金时期这一带名大草市，明清时演化为大差市。

西木头市 明清西安城街名。位于府城南门大街中段西侧。在原隋唐长安皇城太府寺处，唐末以皇城改筑为新城后，逐渐成为居民街巷。东西横街，东起南门大街，西至竹笆市。以在东木头市之西，故对称西木头市。今仍沿称。

东木头市 明清西安城街名。位于南大街中段东侧的永宁北坊与永宁南坊之间。西起南门大街，东接四牌楼街，东西横街。明清时期这里因是府城木头市、枋板市而得名。民国时此街与东面四牌楼统称东木头市。今仍沿称。

北广济街 明清西安城街名。位于府城西门大街中段路北。南北纵街，北接狮子庙街，南抵西门大街。此街原为隋唐长安皇城承天门街北部的一段，元代时称广济街。明代因改西门大街之南原药市街北段为南广济街，此街遂对称北广济街。新中国成立后又与此街之北原狮子庙街统称北广济街。1966年改名风雷路，1972年复称北广济街。

南广济街 位于西大街中段南侧。北对北广济街，南至南院门西口。为唐长安城承天门街的一段。宋《长安志》载"承天门街东西广百步，南出皇城之朱雀门"，曾是长安最宽的大街。元代称药市街，为中药集散地。明清时，北段称南广济街，南端称五味什字，以中药配方重视酸、甘、苦、辛、咸五味而得名。民国初年为银号钱庄集中地。

五味什字 明清西安城街名。元代时这里因药店密聚，故十字口与今南广济街统称为药市街。明清时期亦因这里药店集中，遂以中药之甘、辛、酸、苦、咸五味而称五味什字。明天启二年（1622）所建著名药店藻露堂即设于此。

莲湖公园 位于西安市莲湖路南，坐落在唐代宫城承天门遗址上。明代秦王朱樉（朱元璋次子）取其高低不平地势，引注通济渠水，在此建王府花园。因开凿人工湖，广植莲花，名叫"莲花池"。清康熙七年（1668），巡抚贾汉复主持疏浚池泥，并改名"放生池"。1916年辟为莲湖公园。

第四章

【唐末至明清长安的不可移动文物】

唐末至明清长安皇城区域奠定了现代西安的基本格局,从前文我们可以看到其历史遗存是非常丰富的。但是,由于沧海桑田的变迁、日月长河的轮回,时间侵蚀了这些人文遗迹,留给我们的已经少之又少。近年来随着社会的高度发展,保护文化遗产成为人们向往文明、提升修养的标志,现在西安地区各级文物保护单位也越来越多。下面我们根据中华人民共和国国务院、陕西省人民政府、西安市人民政府所公布的重点文物保护单位,来梳理一下在西安城墙范围内的文物保护单位。

一、隋大兴唐长安城皇城、宫城遗址

隋大兴城皇城建于开皇二年（582），亦名子城，北隔横街与宫城相接，是中央百官衙署及其附属机构的所在。

皇城遗址在今西安城墙范围内的西南部。平面呈长方形，南北长1834.6米，东西长2820.3米，周长9.2公里。城墙夯土版筑，城门处内外砌砖壁。西、南面残墙被包于西安城墙内。西墙约从西安城墙西南角至西五台（安庆寺）处；南墙从今西安城墙西南角至开通巷南口偏北处；北面的横街约在今莲湖公园莲湖南岸一线；东墙在今开通巷东侧一线。

三面城墙共设七门，南面三门，东、西各二门。朱雀门为正门，北对宫城承天门，南为朱雀大街，直通外郭城明德门。城内有东西向街道七条、南北向街道五条，"皆广百步"。安上门内的南北大街宽94米，两侧均有宽3米的排水沟。

唐末长安城被毁时，佑国军节度使韩建为便于驻扎防守，放弃了郭城和宫城，只修葺皇城，名"新城"。所以独有皇城保存下来，历经五代、宋、元，至明代改为西安城并扩建。

宫城遗址南连皇城，北接禁苑，是皇室居处的宫殿建筑。平面呈长方形，南北长1492.1米，东西长同皇城。其西墙基在今西安城墙西墙北段墙下及其延长线上；南墙基在今莲湖公园南侧和光辉巷一线；北墙基（亦即郭城北墙的相应地段）在今自强路北侧约80米的东西向线上；东墙基在今尚德路及其延长线上。史载城墙高三丈五尺，今存北墙一小段（在今西安铁路分局第二中学内），墙基宽18米。

宫城南面正门为隋广阳门，唐改为承天门；北面正门为玄武门。承天门为皇帝举行"外朝"大典之处，约在今莲湖公园承天阁附近，东西残长41.7米、进深19米，三个门道，门基铺石条或石板，为其他门址所未有。

宫城中部为隋大兴宫，唐改称"太极宫"，布局为前朝后寝。前朝正殿为太极殿，北与承天门相对，为皇帝举行"中朝"听政之处，约在今青年路附近。太极殿东廊左延明门外有门下省、史馆、弘文馆等官署，西廊右延明门外有中书省、舍人院等官署。

后寝内正殿为两仪殿，为皇帝举行"内朝"听政处，约在今北城墙处。宫城东部为太子居住的"东宫"，宽830余米，史载分中、西、东三部分；宫城西部为宫女居住的"掖庭宫"，东西宽702.5米，史载其南有内侍省，北有太仓。1978年5月在今西五台南侧6米、今西城墙东240米处出土唐昭宗光化二年（899）所立《大唐重修内侍省之碑》。

1996年由国务院公布为第四批全国重点文物保护单位，属隋大兴唐长安城遗址文物保护单位系列。

二、隋唐含光门遗址

含光门遗址位于西安甜水井大街南端西安城墙内。含光门是隋唐长安城皇城南侧城墙三城门中西侧的大门，最早建于隋文帝开皇二年。它虽属偏门，但由于与鸿胪寺、太社、西市相邻，其地理位置很重要，是唐丝绸之路的始发点。

唐天祐元年（904），朱温胁迫唐昭宗迁都洛阳，唐长安城从此废毁。

佑国军节度使韩建为守城需要，放弃宫城和外郭城，只保留皇城为其治所，史称"新城"。随即将皇城南墙的朱雀门封闭，只留下了东侧的安上门和西侧的含光门。宋代新建长安城时，将唐长安城缩小，把唐长安城皇城南墙作为"新城"的南墙，这样含光门就成了"新城"城墙的一部分。宋时，封闭了含光门的中、西门道，仅留东门道作为过道，到元朝时被全部封闭。明清两代多次修建西安城墙，含光门被包在城墙内成为明清西安城墙的基址。民国以至新中国成立后，含光门都被完好包裹在西安城墙内。

含光门博物馆内主要展示隋唐含光门门道遗址、城墙断面遗址（包括隋、唐、五代、宋、元、明、清及近现代的城墙土遗址）和隋唐长安城皇城过水涵洞遗址，并设有"中国城墙发展史"专题展、"唐长安城"专题陈列展及西安城墙明清古建构件展三个展览。博物馆二楼还设有多媒体功能播放厅，播放视频资料《今古沧桑含光门》，讲述了含光门的历史、文化内涵及考古发掘过程。

1961年由国务院公布为第一批全国重点文物保护单位，属西安城墙文物保护单位系列。

三、西安城墙

西安城墙位于西安市区内。明太祖洪武七年至十一年（1374—1378）西安府长兴侯耿炳文等修建，墙体土筑，其西、南面仍用唐末韩建改建的唐皇城（即元奉元城）旧址，东面外扩1435米，北面外扩864米，城垣面积为11.5平方公里，比原来5.2平方公里的唐皇城扩大了一倍多。明隆庆二年（1568）陕西巡抚张祉给城墙外壁和顶面包砌青砖。明崇祯九年（1636）陕西巡抚孙传庭为防御农民军又修四关郭城土城墙，今四关稍门即当时郭城之门，墙体仅存极小残断。清代曾12次补修西安城墙，乾隆四十六年（1781）陕西巡抚毕沅对城墙宽窄进行了统一，并使墙根外延，墙顶内收，外壁增砌三至五层包砖，顶面铺二层砖，内壁每隔40～60米砌筑青砖流水槽一道。

经明清两代修葺的西安城墙周长13.72384公里,墙高12米,顶宽12～14米,底宽15～18米。顶面内沿筑有0.88米的女墙,外沿筑有1.76米高的垛墙,有垛口5984个,各垛墙中间均有方孔。城墙四角各筑有突出、高出墙体的角台,西南角台平面呈圆形,可能是元代的建制;西北、东北角台呈正方形;东南角台呈长方形。角台上建角楼,现已无存。角楼之间,沿墙顶每隔120米有一伸出墙面10米、宽20米的敌台(又称"墩台"或"马面"),敌台上建敌楼(一说为卡房)。原共有敌台98座,现存90座,敌楼已于民国年间拆毁。

城墙四周共有四门:东长乐门、南永宁门、西安定门、北安远门,均为拱券式门洞,现存青石门楣上的门名均系民国元年(1912)陕西首任都督张凤翙书写。门洞上建高距地面29米的正楼,正楼通高32米,面宽七间(37.14米),进深二间(15.5米),楼壁厚2米,楼体高19.6米,屋顶为歇山式,素面清水脊,脊的两端还雕刻螭吻并加以装饰,筒板瓦覆盖,檐部施有勾头滴水。外檐三层,檐下平座均施斗拱。上檐单翘单昂出耍头中,檐和下檐为一斗二升交麻叶。楼身二层,周施回廊,底层周施廊柱,廊深2.4米;二层施平座栏杆,廊深1.45米。内外彩绘为青绿基调的旋子彩绘,垫拱板上为火烧宝珠图案,其做法不点金不退晕,线路花卉用墨线的明代雅乌墨式做法,表现了明代彩绘素雅的特点。

正楼前的瓮城上有距地面30米高的箭楼。箭楼楼面宽十一间(53.35米),进深二间(15.5米),通高33.4米,楼体高19.6米,屋顶为歇山式,素面清水脊,筒板瓦覆盖。檐部施勾头滴水。背面单檐,檐下施斗拱。檐下楼壁与城墙面结为一体,显得十分陡悬、高耸。正面楼壁厚达2米,开箭窗四层,每层十二孔;两侧山墙厚1.2米,开箭窗三层,每层三孔。箭楼共有箭窗六十六孔。箭窗外口高1.5米,宽1.40米。箭楼正面为重檐三滴水，檐下及平座均施斗拱。底层有单面回廊明柱，廊深2.4米。箭楼内外的彩画均用雅乌墨式旋子彩画而成。

瓮城外原有围墙一道，两端与正楼一线的城墙相接，谓之"月城（羊马城）"。箭楼前方围墙上有谯楼（又名"闸楼"），谯楼下的门洞紧扼护城河上的桥头，是门防的最前哨。北门正楼毁于辛亥革命时；南门箭楼毁于1926年镇嵩军围城时，于2014年修复。

此外，民国时期开中山门（小东门）、勿幕门（小南门）、玉祥门（小西门，1949年后拆除）、中正门（小北门，1952年拆除），俗称"小四门"。1949年后陆续开城墙豁口14处，累计长度为1226米。至1990年除火车站广场外，其他豁口都以券洞连接。贴内墙的四门城楼的左侧原各有一登城坡道，现南门城楼东侧的登城坡道尚有痕迹；贴内墙还有六处等腰梯形的登城坡道，其中东、西城墙各有一处，南、北城墙各有二处，现小南门、西南城角、小北门东、尚德门西、北马道巷中部五处登城坡道尚存。1984年后又新修了中山门、建国门、文昌门、和平门、西北城角五处登城坡道。此外，城墙外侧有上宽38米、下宽22米、通深18米的护城河，内侧有环城马道。四城门外城河上有吊桥，民国时拆毁。西安城墙在明清时是一个庞大、坚固、严密的城防体系，现在是中国大型城垣中保存最为完整的建筑。

1979年成立西安城墙管理所，1983年成立西安环城建设委员会。之后，国家投资18139万元整修西安城墙，完成了券洞连接、外墙体补砌、内墙体帮补、海墁铺砌、垛墙砌筑、女儿墙砌筑、溜水槽补砌、马道补砌，又疏浚护城河，建成环城公园，重新开通大部分内环路。

1956年被陕西省人民委员会公布为第一批省级重点文物保护单位，1961年被国务院公布为第一批全国重点文物保护单位。

四、明秦王府城墙遗址

明秦王府城墙建成于明洪武十年（1377），位于西安府城东北部，也叫王城，后讹为"皇城"，即今陕西省人民政府所在的新城区。城垣周长2158米，南北长671米，东西宽408米，高11.5米。城四面原各开一门：东曰体仁门，西曰遵义门，南曰端礼门（清代改为端履门），北曰广智门。城墙外侧原砌清砖一层，1921年冯玉祥督陕时拆建了新城大楼（黄楼）。1952年，因市政建设拆除了部分城墙和东、西、南三门。此后又陆续拆除了部分城墙和北门。至1993年，南面残留新城剧场东南部和新城区文化局南面两段，分别长99.6米和185米，东西两面各残留七八十米长一段。北面省政府北门东西两边各留残垣一段，分别长60米和80米。

2003年被陕西省人民政府公布为第四批省级文物保护单位。

五、西安碑林

西安碑林位于三学街北侧，是中国历史上集中收藏古代碑刻数量最大、保存碑石历史最久、荟萃碑石最丰富的地方，因碑石如林而得名。

西安碑林的建置始于唐末天祐元年（904），当时昭宗被迫迁都，韩建将《石台孝经》等重要碑石迁至唐皇城尚书省之西隅（今西安市西大街社会路一带）。五代后梁刘鄩守长安时，接受幕吏尹玉羽的建议，将《开成石经》等碑石亦迁于此。北宋元祐五年（1090）吕大忠领漕陕右时，将此二经及颜（真卿）、褚（遂良）、欧阳（询）、徐（浩）、柳（公权）所书碑石及《篆书目录偏旁字源》诸碑迁至西安府学之北墉（今址），并建院舍、亭、廊等予以保护，基本形成了今碑林第一室和"石台孝经亭"的陈列形式。

此后，金、元、明、清、民国及中华人民共和国成立后曾做过近20次的修缮和充实。其中重要的有：

明万历十六年（1588）对被地震破坏的《开成石经》加以修补，并集其字样，刻石96块置石经旁以补缺。

清康熙三年（1664）陕西巡抚贾汉复等集《开成石经》字样，补刻《孟子》7篇，共17石，与《开成石经》

合称"十三经"刻石。乾隆三十七年（1772）陕西巡抚毕沅全面整理和修复碑林，并设立管理机构，规定冬季禁拓，又编印"碑林五十五种"碑帖，基本奠定了今碑林的基础。1933年国民政府监察院长于右任捐《汉熹平石经残石》；1935年又捐北魏、北齐、北周、隋、唐墓志320多方，称"鸳鸯七志斋"。

1936—1937年由著名建筑师梁思成设计，对碑林又作全面整修，建立了新的陈列室（今碑林第六室）和陈列墓志的走廊，基本形成了今日西安碑林的规模。1948年陕西省政府主席宋哲元在新城内建立的"西安小碑林"被取消，《汉武都太守碑》、唐《述圣颂碑》、《颜勤礼碑》等迁入西安碑林。中华人民共和国成立后，碑林得到妥善保护和发展，1978年对全部房屋和所有陈列的碑石进行了抗震加固，主要碑石配以防护罩，严禁捶拓。

1982年又修建了碑林第七室。此外，还新收了大量碑石，仅历代墓志就有400多方。今日之西安碑林，收藏了汉至民国（206—1949）的碑石2300多通方（陈列1526通/方，其中石碑488通，墓志869方，经幢85方），共有大型陈列室、展览廊各7座，碑亭8座。其中有各个时代具有代表性的书体和书法家的作品，其内容涉及儒家经典和民族、宗教、建筑、中外文化交流及地方史等丰富的内容。西安碑林是一座儒家典籍的石质图书馆和内容丰富的史料档案库，是中国文字发展史的直观展示和雕刻艺术的宝库，也是中国书法艺术的宝库，是世界最大的石质书库，还是经学典籍的殿堂和思想文化的渊薮。

西安碑林于1961年由国务院公布为第一批全国重点文物保护单位。

六、奎星阁

奎星阁（塔）位于陕西省西安市碑林区碑林博物馆旁边的咸宁学巷内，隐藏在居民楼群中。塔建于明代，为方形单层亭阁式塔。塔为砖石结构，颜色呈土黄色。塔的顶部已经长满了荒草。古塔的四周被一排排居民楼紧紧包围，只露出了它的"上半身"。

关于奎星阁的来历，还有一个故事。当初这里是科举考试的地方，附近的咸宁学（现为咸宁学巷）、府学（现为府学巷）及长安学（现为三学街）都是考生居住的地方。在一次科举考试当中，有一名贫困学子本可金榜题名，但后来竟被人冒名顶替。气愤之下，他就在所住的咸宁学内上吊自杀了。最后那名冒名顶替者被官员发现，为了纪念这位死去的学子，就在这里修建了奎星阁。奎星阁与正南约五十米处城墙上的魁星楼相对而望，寓意从魁星楼上承接魁星，请到奎星阁进行祭祀。

2016年6月8日被西安市人民政府公布为第四批市级文物保护单位。

七、关中书院

明清时期陕西著名书院。位于南门内东侧的书院门街。明万历二十年（1592），陕西著名学者、御史冯从吾因疏忤神宗罢官归里后，与友人萧辉之、周淑远等在此地之西宝庆寺讲学多年，弟子日众，而寺地狭隘。明万历三十七年（1609）十月，陕西布政使汪可受、按察使李天麟、参政熊应占、闵洪学及副使陈宁、段猷显等，为冯从吾另择宝庆寺之东"小悉园"改建为"关中书院"，成为当时陕西的最高学府。书院坐北面南，院内有大门、二门、允执堂（讲堂）、左右寮房和东西号房等建筑。万历三十九年（1611）在院内西北部建"斯道中天阁"（1965年因漏损拆毁）以祀孔子。明天启六年（1626）陕西巡抚乔应甲毁书院。清康熙、乾隆时重修，建"精一堂"等。至光绪初年，书院初具规模，光绪三十二年（1906）改为"陕西第一师范学堂"。民国初又改为"陕西省立师范学校"，现为西安文理学院。1988年西安师范在院中轴线以东建四座二层硬山式教学楼。

现书院尚存两道门厅、允执堂、精一堂及东、西廊庑等古建筑，成前、后四间院落。头、二道门厅均为带前廊的五间硬山式建筑。允执堂面阔五间，正立面明间部位向南外凸，后次间部位向北凸出，平面呈"亚"字形，南北长27米、东西宽22米，建筑面积487.5平方米。屋顶由两座硬山和一座歇山顶建筑勾连搭建而成，后檐加歇山抱厦，两侧山墙墀头部位外撇，山墙上各辟一券门，内设讲坛。精一堂面阔五间，明间内收，平面呈"凹"字形，南北长12米、东西宽18米，建筑面积226平方米，屋面形式同允执堂。两堂均为抬梁式建筑，柱端及额枋上均不施斗拱。此外，书院南面有牌坊一座，额题"关中书院"。精一堂左、右有胁堂、两庑各五间及东、西列号房各五十间。这些建筑近年多有改建。现关中书院旧址已经恢复，所在街称书院门街，为西安明清古文化一条街。

1983年关中书院由西安市人民政府公布为市级重点文物保护单位，1992年由陕西省人民政府公布为第三批省级重点文物保护单位。

八、西安钟楼、鼓楼

西安鼓楼位于北院门街的南端，东与钟楼相望。明洪武十三年（1380）始建，清康熙三十八年（1699）和乾隆五年（1740）重修。抗日战争时期一根横梁被日本飞机炸断，加之军队占驻和风雨侵蚀，残破不堪。1952年翻修，外檐采用沥粉金龙和玺彩画，内檐施大点金旋子彩画，1954年增设避雷设施，1958年翻修屋面。

西安鼓楼为一座歇山顶、重檐三滴水的高台建筑，通高34米，楼上原有报时巨鼓一面。楼基座以石条和青砖砌成，平面呈长方形，东西长52.6米、南北宽38米、高7.7米，南、北面正中辟有高、宽均6米的券洞门通道，东、西侧各有青砖踏步可登。鼓楼建于基座的中心，面阔七间、进深三间，周设回廊，第一层楼身上置腰廊和平座，第二层楼重檐歇山顶，外檐和平座均饰有青绿彩绘斗拱。楼南、北檐正中原分别挂有"文武盛地""声闻于天"金字蓝底木匾，"文化大革命"中被毁。楼内彻上明造，扩大了内部空间，其西侧有木梯可登。

1956年西安鼓楼由陕西省人民委员会公布为第一批省级重点文物保

护单位。

西安钟楼位于城内东、南、西、北大街的交会处。始建于明洪武十七年（1384），原在今西大街广济街口；明万历十年（1582）陕西巡抚龚懋贤命咸宁、长安二县令迁其于现址，迁建时除基座外，全是原件原样；清乾隆五年（1740）整修。民国时期曾驻扎军队，楼下的四个门洞被封起来做临时监狱，鎏金宝顶的铜叶被揭去盗卖。20世纪40年代初开通外围盘道，楼门洞不再做通道。

1953—1958年加固基座，拆换楼梯、楼板和部分柱子，增添栏杆，翻修全部门窗，内外全部油漆彩绘。1980—1985年加固基座，更换全部的屋面绿琉璃瓦和糟朽木柱并重新油漆。

西安钟楼为一座四角攒尖顶、重檐三滴水的高台建筑，通高36米。楼基座以青砖砌筑，平面呈正方形，边长35.5米、高8.6米。基座四面正中各有高、宽均6米的券洞门与四条大街相互穿通，北边券洞门左、右各有一砖砌踏步可登。钟楼建于基座正中，每层有圆柱回廊和迭起的下檐，均施斗拱，绿琉璃瓦屋面。一层大厅四面有木格扇门，周为平台，顶有方格彩画藻井，厅内东南角有扶梯盘旋而上。二层大厅有木格扇门，周边回廊围以木栏杆，全城风光可尽收眼底。一层西墙镶有明代《钟楼东迁歌》碑、清乾隆五年（1740）张楷撰文的《重修西安钟楼记》及1954年整修钟楼碑。据清《重修西安钟楼记》记载，明代钟楼悬唐景云年间（710—711）所铸铜钟。现悬铜钟为1995年按景云钟复制。

1956年西安钟楼由陕西省人民委员会公布为第一批省级重点文物保护单位，1996年11月被国务院公布为第四批全国重点文物保护单位。

九、西安清真寺

位于西安鼓楼西北侧的化觉巷内。也称"清真大寺"，相对于其西侧的大学习巷清真寺，又称"东大寺"，二者同为西安最古老的伊斯兰教建筑。据大学习巷清真寺内明嘉靖二年

（1523）《重修清净寺碑记》载，东大寺始建于宋代。明洪武、万历和清乾隆年间曾多次重修、扩建，1984—1989年对大殿进行了全面翻修。

化觉巷清真寺坐西面东，东西长250米、南北宽50米，周砌砖墙。院内沿东西向中轴线分四进院落，有殿、楼、亭、台、厅、堂180余间，置墙相隔，设门楼、门厅前后贯通，这些建筑多为明或清初所建。第一进院东围墙中心有仿木结构的青砖大照壁，歇山顶，顶施孔雀蓝琉璃瓦，檐下有砖斗拱，南、北围墙东端各有大门一座。院心有一翼角飞檐、斗拱层叠的三开间木牌楼，上额刻"敕赐礼拜寺"，为清康熙年间（1662—1722）所制。院西有一面阔五间的硬山式穿堂。西经穿堂进入第二进院，院心有一明代三间四柱式石牌坊，中楣镌"天监在兹"，两侧楣镌"钦翼昭事"和"虔诚省礼"，坊周绕石栏。牌坊南侧立明万历三十四年（1606）《敕赐重修清真寺碑》，碑阴刻宋代四大书法家之一米芾手书"道法参天地"五字；北侧立清乾隆三十三年（1768）《敕修清真寺碑》，碑阴刻明代书法家董其昌手书"敕赐礼拜寺"五字。这两座碑石均为龙首，形制高大，特别引人注目。第二、三进院隔以明嘉靖重修时的寺院正门——敕修殿，殿面宽三间，单檐歇山式，内立五碑，其中清雍正十年（1732）阿拉伯文《月碑》记述伊斯兰教斋月计算方法。第三进院院心立二层、重檐、八角攒尖顶的"省心楼"，楼南、北侧各有厢房十五间，作接待、讲经、沐浴用。院西端隔墙有三座砖雕门通第四进院。第四进院院心为六角双翼、檐角高翘的"一真亭"，俗称"凤凰亭"，亭东檐下有明建文元年（1399）兵部尚书铁铉手书"一真"雕龙小立匾。亭南、北侧各有厅七间，南厅原为接待宣谕圣旨的文武百官的官厅。凤凰亭后有海棠形鱼池两个，池侧各有四角攒尖顶碑亭一座。院西端为高大的月台，周绕石栏杆，原立三石门，中门御道正中有盘龙戏珠石雕。台上有石日晷和钉有不少铁钉的"试官石"，台西端为礼拜大殿。

大殿始建于明洪武二十五年（1392），平面呈"凸"字形，面阔七间、进深九间，面积1300多平方米，单檐歇山式，顶施孔雀蓝琉璃瓦，殿内天棚藻井彩绘蔓草花纹套刻600余幅。殿前檐正中门楣悬斗匾"临下有赫"，殿内二架梁正中悬"能有有有"木匾，后檐梁架上挂明代阿拉伯文书写的"一真"工字形木匾和"太斯米"斗匾。后殿西壁有一龛形凹壁（即窑殿），是教徒朝拜的方向。北侧有一木制小楼阁，名"呼图拜楼"，是礼拜者诵祷词的地方。该寺是以中华民族传统建筑的布局为基础，兼顾伊斯兰教寺院特色的中国式伊斯兰教建筑群，也是西安地区现存规模最大、保护最完整的明代建筑群。

1956年化觉巷清真寺由陕西省人民委员会公布为第一批省级重点文物保护单位，1988年由国务院公布为第三批全国重点文物保护单位。

十、大学习巷清真寺

大学习巷清真寺位于西安市西大街北段路西大学习巷内，是一座伊斯兰教礼拜寺院。大学习巷清真寺原名清净寺，俗称西大寺。始建于元中统四年（1263），元成宗大德元年（1297）扩建。明永乐十一年（1413）钦命太监郑和重修，清康熙、光绪年间修葺。寺院二进，平面呈长方形，该寺东西长约77米，南北宽约30米，占地面积约2310平方米，建筑形式与化觉巷清真寺略同，只是面积较其为小。其寺坐东向西。中轴线自东向西依次为砖雕照壁、石牌坊、寺门三间、省心阁、石门三座、礼拜大殿，两侧有厢房、碑亭等。石牌坊为四柱三间，门楣刻"敕建陆次"横额。省心阁为方形三重檐十字歇山顶，高12米。碑亭为四角攒尖顶。寺内建筑之屋脊、山墙均有砖雕装饰。存有明嘉靖二年（1523）、二十四年（1545）及清光绪十六年（1890）寺碑数通。大学习巷清真寺是西安一处重要的明清时期古建筑群，对研究中国古代建筑、宗教、中外文化交流史具有重要价值，为西安著名清真寺之一。

1956年8月6日，大学习巷清真寺被陕西省人民委员会公布为第一批省级重点文物保护单位。2013年5月3日，被国务院公布为第七批全国重点文物保护单位。

十一、小皮院清真寺

位于西安麦苋街小皮院巷。据寺内碑石记载，该寺创建于明万历三十九年（1611），占地面积5977平方米，前门有"小皮院清真寺"木牌一块，高悬檐下。殿顶琉璃装饰，屋脊置圆形风磨铜顶，雄伟壮观。万历四十二年（1614）扩建。1958年被莲湖区商业局、团结小学等单位占用，原有建筑多被改建，现仅存1987年修葺的礼拜殿一座。

此殿坐西面东，平面呈"凸"字形，总建筑面积665.13平方米。前殿为琉璃瓦歇山顶，七架梁，露明造，檐下置五踩重昂斗拱。后抱厦长11.7米、宽10.9米，重檐、四角攒尖式琉璃瓦顶，上安圆形铜顶。抱厦内顶为八角藻井，斗拱出挑，层层内收，中悬垂莲，俗称"八角玄井"。抱厦西壁龛内和壁上有阿拉伯文雕饰。1990年以后翻修礼拜殿并在其前增修砖砌大照壁、义学堂、五间歇山顶厅堂等。

1983年小皮院清真寺由西安市人民政府公布为市级重点文物保护单位，1992年由陕西省人民政府公布为第三批省级重点文物保护单位。

十二、大皮院清真寺

该寺始建于明永乐九年（1411），由马道真先生购地兴建。1959年被占作他用，致使年久失修，大殿、南北亭倒塌。1985年党的民族宗教政策得到进一步的贯彻落实，由当地教民捐资，在学董白志清的领导下，经过5年的努力，不但恢复了清真寺的原貌，而且新修了石刻围栏、牌坊、满拉楼、虎国拜楼等设施。现占地面积共约5亩，建筑总面积1610平方米，礼拜大殿建筑面积354平方米，为中国古典式建筑风格。寺院周围树木参天，花草披拂，环境整洁幽静，为当地回族穆斯林群众从事宗教活动的圣洁场所。本坊现有教民480户，共4000余人，均系回族，属伊赫瓦尼；学董13人，阿訇4人，满拉5人。寺内收藏有阿拉伯文经典51本，明宣德铜香炉1个。

2001年2月9日，大皮院清真寺由西安市人民政府公布为第二批市级重点文物保护单位。

十三、卧龙寺

位于西安城内柏树林街东卧龙寺巷。该寺相传创建于东汉灵帝时，隋名福应禅院。唐代因名画家吴道子为该寺绘有观音像，故又名观音寺。该寺原建何处及何时迁建今址均不详。宋初名龙泉院，宋太宗时高僧惟果为该寺住持，终日静卧，人称卧龙和尚，因而定名为卧龙寺。明正德十六年（1521）秦王藩府重修。清同治五年（1866）因东南邻近的火药局爆炸，寺内殿庑多被震毁。同治七年（1868），邑人募资重修。光绪二十六年（1900），慈禧逃亡西安期间，曾赐该寺"慈云慧日"匾额，光绪帝赐"三乘迭耀"匾额，并赐银千两予以修缮。

卧龙寺占地6000平方米，坐北向南。中轴线南起依次有山门五间、金刚殿三间、大雄宝殿五间、法堂三间，两侧有配殿及僧寮等。中院两侧为东西跨院，分置念佛堂、藏经楼等。寺内原有北魏太和年间石佛像1尊、唐乾宁元年（894）大悲心陀罗尼经幢1座、传为后人摹刻吴道子所绘观音画像石1方、佛足迹碑和梵书唵字赞碑各1通、北宋咸平六年（1003）"幽冥钟"1口及宋碛砂版大藏经、贝叶真经、清代玉香炉等。碑刻、石像于20世纪60年代至70年代多已毁佚，仅存唐乾宁元年大悲心陀罗尼经幢半截，藏经已移存别处。

1956年由陕西省人民委员会公布为第一批省级重点文物保护单位。

十四、罔极寺

在中山门外东南的东关炮房街，有一座唐代著名的佛寺罔极寺。该寺位于唐长安外郭城东北隅大宁坊的东南隅。唐中宗神龙元年（705），太平公主为其母武则天祈福而建。寺名取《诗经》"欲报之德，昊天罔极"之义，言欲报父母恩德、我心无极，故命名为罔极寺。此寺穷极华丽，为京都名寺。开元二十年（732），改名兴唐寺，寺中又供奉着唐玄宗御像，不久又复原名。《名画记》载，寺中有著名画家吴道玄、杨廷光、周昉、尉迟乙僧、董谔、尹琳、杨坦、杨乔、李生等所绘壁画。代宗大历二年（767）四月二十一日，"宰臣内侍鱼朝恩与吐蕃同盟于兴唐寺"（《旧唐书·代宗纪》）。武宗会昌（841—846）毁佛后，寺院缩小。至五代战乱，寺院大部分建筑毁于战火，仅存一卧佛殿，故又称卧佛寺。明正统八年（1443），住持满桂重修殿宇。后又经清乾隆五十四年（1789）、道光三十年（1850）多次修葺。寺院布局严谨，山门内共四进，计有韦驮殿、金刚殿、睡佛殿及廊房等。寺内佛像之大，居西安诸寺院之首。现寺院规模缩小，有殿宇、经堂二十五间及明清碑碣四方。

1983年由西安市人民政府公布为第一批市级重点文物保护单位。

十五、宝庆寺塔

位于南门内书院门街西端路北。寺初建于隋仁寿年间（601—604）。传说唐文宗时将其所食显观音形象的蛤蜊送此供养，并以五色砖建塔，故此寺唐时又称"花塔寺"。寺址原在当时的安仁坊，可能是唐天祐元年（904）韩建缩建长安城时迁建今址。今址仅存明景泰年间（1450—1456）所建砖塔一座。

此塔为七层楼阁式实心砖塔，平面呈六边形，底层边长2.7米、通高23米。塔身以青砖砌成。第一、二层叠涩出檐后又叠涩内收，檐下砖砌斗拱，一层檐下还有龙、凤等吉祥物装饰。第三至七层塔檐由菱角牙子及数排平砖叠涩构成。第二、四层各面均有拱形小龛，二层各龛镶有武则天长安三年（703）白石造像，系镇国大将军、左监卫门大将军、上柱国梁义深等宦官所造，原为唐光宅坊光宅寺遗物，明代修塔时移此。四层各龛置北朝和隋唐时期的石刻造像。六层仅一砖龛，内置北魏石造像一尊。该寺原有许多堪称绝品的佛教造像雕塑，1929年前后流失于西方和日本，如今在美国、法国、日本的一些大学博物馆里有大量展示。

明万历三十六年（1608）陕西地方著名学者冯从吾曾在宝庆寺讲学，翌年在寺东邻小悉园建立关中书院，民国时在寺内建小学。

宝庆寺华塔1957年由陕西省人民委员会公布为第二批省级重点文物保护单位。

十六、大兴善寺

位于长安中路兴善寺西街。相传初建于西晋武帝泰始至太康年间（265—289），初名"遵善寺"。北周明帝时（557—560）扩建改名为"陟岵寺"，位置约在汉长安城内或近郊。隋文帝时迁陟岵寺于新都大兴城靖善坊，始称"大兴善寺"。唐神龙年间（705—707）曾改名"酆国寺"。

隋开皇年间（581—600）印度僧人那连提黎耶舍、阇那崛多和达摩笈多，唐开元四年至八年（716—720）印度僧人善无畏、金刚智和不空等先后来此传授密宗并译佛经；使这里成为当时长安城三大佛经译场之一和中国佛教密宗的发祥地与祖庭。

寺毁于唐武宗灭佛时期，宋代稍有修葺，明永乐年间（1403—1424）和清顺治、康熙时（1644—1722）均有大的修建。清同治年间（1862—1874）回民起义中被焚毁，仅幸存钟楼、鼓楼和山门，1956年全面修葺。

大兴善寺坐北面南，占地约6.5万平方米，大致沿袭明代的建置，山门外有石狮一对。二层楼阁式歇山顶山门面阔三间、进深一间，下层为拱形门洞，上层为殿庭，北面门额书"金冈唐镇"四个金字。山门内正北为重檐歇山顶过厅式弥勒殿（金刚殿）。殿面阔三间、进深二间，内塑弥勒佛、四大金刚、韦驮像。弥勒殿正北为硬山式大雄宝殿，大殿面阔五间、进深三间，五架梁，露明造，施油饰，木格门窗，内塑释迦佛、药师佛、弥勒佛、文殊菩萨、普贤菩萨及十八罗汉像。大雄宝殿前东侧有钟楼和一碑亭，碑亭内立赵朴初书"密藏宗风"碑；西侧有鼓楼和一碑亭，碑亭内立复制明洪武年间重镌《释迦如来双迹灵相图》碑。钟、鼓楼均为重檐歇山顶两层楼阁。大雄宝殿正北为高出地面1米的唐代转轮藏经殿遗址，此遗址略呈方形，边长约15米，有柱础遗迹和一唐刻青石龙头。遗址前有1985年日本真言宗信徒所立地藏菩萨一尊，东、西侧各有厢房五间。遗址后地势较高，有千手千眼观音殿，面阔五间、进深二间，形制与大雄宝殿相似，殿内原供奉的紫檀千手千眼观音像毁于"文化大革命"中，现为泥塑像。殿左、右侧各有五楹配殿，东为地藏殿，西为十王殿。再往北为门悬清光绪皇帝手书"觉悟群生"匾额的法堂，法堂面阔七间、进深二间，形制基本与大雄宝殿相似，只是前有廊檐。法堂前东、西各有客房十一间，组成一个封闭式大院落，院内为古柏、紫藤所笼罩，浓荫森森，遮天蔽日，令人有尘外之感。院落外西侧有五层六角形砖砌"不空三藏舍利塔"。

寺内珍藏元代用各色宝石做颜料绘制成的二十一度母像等佛画，是西藏绘画艺术中的珍品。大兴善寺是西安地区殿宇最整齐的古刹。

1956年由陕西省人民委员会公布为第一批省级重点文物保护单位。

十七、广仁寺

在尚武门内之西，有一座西藏密宗黄教寺院，名广仁寺。该寺又称喇嘛寺，位于西安城西北隅，紧邻城墙，环境幽静，殿宇规整，是西安地区唯一的藏传佛教寺院。

广仁寺始建于清康熙四十二年（1703），时圣祖皇帝西巡来西安，为了增进蒙藏满汉民族的凝聚力，巩固多民族国家的团结统一，下旨用西巡余款建造，次年告竣。本寺为西北和康藏一带的喇嘛入京路过西安瞻礼和住宿之地，亦为达赖喇嘛和班禅活佛的行宫。寺院原规模宏大，丹楹碧甍，画栋雕梁，富丽堂皇。1931年7月，寺侧火药库爆炸，石坊、山门、偏殿震毁，后经修复，"文革"中又遭破坏。现寺院整饰完好，占地十六亩四分，坐北向南。大雄宝殿、藏经殿、讲经殿从南至北，位居中轴。东西两殿、配殿、跨院互相对称，全寺建筑共计一百余间。寺中有康熙皇帝御书"慈云西荫"匾额。1900年慈禧太后西逃西安期间，曾到广仁寺，并题匾"法相庄严"。1923年11月12日，康有为游览广仁寺时题匾"庄严佛土"。该寺藏经殿保存有康熙四十五年（1706）复修明版汉文《大般若波罗蜜多经》6770卷及康熙三十九年（1700）刻本藏文大藏经《甘珠尔》108卷。在讲经堂前，有白色大理石莲花缸一个，石缸直径1.4米，缸口四周刻有隶书铭文，缸身遍布浮雕莲花绕枝图案，雕琢精美。寺中存鎏金铜佛像一尊，传为唐铸，自开元寺迁此。2006年9月29日，从西藏拉萨大昭寺迎回开光后唐文成公主高90厘米、重50公斤的紫檀木雕像和释迦牟尼12岁等身像，安放于广仁寺后殿。

1983年由西安市人民政府公布为第一批市级重点文物保护单位。

十八、八仙庵

又名八仙宫，位于西安城东关五道什字东街。俗传宋时有郑生见八仙显化于此，遂建庵。元至正（1341—1370）中增修。明正德（1506—1521）间建八仙殿，后又经清康熙十四年（1675）、雍正五年（1727）、嘉庆十二年（1807）、光绪元年（1875）及九年（1883）等多次葺修增建。光绪二十六年（1900），慈禧太后与光绪皇帝逃至西安时，曾赐银千两修造青砖牌坊两座及大影壁，并敕封八仙庵为"万寿八仙宫"。

八仙宫为十方丛林，是西安地区全真教派最大的一座道教庙宇。庵前有慈禧与光绪赐银所建砖砌大碑坊两座，对面照壁刻有"万古长青"四个大字。山门三间，钟、鼓二楼分立左右。

由此至后殿，分为三进。第一进大殿五间，第二进前一殿三间，后一殿五间，殿门正面悬有光绪皇帝御书"宝篆仙传"四字匾额。殿内塑有"八仙"像，为神话传说中的钟离权、张果老、韩湘子、铁拐李、曹国舅、吕洞宾、蓝采和、何仙姑的泥塑像。第三进大殿五间，殿门悬有慈禧太后所书"洞天云籍"四字匾额。东西两侧各有跨院。东跨院有吕祖殿和药王殿；西跨院为监院，是庵内道士的居所。自山门至第三进，两旁有厢房，布局规整，建筑宏伟，为西安城东一名胜区。现庵内有灵官殿、八仙殿、斗姥殿、吕祖殿、药王殿、邱祖殿等建筑，占地十八亩，为省级重点文物保护单位。

庵内现存"八仙"断石额一通，八仙殿前立有清光绪二十六年（1900）《慈禧太后万寿碑》和1938年《重修西京万寿八仙宫记碑》，斗姥殿前有清道光十二年（1832）碑一通，邱祖殿左侧有1948年碑一通。

1956年由陕西省人民委员会公布为第一批省级重点文物保护单位。

十九、东岳庙

位于西安城东城门内北侧的昌仁里小学内。宋政和六年（1116）为祭祀五岳之首——泰山神所建，明弘治年间（1488—1505）、万历十年（1582）及清光绪二十一年（1895）曾扩充修葺，民国时期逐渐衰落。1949年后被改建成昌仁里小学。"文化大革命"中，庙内塑像被毁。石牌坊、石碑被砸。1983年三教宫毁于火灾。

庙宇坐北面南。庙内原有硬山式山门三间，前、中、后三殿及东西对称的庑廊等建筑，组成三进院落。庙门处原有石华表两个，院内有石牌坊、石狮子和刻有该庙历史的碑石。东偏院原有明建三教宫，供奉老子、释迦和孔子泥塑像。现庙内仅存中轴线上的大殿、中殿、后殿。大殿系明代建筑，清代修复，其大梁上有"清康熙乙未腊月建"题记。此殿面阔五间、进深三间，建筑面积521平方米，为单檐带廊歇山式建筑，殿脊、屋面施绿琉璃瓦，檐下斗拱雕成龙首状，雕花格扇门。殿周共有24根朱色廊柱，前檐8根柱子的基石刻有二龙戏珠浮雕图案，其他柱石皆雕花卉。殿内东、西壁和后壁棋盘门两侧残存大幅彩色壁画，内容为山水、阁楼、人物、花卉所组成的神话传说和历史故事，有元、明画的气韵。中殿面阔五间，建筑面积196平方米，硬山顶。殿内山墙及后檐墙上亦有彩色壁画，其内容、形式略同于大殿，而笔法较大殿更佳。现大殿、中殿四周筑墙保护。后殿建于高2.3米的土台上，建筑面积97.58平方米，硬山式，现已被用作库房。

1956年东岳庙由陕西省人民委员会公布为第一批省级重点文物保护单位。

二十、西安城隍庙

西安城隍庙是天下三大"都城隍庙"之一，与北京、南京城隍庙齐名，位于西安市西大街大学习巷东侧，占地约11024平方米，建筑面积约4466平方米。

西安城隍庙分为庙院和道院两大部分；城隍庙山门口有座五间大牌坊，牌坊之上，斗拱重叠，牌坊之下，有铁狮一对。山门内有一条数百米长的青石甬道直达二门，其间有文昌阁一座。进入二门有一座精巧绮丽的戏楼，戏楼与大殿南北相对，中间场地上是一座气势宏伟的木质牌楼，楼檐有精美彩绘及阴阳太极八卦图案。大殿面阔七间，进深五间，正中供奉西安都城隍，两侧配祀判官、牛头马面和黑白无常等鬼卒。

原主要建筑有大门、玉皇阁、乐舞楼、牌楼、大殿、道舍、厢房等，后大多被毁，现存有清雍正元年（1723）重修大殿一座，斗拱出檐，雄伟壮观，顶覆琉璃瓦，前檐格扇门窗浮雕各种图案花纹，雕工精细，图案精美，殿内原塑立有城隍、判官、小鬼等像。庙外牌坊前原置立铁狮一对，均为明嘉靖三十八年（1559）所铸造。此庙为西安著名的古道教庙宇和商贾百工技艺云集之地。

2001年6月25日，西安城隍庙作为明清时期古建筑，被国务院批准列入第五批全国重点文物保护单位。

二十一、易俗社剧场

位于西一路282号，隶属西安易俗社，是国家现存较早的剧场。1912年，陕西修史局总纂李桐轩与修纂孙仁玉等人发起组建易俗社。1917年6月，易俗社购得武庙街"宜春园"，作为演出场所。同年10月，装置了西安最早的旋转舞台。砖木结构、镜框式舞台，台口椭圆，有一尺高的木栏杆装饰、卷棚盖顶。场内除设条凳座位外，两侧留有站票位。站票位上方设左右观剧楼，楼下木柱支撑，可容纳观众千余人。宜春园从此改名"易俗社"，陕西督军陈树藩题书社名。该社老一代秦腔艺术工作者在此借群众喜爱的戏曲形式，宣传民主思想，进行通俗教育，启迪民智，为我国新文化运动做出了积极贡献。1924年，鲁迅先生来西安讲学，6次在此观看演出，捐银洋50元，并亲题"古调独弹"匾额相赠。

1983年12月被列为市级第一批重点文物保护单位。2006年5月25日被国务院公布为第六批全国重点文物保护单位。

二十二、董仲舒墓

位于南城墙和平门内以西600米处马道以北。唐代、明代修城，此墓皆得保存于城内，官吏军民至此下马，以示崇敬，故称"下马陵"。

中华人民共和国成立之初，此墓封土周长40多米、高6米，墓前有清乾隆年间陕西巡抚毕沅所书"汉董仲舒墓"碑一通。20世纪50年代此墓损坏严重。现封土残高2米，封土前有西安市人民政府所立青石保护标志。

1956年由陕西省人民委员会公布为第一批省级重点文物保护单位。

二十三、五星街天主教堂

位于西安五星街，故称五星街教堂，又称天主教西安南堂，全名为圣方济各主教座堂，是天主教西安总教区的总堂及主教府。

南堂始建于清康熙五十四年（1716），是由意大利籍会士陕西天主教第二任主教兰溪（山陕区分治前）于1716—1727年间，派意大利籍传教士马戴弟主持西安教务时，在城内土地庙什字购地筑院建堂，后即为天主教陕西总堂。1765—1785年间，又由意大利籍方济各会会士天主教第三任主教方启升在原基础上加以扩充和改建。

清雍正年间全国禁教，南堂关闭。后由山陕区分治后，陕西第二任和第三任主教高一志、林奇爱从1862年起与清政府陕西当局经多年交涉，于1884年索回教产，并再次扩建。建后的南堂为10间大堂，700平方米，堂面高17.45米，系古式砖木结构，内部采用拱形，体现出罗马风格，使中西建筑融为一体。院内附属房屋158间，总面积20.16亩。1906—1908年，胡定帮出任陕西第五任主教，将南堂全部修葺一新。从20世纪起，这里曾先后创办玫瑰女子中小学、若瑟男子小学、安多尼医院和玛利诊所。多年来南堂不但在荣主益人、教会事业发展等工作上取得了卓著的成绩，而且在社会公益和国家教育事业方面也做出了极大的贡献。

2001年2月9日由西安市人民政府公布为第二批市级重点文物保护单位。

二十四、英浸礼会礼拜堂

清光绪二十九年（1903）由英国基督教浸礼会投资兴建，位于东关长乐坊东新巷内。

此建筑为单层砖木结构，大厅面积近290平方米。东西朝向，东山墙设正门1处，门外凸出部为护门房，两侧设门，通往大厅；山墙屋檐上部呈金字塔形，南北两端由下而上呈台阶式收减，大幅度高出屋脊，顶置"十"字标志，顶下端砖砌竖向凹处，题写"耶稣教堂"四字。西山墙外观呈"人"字形，高出屋脊。墙体统为砖砌勾缝。

屋架为木构拱形，南北两排（各6根）隐形青石柱（半部镶墙内）支撑。屋架南北两侧各承载3排木檩，上担木椽，铺设屋面板（木质），屋面覆盖红机瓦（俗称洋瓦）屋檐木板围护。

大厅正面下部两侧开有拱形窗；上部正中设半圆形连体花格窗3个；南北墙各开设拱形花格窗8个，每窗上下两段；大厅西端讲坛附近南北墙各开设中式窗2个；讲坛后部南北两侧开有后门，为内通廊，系神职人员出入用；坛背建有南北向楼台式木通廊1座，两端设木楼梯，栏杆雕制，为受洗礼时牧师讲经位置。整个装饰肃穆典雅。

2001年2月9日由西安市人民政府公布为第二批市级重点文物保护单位。

二十五、姚家大院

位于朱雀门里芦荡巷2号（原39号、40号），主人姚文青是民国时期富甲一方的大商人，住所为古城内有名的豪宅。初建于清咸丰年间，后又经续建，占地1亩9分余，分为南北两院落。南院为三进四合院（五开间），是内宅和待客之处；北院为三开间三进院落，内有主人自用书斋和园林式花园，颇具明清建筑风格。南院、北院"回"形花廊及后楼的墙壁上镶嵌着十几块大型砖、木雕，雕有"三英战吕布""黛玉葬花"等故事图案，精美细腻的雕刻手法令人赞叹。内宅花园的曲径、太湖石、培花、植木使该园颇具苏州园林风格。

2016年6月8日由西安市人民政府公布为第四批市级重点文物保护单位。

二十六、高家大院

高家大院位于西安市繁华的商业街——北院门清真小吃街上，占地4.2亩，总居住面积2517平方米，房屋86间，现对外开放56间。此院属三院四进式砖木结构四合院，其主体是明崇祯年间建筑，距今已有400多年历史，院内现有西安中国画院等4家单位办公。高家大院是高岳崧的故居。高岳崧祖籍江苏镇江，明崇祯年间曾中榜眼，后官至太司，从崇祯皇帝手中受赐此宅。清同治十年，子嗣参加科举考试，被皇帝钦点榜眼，得御赐"榜眼及第"牌匾。从明崇祯十四年（1641）至清同治十年（1871），高家本族七代为官。1999年故居被列为"中挪两国重点历史街区保护项目"，并由挪威投资，对故居进行了整修，获得"公元2002年度联合国教科文组织亚洲太平洋地区文化遗产保护奖"。

2001年6月25日被国务院批准列入第五批全国重点文物保护单位。

二十七、中山图书馆

中山图书馆创建于1909年9月，是全省最大的公共图书馆，也是中国西部地区成立最早的公共图书馆。陕西省图书馆最初名为陕西图书馆，附设于西安梁府街的学务公所内。1915年迁至当时的闹市区之一——南院门，1927年更名为陕西省立中山图书馆。1931年7月更名为陕西省立第一图书馆。

2007年5月28日由西安市人民政府公布为第三批市级文物保护单位。

二十八、东北大学礼堂旧址

礼堂建于1936年，由时任东北大学校长的张学良将军筹资建设。张学良将军提出"国家大事，当从事于教育一途"，故在1928年8月至1937年1月期间亲自担任东北大学校长。九一八事变之后，东北大学被迫内迁，先至北平，后迁西安。到达西安后的东北大学就落脚在现在的西北大学校园，大礼堂就是在此时建造的。礼堂坐北朝南，砖混结构，由门厅、左右门房、左右廊房、礼堂大厅、后厅组成，总建筑面积1208平方米，整个平面略呈飞机形状。在博物馆中拍到礼堂的模型，是有些飞机的意思，还是双发、无尾翼。张学良将军为东北大学校舍奠基勒石纪念碑。碑座小碑注明，原碑砌于礼堂墙壁之中，且现立石碑也非原物，乃是西北大学在1992年根据原碑拓片重立的。1936年西安事变后，张学良将军身陷囹圄，东北大学也迁离西安，石碑也被从墙壁中起出砸毁。多亏当时刻碑的石匠白廷锡保存了原碑的拓片，后由外孙胡建章保存，1992年由胡智生慷慨提供，方使这一珍贵的题词在半个多世纪后得以重见天日。

2007年5月28日由西安市人民政府公布为第三批市级重点文物保护

单位。

另外列入第三批市级重点文物保护单位的还有西安人民大厦、西安市邮局钟楼支局办公楼、西安市报话大楼、西安市新华书店钟楼书店、西安交通大学主楼群、人民剧院、和平电影院和陕西省建筑工程总公司办公楼等八处20世纪50年代的代表建筑。

第三编·文化

文化是一个城市、一个区域的重要生存和发展样态。碑林三学街文化街区作为千年以来孕育出儒学和关学的重要文化街区，经过政治干预和文化自然发展，已形成多种多样的文化形式，其中以孔庙为代表的建筑文化和儒学样态、以韩湘子庙等为主的宗教文化、以八路军办事处为代表的红色文化、以碑林碑版石刻为代表的艺术文化等，都已成为碑林三学街区域内的文化代表，影响深远。

第一章

【建筑文化】

「城市文化孕育着建筑文化」,西安的建筑受城市自身深厚历史积淀的影响,形成了特有的理论体系。以悠久的人文文化为基础的建设手法对西安建筑风格的发展产生了深远影响。

第一节　西安城市建筑特点

西安的建筑文化基本具备以下特点：

一、历史文脉的延续。 西安作为十三朝古都，有着一千多年的都城史，整个城市带有与生俱来的皇族威严和宏伟。从整体来看，城市依旧保持古长安棋盘状布局，城市中心明确。从单体建筑看，不管是何种类型、何种功能的建筑，或多或少都带有复古的元素，具象的、抽象的、附件、符号、小构件……目的都是要达到创造建筑景观价值与文化内涵的和谐与统一。

二、规则对称。 从美学构图角度看，对称最容易产生宏伟感，古代西安城市就表现出这种非常规则、严格对称的建设特征，主干道路横平竖直，城市基本上以中心轴线呈对称布局。规整的空间院落划分，规则的几何形体，对称的坡顶和立面形式，这种整体对称美充分表现出建筑气势上的宏伟和文化上的凝重。

三、近人的尺度，宜人的空间。 "宏伟"只是西安作为京畿重地要表现出的一个方面，进入普通市民生活的空间层次，"亲切宜人"就成为另一个重要原则，人的舒适度成为设计的标准。两三层高的店铺拥出十米左右的街道，1:1.1 的关系对人来说很适合，在这样的生活性街道中，渗透着"以人为本"的设计理念，形成了良好的人居环境，使西安成为豪迈、恬淡、悠闲的综合体文化群。

四、特色材料的运用。材料的合理运用与地方特色的表现有直接关系。自古"秦砖汉瓦"就是西安地区的代名词。在单体建筑上适当地运用一些坚硬的黏土砖或黏土装饰构件，可以加强建筑的表现力，不仅能丰富立面造型、增加情趣，而且使建筑与特定人文环境有机融合。除了特色材料的使用，建筑的基本色彩也会使人联想到西安地方历史文化，青（瓦）、红（柱）、灰（墙）是在西安看到的最多的颜色，既稳重又明快。这些都成为被普遍认同的西安符号。

五、控制建筑高度。经过几千年的发展，西安城已经形成了自己的城市肌理和天际线，这也是其特色所在。因此，城内及城墙周围进行了严格控制，高大的建筑被放到新区或郊区。单体建筑服从城市的整体，这就形成了城市独特的个性。《西安历史文化名城保护条例》规定，古城墙内侧 100 米以内建筑高度不得超过 9 米，100 米以外应当以梯级形式过渡，200 米以外建筑高度各以 60 米距离为过渡区，从 24 米以下向 36 米以下、50 米以下递升。通过这一条例，古城的特色风貌保护更是有法可依了。

六、建筑、小品的设计。一个建筑空间，人所能直接感受到的是近地二三米高度内的范围，特色小品、绿化可以充分体现丰富多元的文明，是表达本土文化的有效方法。因此，雕塑、盆栽、路灯、座椅、路牌、栏杆乃至废弃物箱，其造型、体量、色彩都需适度配置，它们不仅是市民日常生活的功能设施，更是城市景观的重要元素，也是建筑体的一部分，对建筑空间起到画龙点睛的作用。特定的条件造就了特定的建筑。一方面，建筑要再现地方风貌，传达地方特有的文化特征，成为构成城市景观的元素之一；另一方面，建筑也要代表时代，将新的思想、技术、材料运用到具体建筑中去，体现社会的文明发展。在现代建筑中，延续传统和文化、追求发展与进步相合谐的策略，使西安建筑能保持地方的历史文脉，表现出属于自己的最佳状态和最好的东西，并且这条文脉随着时代的进步还将不断扩展和更加丰富。

第二节　三学街街区建筑

经过明代两县学的迁建，终于完成了碑林一庙三学格局的演变，进而也促使三条学巷、三学街的道路格局基本形成。清代时的道路和规划布局与今天已经大致相同，以碑林为中心街区，以东木头市、城墙、南大街为边界，内部小巷综合密集，除高大的文庙、碑林、关中书院等公共建筑外，全为低矮的坡顶民宅。

三学街历史街区作为西安市重要的历史地段，具有传统的街巷空间特色和丰富立体的民居类型，是西安老城区内文物最为集中、最有文化特色的传统街区。宽泛意义上，三学街历史街区西至南大街、东至开通巷、北至木头市、南至城墙，占地面积为36.5平方公里，其核心保护区域是由木头市、柏树林、安居巷和三学街4条城市道路围合起来的一个完整街坊，占地面积为11.65平方公里。三学街的街巷空间有显著的自身特色，其历史街区内的道路基本保留了明清时期的传统格局，有3条南北向的街巷与三学街相接。府学巷位于碑林西侧，南起三学街，因此地宋、金、元、明、清皆置府学而得名；咸宁学巷南起三学街，长约180米，此巷因有咸宁县学而得名，原咸宁县学之奎星阁现存于其东侧；长安学巷南起三学街，北拐西接安居巷，以拥有长安县学而得名，街区北部有一南北向的丁字巷，北起东木头市，名为太平巷。

长安县学布局和规模为"大门、仪门各三楹，博文、约礼二斋，旁为号舍，敬一亭三楹，筑天梯于面城垣，曰云路"。长安府学的泮池设于大门外,并在泮池上建"春风化雨"坊,设明伦堂三楹,堂东为科举题名之处。教谕、训导宅均设在儒学后院。长安县学内部布局和府学总体特征相同,都有明显的中轴线,左右建筑物对称,又将魁星楼置于县学内西侧,体现出"天人合一"与"天人感应"的建筑思想。

咸宁县学内部布局与长安县学相似,大门内有泮池,二门之内博文、约礼两个书斋东西相对,明伦堂居中,其后为一个小宅院,再后为敬一亭,最后为教谕宅,此番诸宅皆在中轴线上。

书院门位于府城南门内东侧,在原唐长安皇城太庙处,唐末以皇城改筑为新城后渐为居民坊巷,其总体趋势就是旧时的学问中心逐渐世俗平民化。现在的书院门以出售古玩、字画、玉器闻名遐迩。其街道宽十余米,人行道为青石砖铺路,两侧高大的槐树后面多是两层高的仿古建筑,小开间并列,古香古色,红漆格子门半开着,各种各样的湖笔和字画从门檐上面垂下来,格调温润、幽静。

西安文庙的古建筑群和碑林内古树名木等,总体传统建筑格局保留完好,现有古建筑22座,其中元代建筑1座,明代建筑5座,其余为清代或民国建筑。碑林自形成起就确立了文庙、碑林共建一处的形制特点,发展至今仍延续明清西安文庙的传统格局,保持着中国传统建筑群布局严谨、气势恢宏的特点。文庙南北轴线贯穿建筑群始终,自照壁始,经太和元气坊、泮池、棂星门、戟门、碑林广场(原大成殿遗址)、石台孝经亭、第一展室、第二展室、第三展室,止于第四展室。整体布局沿中轴对称分布,遵照中国传统建筑"百尺为形"(尺为中国古代的度量单位,以清尺为标准换算成公制,百尺相当于23～35米)的营造标准。

三学街是书院门的末端。来到这里仿佛走入明清街坊,绿树成荫,坡屋顶、木装修、宜人的尺度,作为典型的历史生活性街区,与城市宏大的规划形成对比,充分体现出历史的厚重雄浑，贯彻了人本主义的设计思想。同样是生活性街区，南方城市的街道往往较窄，应该说多是以两侧住宅夹出曲折的巷子，而三学街的街道相对较宽，表现出大西安皇城的风范，大气而不失亲切，具备浓厚的贵族气质。"竹分丛而合响，草异色而同芳"，三学街的建筑完美呈现了文化多元融合的特点，这里既有佛教的宝相庄严，也有道教的仙风清骨，还有着伊斯兰风情的典雅。

　　三学街历史街区内的建筑体多为1~2层民居，除极少数建筑的年代较为久远，其余均为近年翻建的建筑；而原为一户居住的重院住宅现均为多户共用，基础设施总体比较简陋。保留至今的传统民居多是清朝中晚期至新中国成立前建造的，历经时代变迁和自然老化，加上受到人为破坏，其状况颇为破旧，但从总体上看，仍不失为西安现存典型关中民居风格的主要代表。三学街民居建筑布局多为一到两进院落，入口设在轴线处，沿纵轴线依次布置门厅、大厅、正房及附属用房，建筑多为封闭式庭院。长安学巷中现存两座过街楼。三学街两侧于20世纪90年代进行过改造，两侧建筑均为商业建筑，质量较好。

　　深入挖掘三学街传统建筑文化及民俗文化的精髓所在，分析其文脉沿袭的足迹，从整体到局部再从局部到整体地理解其中包含的重要理念，从而从来自传统文化及建筑的和谐精神中，将其神韵融入西安城市设计创作过程的每一个整体构思与细部处理中，必能实现城市的"文艺复兴"。

第二章

【宗教文化】

众所周知,中国文化的主脉是儒释道合流,中华民族以其海纳百川的胸怀,吸纳异域文明,融合并进,从而塑造了中国文化包罗万象、兼收并蓄、思想自由的特点。三学街文化元素丰富,不同宗教在这里和谐共生、百花齐放,正体现了长安文化的博大精深。

宗教是提升人精神旨趣的伟大哲学。长期活动在中国的宗教主要分为佛教、道教、伊斯兰教。三学街有佛教的卧龙寺、宝庆寺塔,释迦之声响彻云霄;亦有以韩湘子庙为主的道教文化中心,使得丹鼎清音,紫气东来;这里还有大清真寺代表的异域伊斯兰风情,真主至上,清真风格的饮食在这一地区更是蔚为大观。

第一节　以卧龙寺为代表的佛教文化

卧龙寺与以儒学为主要特色的碑林博物馆毗邻，地处繁华的闹市之中，是城内佛家弟子礼佛祈福的所在。早在1907年，法国学者沙婉来西安考察时就慕名来到卧龙寺，卧龙寺的佛足造像碑让这位大学者深感震撼。日本人关野贞和常盘大定都曾游访卧龙寺，这里的碑刻与佛教建筑让他们流连忘返。作为国务院确定的汉族地区佛教全国重点寺院，这里的香火非常旺盛。

长安是中国佛教的发源地和核心地区，佛教八宗的六大宗派起源于长安。仅仅从晋初到唐末的六百年间，长安佛教就出高僧56人，被敕封国师者12人。由于这些大德高僧呕心沥血、辛苦传译，隋唐时期先后创立形成具有中国佛教特色的八大宗派，除天台宗依《妙法莲华经》创宗于江南，禅宗也主要形成于江南之外，其余六宗如三论宗（鸠摩罗什与草堂寺）、净土宗（善导与香积寺）、律宗（道宣与净业寺）、法相宗（玄奘与大慈恩寺）、华严宗（杜顺与华严寺）、密宗（金刚智、不空、善无畏与大兴善寺）俱发祥成长于长安，是中国佛教文化的结晶。还有隋开皇时信行创立的三阶教,在长安也曾盛行一时。各宗祖庭俱在,各有承传,故一般人称印度是佛教导源地,长安是佛教的第二策源地,声誉远播,影响中外。日本、新罗等国的学问僧在盛唐时期,不顾海涛风险,纷纷来到长安求学佛法,回国后各自开宗传教,影响深远。

佛教自公元1世纪传入中国,历经汉化而形成汉传佛教。佛塔由原本的覆钵式塔汉化为楼阁式塔、亭阁式塔,又由楼阁式塔衍生出密檐式塔。中国佛塔的种类非常多,在材质方面有石塔、木塔、砖塔等。许多佛塔会刻有建塔碑记、圣像、佛经等。塔的高度从数寸到数十丈都有,如吴越王所制之宝箧印塔高不过数寸,而魏献文帝时所造之永宁寺塔则号称百丈,为中国第一高塔。

据寺内碑刻记载,卧龙寺创建于汉灵帝建宁元年(168),汉长安城南郊建立的福应寺即今卧龙寺之前身,这是佛教传入长安的开始。由此可见卧龙寺的重要地位。

对卧龙寺的鼎盛做出重大贡献的是画圣吴道子,因他曾经在这里画观音像,故而寺庙在唐朝时期被称为观音寺。北宋初有高僧惠果入寺住持,终日高卧,时人呼为"卧龙和尚"。宋太宗时(976—997)更寺名为"卧龙寺"。

其后对寺庙发展影响最大的是慈禧太后。庚子之难,慈禧逃难到陕西西安,施银千两重修庙宇,并建立石碑坊一座,宏大精美。慈禧还亲书"慈云悲日"匾额赐寺,并为山门书额"敕建十方卧龙禅林"。光绪皇帝给天王殿书"欢喜地"门额一方。当时西藏、蒙古的喇嘛、王公们千里迢迢送来各类贡品、佛像,其中佛像均诏令送卧龙寺供养。所以寺内小型佛像甚多。民国时期,戊戌变法的领袖康有为因公莅陕,历游诸寺,曾题书"卧龙寺"三字门匾一面。佛教教育第一人——太虚和尚曾受朱子桥将军的邀请,来卧龙寺说法。

卧龙寺内碑石林立,文物荟萃。著名碑石有佛足迹碑、唐吴道子画观

音像碑、明洪武十五年卧龙历史碑、明英宗正统十年（1445）颁赐藏经碑、明武宗正德十六年（1521）重修碑、清咸丰二年（1852）重兴十方规约碑、同治七年（1868）卧龙历史碑、清光绪二十七年（1901）太后捐银两重修碑、1946年传戒碑。这些石碑碑文清晰，是研究唐朝及明清时期卧龙寺的重要史料，同时也具有绘画、书法价值。唐代吴道子所画的观音像刻石线条遒劲，宝相庄严。寺内还有一通唵字碑，据传碑文系唐代高僧义净自西域带回镌刻而成的，碑文无人辨识。宋太宗曾作词赞道："鹤立蛇行势无休，五天玄字鬼神愁。儒门弟子无人识，穿耳胡僧笑点头。"

卧龙寺原来还收藏有举世闻名的《碛砂藏》。《碛砂藏》是南宋平江府（今苏州市）碛砂延圣院募刻的大藏经，从南宋绍定四年（1231）至元至治二年（1322），历时90多年才完成；共计1532部6362卷591函，全部梵箧装帧，柳字书体，刻印精致，有很高的历史价值，现保存在陕西省图书馆，尚存5000余卷。寺内还珍藏着古印度的贝叶经，即写在贝多罗树叶上的佛经，也有很高的文物价值。

卧龙寺的僧众长期坚持坐香修禅，常年实行14支香、打禅77天等正常的熏修佛事活动，成为西安地区首屈一指的禅宗道场，令人欢喜赞叹。

位于书院门街口北侧的宝庆寺塔是隋文帝时期宝庆寺的庙塔。宝庆寺修建于隋文帝仁寿年间（601—604），原址在隋大兴城安仁坊。塔实际建于唐文宗时期（827—840）。相传唐文宗喜欢吃蛤蜊，有一次正吃着，送到嘴边的蛤蜊突然变成观音的形象，文宗骇然惊觉，从此不仅不再吃蛤蜊，还将蛤蜊送到宝庆寺内供养，并在寺内用五色砖建了一座塔，因而宝庆寺在唐时还称为花塔寺。

五代时宝庆寺殿宇毁于兵火，唯此塔存留下来；明景泰年间（1450—1457）重建于今址；万历时期这里是关中名儒冯从吾讲学授徒之所；清代雍正年间住僧文天重修寺阁，可惜沧海桑田，建筑已了无踪迹，唯宝塔巍峨犹存。塔为六角七层，高23米，一层檐下有龙凤雕饰，三、四、六层砖龛内嵌有北朝和隋唐石造像，二层每面镶有武则天长安三年（703）白石造像，这批造像原是唐长安城东南隅光宅坊内光宅寺的遗物，明景泰年间修塔时移镶于塔上。这批造像十分精美，表现了盛唐时期的典雅华丽，可惜近代屡遭兵火，佛塔中原供奉有大量的石刻佛教造像，部分已散失海外，存于西方各大博物馆。在塔东侧，现存明景泰二年（1451）重修石碑一通，宝相庄严，精美无比。

如今宝庆寺塔伫立在古城古色古香的历史文化街区，掩映在参差错落的民居中，沧桑之至而又华美至极，诠释着亘古岁月的从容和精致，又抒写着三学街历史文化街区的前世今生。

第二节　以湘子庙为代表的道教文化

道教是中国土生土长的宗教，以"道"为最高信仰。道教在中国古代鬼神崇拜观念上，以黄、老道家思想为理论根据，承袭战国以来的神仙方术衍化形成。东汉末年出现大量道教组织，著名的有太平道、五斗米道。老祖天师张道陵正式创立教团组织，距今已有约1800年的历史。三学街的湘子庙是西安城内现存的唯一道教祖师庙。

传说湘子庙是"八仙"中的韩湘子出家之地，创建于宋，道教界则认为此庙创建于五代，金元时毁于战火，现在湘子庙的格局是定于明代的。虽然全国韩湘子庙有十多处，但西安的湘子庙是韩湘子出家之地，可谓韩湘子文化的发源地。

韩湘子，字清夫，唐代人，是古代中国民间传说中的八仙之一，擅吹洞箫，拜吕洞宾为师学道，是八仙中风度翩翩的斯文公子，道教音乐《天花引》相传为韩湘子所作。据《新唐书·宰相世系表》记载，韩湘子是唐代大文学家、刑部侍郎韩愈的侄孙，曾登长庆三年（823）进士，官大理丞。姚合有《答韩湘诗》云："昨文过春闱，名系吏部籍。三十登高科，前途浩难测。"可见早年韩湘子还是一个雁塔题名、少年得志的公子。韩愈著名的《左迁至蓝关示侄孙湘》就是写给韩湘子的。韩愈因谏唐宪宗迎佛骨，被朝廷贬官，写下了这首名作：

一封朝奏九重天，夕贬潮州路八千。
欲为圣朝除弊事，肯将衰朽惜残年！
云横秦岭家何在？雪拥蓝关马不前。
知汝远来应有意，好收吾骨瘴江边。

但可信史料中无一处言及韩湘子有仙人奇术。与韩愈大致同时的段成式撰写的《酉阳杂俎》谓韩湘子学道成仙，能造逡巡酒，顷刻花开。于席上聚土开花，瓣上现一联，即诗中名句"云横秦岭家何在？雪拥蓝关马不前"。韩湘子至此才变得神秘莫测。

《韩湘子全传》记载，汉丞相安抚之女灵灵有才貌，汉帝欲将其赐婚皇侄，安抚坚辞不允。汉帝大怒，将其罢职发配。灵灵郁郁而死，投生为白鹤，白鹤受钟离权、吕洞宾点化，投生为昌黎县韩会之子，乳名湘子，幼丧父母，由叔祖韩愈抚养长大，又得钟、吕二仙传授修行之术。后因韩愈极力反对怒斥之，遁至终南山修道，得成正果，成为八仙之一。位列仙班后，玉皇大帝赐其三道金书、三面金牌，上管三十三天、一十八重地狱，中管人间善恶、四海龙王，下管地府冥司、府州县城隍，又赐其缩地花篮、冲天渔鼓等宝物，并封为开元演法大阐教化普济仙。不难看出，这都是道教文献加工创造的。

传韩湘子居其叔祖韩愈官邸内院，为修行修性，曾筑一地下密室，常居其内练功养性，后称湘子洞。因历史年久而少为人知。"文革"时期在湘子庙曾挖到一暗室，约6平方米，高近2米，人可直立。曾有人考之，认为是昔日的湘子洞。

湘子庙中的韩湘子更有"玉露琼浆润长安"的美好传说。老子说"上善若水"尊奉老子的道教自然喜欢把水与道教神仙联系。据传说,古代西安井水均为苦水。唐时,由"八水"引出的漕渠、清明渠、永安渠、龙首渠和黄渠等供城内和皇宫用水,街上有挑担拉车买卖"甜水"者。而韩湘子用其住处的井水做酒,顷刻间酿成了美酒。苦水怎能酿美酒?一般人不相信,有所顾虑,欲饮不饮,迟疑不决,故而人们把韩湘子酿的酒叫"逡巡酒"。韩湘子见众人迟疑,信口吟道:"真酒无苦,真水无香,苦尽甘来,玉露琼浆。"吟罢,立即将酒倒入院中水井之内,井内立刻飘出一股酒香,令人馋涎欲滴。有人忙取桶打水试尝,并无酒味,入口却十分甘美,清热解渴、润肺和脾;洗头洗脸,清爽滑腻;用以洗身冲澡,体肤光洁润舒、嫩柔增色,自感体态轻盈。世人将湘子住处之井称"香泉"。"香泉"即"湘泉"也。自此西安城内才有甜水井及西门大井的甜水。

古城西安的街道犹如棋盘,东西经南北纬相交相垂,横平竖直,湘子庙街却别具一格,斜刺西南而行;而旁边的德福巷走向西北。这与湘子庙有关。因先有湘子庙,人们绕道而行成街,捧庙而居成巷。德福巷名称来历,是"仰德而获福",即仰韩湘子之德而成"德福巷"。

第三节　以大清真寺为主的伊斯兰教文化

伊斯兰教是世界性的宗教之一,与佛教、基督教并称为世界三大宗教,中国旧称大食法、大食教、天方教、清真教、回回教、回教、回回教门等。全世界约 68 亿人口中,穆斯林总人数是 15.7 亿,分布在 204 个国家和地区,占世界人口的 23%。伊斯兰(Islām)系阿拉伯语音译,又译作伊斯俩目,原意为"顺从""和平",指顺从和信仰创造宇宙的独一无二的主宰安拉及其意志,以求得两世的和平与安宁。该教公元 7 世纪由麦加人穆罕默德在阿拉伯半岛上首先兴起。信奉伊斯兰教的人统称为"穆斯林"（Muslim，意为"顺从者"，与伊斯兰"Islām"是同一个词根）。伊斯兰教主要分为逊尼和什叶两大派系，也有其他一些小派系（如哈瓦里吉派、伊斯玛仪派）。逊尼派被认为是主流派别，又被称为正统派，分布在大多数伊斯兰国家，中国穆斯林也大多是逊尼派；什叶派的信徒主要分布在伊朗，还存在于其他一些国家和地区，比如伊拉克等国。两派的分别主要在于对于穆圣继承人的合法性的承认上。

化觉巷清真寺始建于唐天宝元年（742）。元中统年间重建，称回回万善寺；明洪武二十五年（1392）由兵部尚书铁铉修葺扩建，称清修寺；清乾隆三十年（1765）教民再次募资重修，称清真寺。虽然名字多次更改，但代表的中国的文化包容却一以贯之。西安清真寺是国内现存采用传统建筑形式及布局且规模较大的伊斯兰清真寺。大儒冯从吾所撰《敕赐重修清真寺碑》，正体现了儒学对异域文明的学习和礼敬。西安化觉巷清真寺大殿是中国内地清真彩绘装饰艺术的代表作，面积达1300平方米，可容千余人礼拜。

泰山不让土壤，故能成其大；江海不择细流，故能就其深。行走在三学街头，沉浸于水乳交融、中西合璧的文化之中，才能理解礼乐中国的独到魅力。

第三章

【儒家文化】

「孔曰成仁，孟曰取义」，自周公开基，孔子、孟子创立儒学，在百家争鸣的战国时代脱颖而出，西汉董仲舒上汉武帝「天人三策」，武帝从而罢黜百家、独尊儒术，儒学已经深入到中国文化的每个血管，成为中国文化的主基因。

第一节 孔庙与儒林

隋唐盛世，儒学大盛，孔庙在全国林立，蔚为大观。孔庙是我国历代王朝祭祀春秋时期思想家、政治家、教育家孔子的庙宇，可谓到处都是。最大者曲阜孔庙，是孔子的本庙，位于孔子故里山东曲阜城内，又称"阙里至圣庙"，与南京夫子庙、北京孔庙和吉林文庙并称为"中国四大文庙"。

明清时期的西安府学，文庙是最重要的组成部分，因为时人认为"孔子万世师，凡建学育才，必严庙祀，所以感人心，敦化本，诚治道所当先者"，所以文庙的修治亦可视为府学的修治。西安孔庙是盛唐时期的产物，代表着盛唐时期三教合一的气象。

当时孔庙在尚书省西隅国子监附近，从流传至今的唐《孔子庙堂碑》中可以得知当时西安国子监孔庙的盛况："万雉斯建，百堵皆兴，揆日占星，式规大壮，凤甍骞其特起，龙桷俨以临空。"唐士子到孔庙，祭祀先圣，"至于仲春令序，时和景淑……清涤元酒，致敬于今日，合舞释菜，无绝于终古"。

宋时几经搬迁，崇宁二年（1103）虞策将文庙、府学最终迁建于"府城之东南隅"——西安碑林博物馆现址，使文庙、碑林、府学同在一处。据《京兆府重修府学记》碑载，这时的文庙"总五百楹，宏模廓度，伟冠一时"。可惜，其后风流总被雨打风吹去。

明成化十一年（1475）《重修西安府学文庙记》云："扩其旧址，首建大成殿七间，崇四丈有五、深五丈，袤九丈有二。两庑各三十间，崇深视殿半之，袤且数倍。次作戟门，又次棂星门，又次文昌祠、七贤祠、神厨、斋宿房、泮池……"加之明万历二十年（1592）增建的"太和元气坊"及清代构建的七座碑亭，基本上构成了今日西安孔庙的建筑格局。

其中，孔庙最主要的建筑大成殿是一座宏伟的明代庑殿顶建筑，可惜于1959年毁于雷火。贯穿于中轴线上的孔庙其他建筑如两庑、戟门、棂星门、泮水桥、太和元气坊、碑亭等建筑至今还保存完好。其中的戟门面阔三间，进深两间，单檐歇山顶，上铺绿色琉璃瓦，仍保持着明代建筑的显著特征。

在唐宋至明清千年的历程中，以西安府学中的孔庙为中心，儒学的发展经久不衰，并在当时的长安培育出诸多儒林文人。

据《旧唐书·高祖本纪》，武德二年（619）"六月戊戌，令国子学立周公、孔子庙，四时致祭，仍博求其后"。唐高祖的《令国子学立周公孔子庙诏》宣示了新建立的唐政权的治国思想，因其政策导向，唐代孔庙不断修葺、完善，并且在此会聚一大批文人士族，以孔庙为核心辐射的三学街街区也成为唐代重要的文化汇集地。

第二节　关中书院与关学

关学有狭义和广义之分，狭义的关学指北宋时期由张载创立的以他为代表的理学学派；广义的关学指由北宋张载创立，至明清时代仍流行于关中地区的理学学派。

北宋中期，张载讲学关中，他的

学术思想被称为"关学"，与周敦颐的"濂学"、二程的"洛学"、朱熹的"闽学"并称为宋代的四大学派，颇负盛名。北宋至清初，关中地区学者迭出、流派纷呈，关学也因此成为宋明清时期理学中的一个有地域文化内涵的学术流派。

关学是陕西历史上非常重要的哲学成果之一。关学对中国传统哲学有着极其深远的影响，至今仍有深刻的启发意义。关学的基本精神有六个："立心立命"的使命精神；"勇于造道"的创新精神；"崇礼贵德"的学术主旨；"经世致用"的求实作风；"崇尚节操"的人格追求；"博取兼容"的治学态度。关学的这些精神是在以关中书院为地点的讲学、交流等过程中逐渐形成的。无论是张载之前的申颜、侯可，还是张载之后的吕大钧兄弟、李复、种师道以及金元明清时期的杨奂、杨恭懿祖孙三代、吕柟、冯从吾、李二曲、李因笃、李雪木、刘古愚等，都是关中人。

关中书院是明、清两代陕西的最高学府，也是全国四大著名书院之一，是西北四大书院之冠。明万历二十年（1592），陕西著名学者、御史冯从吾疏忤明神宗罢官归里后，与友人萧辉之、周淑远等在今关中书院位置之西宝庆寺讲学多年。万历三十七年（1609）十月，陕西布政使汪可受、按察使李天麟为冯从吾另择宝庆寺之东小悉园处创建关中书院，书院中建讲堂六楹，题匾名"允执堂"，从而开创了关中书院的绵绵道统。

明清时期，关中书院的建筑规模宏大，中间讲堂六间曰"允执堂"，语出孔子《论语》的"天之历数在尔躬，允执其中"，与故宫中和殿的"允执厥中"意思一样，表达了要贯彻儒家知识分子所讲的中庸之道。

明朝时清议之风隆盛，东林党与阉党于庙堂山林交锋不断：东林倡宗风；西京继芳躅。冯从吾学习顾宪成的东林书院，在关中地区培养士大夫正气，关中书院以"汇人间群书博览者，何其好也；集天下英才教育之，不亦乐乎"的教育理念，实践开启民智、教育救国的主张。冯氏在此主讲十余年，传阐程朱理学，四方从学者多达五千余人，其后虽有历史变迁，但薪火相传，冯从吾的弟子继往开来。清康熙时期关中书院又有名士李颙主持，他倡导自由讲学之风，此一阶段成为关中书院的中兴时期。李颙认为："立人达人，全在讲学；移风易俗，全在讲学；拨乱返治，全在讲学；旋乾转坤，全在讲学。"他明确主张实行"明体适用"之学，要求学生做到文武兼备、博览群书，让学生"实修实证"，达到"开物成务，康济群生"的学习目的。

明朝以理学开国，使儒家书籍遍及天下，为关学振兴开辟了一条坦途。明代著名学者王阳明曾说："关中自古多豪杰，其忠信沉毅之质，明达英伟之器，四方之士，吾见亦多矣，未有如关中之盛者也。"

第四章

【红色文化】

西安虽然地处内陆中心,但由于历史文化的深厚积淀,接受先进思想文化的敏感度非常高,辛亥革命、抗日战争皆是如此。因此,遗留下的红色文化遗产也很丰富,下面我们逐一介绍。

第一节　西安事变

1936年12月12日，爱国将领张学良、杨虎城扣留了来西安部署"剿共"内战的蒋介石及其随行军政官员，实行"兵谏"。此后，中共中央派出以周恩来为首的代表团来到西安，协同张、杨与蒋介石及随后来陕的宋子文、宋美龄反复磋商谈判，迫使蒋"停止剿共政策，联合红军抗日"。12月25日，张学良亲自送蒋介石返回南京，西安事变和平解决。西安事变旧址包括张学良公馆、西安事变临时总指挥部、新城黄楼、止园、东城门楼、高桂滋公馆、西京招待所和五间厅、兵谏亭。

1984年7月成立西安事变旧址管理处。1986年对张学良公馆、止园、五间厅、新城黄楼、西安事变临时总指挥部进行维修，基本恢复原貌。1986年12月在张学良公馆旧址建立的"西安事变纪念馆"正式对外开放。

1982年西安事变旧址由国务院公布为第二批全国重点文物保护单位。

张学良公馆　位于建国路甲字69号（原金家巷五号）。1935年9月西北"剿匪"总司令部副总司令（代行总司令职权）张学良率东北军由武汉移驻西安，租用通济信托公司新建的金家巷五号大院为官邸，始称"张公馆"。

公馆总面积约7700平方米，四周砌青砖围墙，大门北向。院内以东、中、西三幢三层砖木结构楼房为主体，其东南有警卫人员居住的平房，西南有餐厅。三幢楼房平面均呈"十"字形，小青瓦屋顶，第一层为地下室，室外有缓坡台阶通往向北开的二层大门。

西楼是公馆的中心。其第三层东侧套间为张学良和赵一荻的卧室，二层东侧是会议厅。1936年12月11日晚，张学良在会议厅召集东北军将领，部署"兵谏"的行动计划；12月23日至24日，中共代表团、张学良与杨虎城、南京代表团在此举行三方会谈，达成"六项协议"。中楼是张学良机要秘书、副官和卫士的住所。东楼为"西北剿总"总部人员办公居住。1936年12月17日，中共代表团工作人员住东楼二层，周恩来、叶剑英、博古住东楼三层。

1936年12月25日，张学良送蒋介石回南京后被扣，次年3月东北军东调，金家巷五号院易主。1986年12月在此建西安事变纪念馆。

西安事变临时总指挥部 位于新城区陕西省人民政府院内，原为杨虎城的官邸。1930年杨虎城返陕，任省政府主席，后又被任命为绥靖公署主任，1931年在此建官邸。

官邸面积389平方米，为砖木结构，是典型的仿古建筑。其东侧为办公室和会客厅，西侧是杨虎城与夫人谢葆贞的卧室。1936年12月11日晚，杨虎城在此向十七路军高级将领宣布"兵谏"决定和方案，随后张学良率东北军高级将领至此统一行动部署，并以此地为"西安事变临时总指挥部"。

现由陕西省人民政府机关事务管理局管理、保护和使用。

新城黄楼 位于陕西省人民政府院内，南距杨虎城官邸约300米，亦称"新城大楼"。始建于1927年，后扩建，其地略高于周围地面，因墙为黄色、房顶覆黄琉璃瓦而得名。它是民国时期陕西省政府和西安绥靖公署所在地。黄楼实为高台上所建传统砖木结构的平房，由中间的会议大厅和东、西厢房组成，总建筑面积916.36平方米。1936年12月12日蒋介石从临潼被护送回西安，先住黄楼东侧一套间，14日迁往高桂滋公馆。

现由陕西省人民政府办公厅管理、保护和使用。

止园 位于西安市青年路中段路北，是1930年杨虎城购置清代庙产而建的公馆。原名仁王院、十方院。竣工时，为纪念杨虎城从胶东、豫东作战得胜回师，取"紫气东来"首字，命名为"紫园"。1933年杨虎城被免去陕西省政府主席职务，改"紫园"为"止园"，表明仅止于斯的心迹。杨虎城的蒲城同乡、书法家寇遐题"止园"匾，至今仍悬挂在止园门楣上。

止园坐北面南，占地3.9万平方米，中心建筑是一座中西合璧的砖木结构三层小楼，占地424.12平方米。楼顶飞檐翘角，二层缩进，形成三面阳台，背面置楼梯。楼身和室内装饰为西欧式样。楼前是一片花园。西安事变前夕，杨虎城在此会见了中共中央派来联络的代表；西安事变后，他与周恩来在此有过长谈。

1937年杨虎城被迫出国考察，止园遂为他用。1949年西安解放后修葺，在楼北侧建立陕西省人民政府招待所。1983年恢复原貌并在此建立"杨虎城将军纪念馆"。

高桂滋公馆 位于西安市建国路玄风桥，与金家巷张学良公馆一墙之隔。始建于1933年，为国民革命军第八十六师师长高桂滋的公馆。

公馆原占地1.3万平方米，由一座主楼院和三个四合院组成，房屋之间既能闭门独户，也可相通为一院。主楼院坐北面南，进院门内有汽车道绕喷水鱼池可通主楼前。主楼为带地下室的高大平房，进门后左边为会客厅，右边是餐厅，后面一排是卧室。1936年12月14日蒋介石被从新城黄楼迁至此楼后排最角落的一间屋内；17日他在此会见外籍顾问端纳后，悉知南京动态，手谕何应钦停止空军对渭华的轰炸；22日宋子文、宋美龄代表蒋介石在此与张学良、杨虎城、周恩来会谈；24日周恩来在此会见蒋介石，蒋当场口头许诺"停止剿共，联红抗日"；25日蒋介石离此，由张学良陪同返回南京。

1952年抗美援朝战争时，高桂滋将军把公馆捐献给国家，西北行政委员会妇女联合会、中苏友好协会陕西分会曾在此办公。现高公馆由中国作家协会陕西省分会保护、使用。

五间厅、兵谏亭 分别位于西安市临潼区华清池东南隅和骊山西绣岭山腰虎斑石处。五间厅始建于清光绪二十六年（1900），1934年曾加修葺，因其建筑为五间平房，且位于南傍骊山的高台上，故初名"五间楼"，后改称"五间厅"。1936年美国女作家史沫特莱曾居此养病。

1936年10月、12月，蒋介石两次来陕，下榻五间厅筹划高级军事会议，坚持"攘外必先安内"，强迫张学良、杨虎城率部进攻红军。张、杨多次苦谏无效，遂发动"兵谏"。12月12日凌晨，张学良卫队迅速占领华清池前院,蒋介石匆忙越墙东逃,摔伤后由侍从扶掖，藏于骊山西绣岭虎斑石畔的穴洞。天亮后蒋介石被发现，后被护送到西安绥靖公署大院。

西安事变和平解决后，虎斑石一度改称为"民族复兴石"，并在此建钢筋水泥亭一座，名"正气亭"。1946年胡宗南重修此亭，改名"蒙难亭"，亦称"民族复兴亭"，国民党军政大员陈诚、戴季陶、陈立夫、戴笠等题词刻石。1949年西安解放后改名"捉蒋亭"，陈诚等颂扬刻词全被铲掉。1986年12月改此亭为"兵谏亭"。

西京招待所 位于解放路与西四路西北夹角处。1935年建,原占地4亩,以一座西式建筑为主体。此建筑中间为圆形客厅,两侧各为二层楼房,门向东南。1936年12月12日晨，十七路军特务营包围了此招待所，扣留了随行蒋介石准备召开"剿共"会议的南京军政大员。此后,中国共产党代表团抵达西安，周恩来在此租房一间，与有关人士会谈。

现由陕西省政府外事办公室保护、使用。

第二节　革命公园

革命公园位于西五路北侧，占地150亩。园内松柏挺拔、湖水如镜。1926年春，北伐战争前夕，匪首刘镇华在张作霖等的支持下，纠集一支号称"10万人"的部队，企图攻占西安，为北洋军阀扩大地盘。刘镇华围城8月之久，放火烧掉城外10万亩麦田，强征民夫在城周围挖掘了一条3公里的断绝沟，企图迫使全城军民投降。国民军将领杨虎城、李虎臣带领全城军民坚守西安，时称"二虎守长安"。后冯玉祥将军大军入陕，粉碎了刘镇华的阴谋，西安城才于1926年11月解围在守城期间，死难者5万人左右，占当时城内人口的四分之一。12月在冯玉祥的倡议下，选择此处，冯玉祥、于右任、杨虎城等革命将士负土填坑，在园内东西两侧堆起两个大冢，冢内安葬2743具尸骸，又将相传为唐兴庆宫遗物的太湖石从新城（原明秦王府）内移入园内水池；建忠烈祠；拆迁城内清代贡院"明远楼"复建园中，命名为"革命亭"。1927年2月，为纪念西安的死难军民，冯玉祥率众公祭，建革命公园。

西安解放后，人民政府拨款对公园进行了整修，并植树木万株。1952年，为纪念王泰吉、王泰城烈士，在公园东南角建烈士亭，亭内有纪念碑。大冢以北不远，还傲然挺立着千秋功臣杨虎城的塑像，历经风雨，威武依然。现在，园内主要有革命亭、忠烈祠、东烈祠、西烈祠、东西大冢，以及1997年兴建的杨虎城将军铜像、2005年矗立的刘志丹同志汉白玉石像等革命纪念建筑、雕塑。1983年革命亭被列为市级重点保护文物。1992年4月20日革命公园被陕西省人民政府公布为第三批省级文物保护单位。

第三节　八路军西安办事处旧址

八路军西安办事处纪念馆位于西安市北新街七贤庄,前身为秘密交通站、红军联络处、八路军驻陕办事处。旧址所在地七贤庄建成于1936年,由10座坐北朝南、自西向东排列的四合院式建筑组成,占地面积13600平方米。

1936年春夏之交,中国工农红军经过长征到达陕北不久,党中央为了解决红军卫生器材和药品供应等问题,派我党地下工作人员在七贤庄一号院设立了秘密交通站。1936年12月,震惊中外的西安事变爆发后,七贤庄成为半公开的办事机构——红军联络处,叶剑英是当时的负责人。"红军联络处"在协调红军和东北军、西北军的关系,稳定事变后西安局势,保证陕北苏区和红军的后勤物资,营救红西路军将士回归革命队伍等方面都发挥了重要的作用,为促进以国共两党为核心的抗日民族统一战线的早日建立做出了重要贡献。1937年7月7日,卢沟桥事变爆发。8月25日,八路军驻陕办事处正式成立。

西安"八办"是中国共产党在国民党统治区设立的第一个公开、合法的办事机构。抗战期间,办事处的主要工作是宣传党的抗日民族统一战线方针和政策,组织抗日救亡运动;输送进步青年到延安参加革命;为陕甘宁边区和前方领取、采购、转运物资支援抗战。党和军队领导人周恩来、朱德、刘少奇、彭德怀、叶剑英、邓小平、林伯渠、董必武等曾多次留驻办事处并指导开展工作。

作为全国爱国主义教育示范基地、国家3A级旅游景区、国家二级博物馆、国家国防教育示范基地、陕西省文明单位的西安"八办"纪念馆,开馆50多年来,已成为对广大人民群众进行爱国主义和革命传统教育的重要基地,接待国内外观众1500多万人次,被人们亲切地喻为"当年红色桥梁,今日传统课堂"。

1988年,八路军西安办事处旧址被国务院公布为第三批全国重点文物保护单位。

第四节　东门城楼学兵队

东门城楼为明初洪武年间所建，明嘉靖时期曾经重修，明末崇祯十六年（1643）闯王李自成攻占西安时被焚毁。清顺治十三年（1656），陕西巡抚陈极新按照明时旧制重建，此后一直延续到近代，于20世纪90年代对其进行了大规模维修。

东门城楼是西安事变旧址的重要组成部分，在西安事变期间扮演了重要角色，先后曾有张学良卫队二营、学兵队等部队在此驻扎。西安事变纪念馆的姬乃军、石八民等对东门城楼学兵队进行了系统的研究，获得了许多成果。

1935年9月，张学良受命出任西北"剿匪"总司令部副司令，代行总司令之职。他当时居住的府邸（张学良公馆）就在现在的建国门内，距东门不过四五百米，为了保障张学良的安全，便将卫队二营（原卫队手枪连）营部设在东门城楼上。1936年8月，张学良接受中共东北军工作委员会书记刘澜波和委员宋黎的建议，计划筹建学兵队。学兵队附设于卫队二营，由宋黎负责，并通过北平的中共地下党组织为学兵队招收学员，先后共招收了三批学员。

其中第一批学员于1936年8月下旬招收，共110余人，这些学员大多数是参加过一二·九运动的大中学生，少数是身份暴露不宜继续在北平工作的共产党员。这些人来到西安后编为学兵队第一连，安排住在东门城楼上。一连的共产党员中有新中国成立后曾担任国务院副总理的谷牧和担任中共广西壮族自治区党委书记的乔晓光。

学兵队第二批学员120余人，于1936年9月30日下午来到西安，被编为学兵队四连，住在东门箭楼之中。

学兵队第三批学员原招收200余人，恰逢西安事变，在自北京到西安的路途中辗转奔波，最后实际参加学兵队的成员有80余人。这些人除北平来的学生外，还有来自上海、河南、山西、湖北武汉和西安本地的青年学生以及被释放的红军官兵。他们一起被编为第三连，住在东门外西北侧的平民新房。

学兵队组建后，又从东北军部队和洛阳军校东北籍的毕业生中选调了部分士兵担任军官，学员加上军官总计370余人。

学兵队学员所习课程分为军事课和政治课。军事课的课程主要有步兵操典、射击教范、筑城、测绘等，以实用和作战为目的；政治课主要有马克思列宁主义、时事政治、抗日理论和实际、军队中的政治工作等，课程以宣传团结抗日、挽救民族危亡为宗旨，以提高学员的政治思想水平为目的。也正是因为政治课程的开设，学兵队中的许多学员都接受了马克思主义，加入了中国共产党。到西安事变发生以前，学兵队中成立了党支部，党总支书记张折，副书记侯晓岚，委员谢克东、任志远。党总支下设学兵队队部党支部、一连党支部、四连党支部、三连党支部四个支部。当时在学兵队中共有共产党员150多名。

1961年由国务院公布为第一批全国重点文物保护单位，属西安城墙文物保护单位系列内。

第五章

【艺术文化】

西安悠久的历史文化滋养了形式众多的艺术门类,最为突出的是书法、绘画、碑刻艺术。西安碑林集中保存了秦汉以来历代艺术家们的碑版石刻,这些艺术藏品将书法的飘逸和碑刻的规范完美结合,是西安艺术文化的典范,具有重要的历史价值和艺术价值。

第一节　书法与碑刻

　　书法是伴随着中国汉字的产生而不断发展和丰富起来的一个艺术门类。在世界各民族中，由追求实用文字的书写美观而出现独立的线的艺术，中国书法艺术是独一无二的。而书法艺术除了以纸张承载以外，最为瞩目的是自魏晋南北朝起逐渐与碑刻艺术相交融，书法艺术的飘逸、自由、灵动与碑刻艺术的严谨、硬朗、规矩相融合，从而创造出独一无二的碑版石刻书法。介绍碑林三学街历史文化街区中的书法艺术必然离不开碑刻艺术，谈及碑刻也必然要论书法。因此此节在介绍西安千年书法艺术演变的过程中，将以西安碑林为依托，介绍不同历史阶段的书法和碑刻艺术典范。

　　西安碑林因其所藏各类碑石达 4000 多方，被誉为"书法艺术的圣殿"。秦代距今 2000 余年，各地所存的碑石屈指可数，碑林中的一件秦代篆书《峄山刻石》虽经宋人郑文宝翻刻复制，但它与各地其他版本相比较，被公认为更近于原刻，保留了小篆的整理者李斯书法的原始精神风貌。

《仙人唐公房碑》《仓颉庙碑》《汉武都太守残碑》等都是汉碑中的精品。其中，《仓颉庙碑》是东汉时衙县县令为颂扬传说中的中国文字的创造者仓颉的功绩而立，对于研究中国文字的起源具有特殊的意义。明代万历年间出土于合阳城外的《曹全碑》娟秀多姿，别具一格，外显俊秀而内含刚柔，在汉碑中非常罕见，此碑书法高雅、洒脱，其境界之高，几使人可望而不可即，在书法史上具有独特的地位。于右任捐赠的《汉熹平石经》残石，原出土于洛阳，是东汉灵帝时所刻经书的一部分，为大学问家蔡邕所书，在汉隶中属工整方正一派，与散存于民间、出于地方小吏和文人儒士之手古朴自然的风采形成鲜明对照，显示了汉碑书法的不同风格。碑林收藏西安出土的两块曹魏正始年间的石经残块，以古文（大篆）、小篆和隶书三种字体而刻，是研究文字和书法演变难得的资料；而其中的小篆与秦篆又有不同，说明了同一书体却有不同的写法。

王羲之是东晋时期的大书法家，历来被尊为"书圣"。正因为他的手书墨迹珍贵无比，所以后来作伪的人颇多，传世的所谓"王羲之的真迹"很难判定，在这种情况下，碑林中保存的唐代怀仁和尚集王书《大唐三藏圣教序碑》和大雅和尚集王书《兴福寺残碑》（即《吴文碑》《半截碑》）更具有珍贵的价值。"文革"时期，陕西省博物馆在整修《石台孝经》施工时，曾发现宋拓本王书《圣教序》等文物，属稀世珍品。

碑林中的《元桢墓志》《元晖墓志》等，都是魏书中的精品。唐代是我国古代社会的盛世，也是书法艺术发展的黄金时代。由于唐初李世民对"二王"的推崇和对书法艺术的提倡，各种书体、各个书家的名篇大作如雨后春笋竞相争辉，精美之作琳琅满目。长安作为唐王朝政治和文化的中心，得以保留一大批名贵碑石。唐初大家虞、欧、褚诸人曾经名震朝野。《孔子庙堂碑》世间留传多种，而以虞世南书最为有名；虞书版本又有数种，而以陕西本为最佳，人称"西庙堂"，黄庭坚称赞此碑原刻本"孔庙虞书贞观刻，千两黄金那购得"。虞书直接继承了南方的"二王"，才能有这样高的声誉。欧阳询书法在一定程度上受到魏碑的影响，所书《皇甫诞碑》浑厚遒劲，柔中有刚，极像《九成宫》。至于所传褚遂良书《同州圣教序》，恐非褚遂良本人所作，可能是一无名书家所写，但无论出于何人之手，此碑书法精妙却是应予肯定的。

大名鼎鼎的书法领袖颜真卿初学晋代"二王"，又注意吸收民间书法的营养，突破了原有的书法格局，在书坛上独树一帜。《多宝塔感应碑》是颜真卿44岁时书，代表了颜书的早期风格，笔画平健稳妥，此碑可作为学习颜书入门的范本。《臧怀恪碑》受损不大，保存较为完好，特别是碑的上部，字形完整，笔画清晰，可看出颜和柳的相通之处。《颜勤礼碑》《郭家庙碑》是作者风格定型之后的作品，表明颜书当时达到成熟阶段。《颜氏家庙碑》即《颜惟贞家庙碑》是颜真卿72岁时所书，是他晚年的代表性作品，也是楷书中登峰造极之作。颜氏书法笔力丰润雄健、结体庄密宽阔的特点，在此碑中有突出的体现。

行草书《争座位稿》或称《与郭仆射书》，是写给尚书右仆射郭英义的书信手稿，颜真卿指责他在公众场合让宦官鱼朝恩坐在许多大臣之上，通篇感情激昂，用笔奔放流畅，是行草书中的精品。碑林中保存的颜真卿书法早中晚期皆有，极其珍贵。

与颜真卿在书法上齐名的柳公权，所处时代要略晚一些。柳书是在颜体开阔丰润的基础上，加强了遒劲奇绝的一面。柳书笔画挺拔，结字攒聚，特点突出。碑林中所存的《玄秘塔碑》一直是历代影响最大的范本之一，而《冯宿神道碑》字形较小，保存得也不如《玄秘塔碑》完好。

唐玄宗李隆基是一位多才多艺的皇帝，书法也有一定造诣，他的隶书"风骨巨丽，碑版峥嵘"。他自注自书的《石台孝经》是碑林最早的藏品，位于碑林的中心位置。这座孝经台用四块巨石组合而成,外加额座,碑体造型独特,外观雄伟高大,装饰富丽堂皇,是当时书法、浮雕线刻艺术的综合体现。

李隆基隶书眉目清秀,体态飘逸,用笔多加修饰,极力追求形式美,有华而不实之气。同一时期擅长隶书的史惟则、梁升卿书法工整疏朗,史书《大智禅师碑》、梁书《御史台精舍碑》与玄宗的书风都有相通之处。

唐代草书中声望最高的当然是张旭和怀素。传为张旭所书的六石《断千字文》等碑海阔天空,变化无穷,奔放流畅,深不可测。他"怨恨思慕,酣醉无聊,不平有动于心,必于草书焉发之",难怪文宗称他的草书、李白的诗歌和裴旻的剑舞为"三绝"。

生性自负、不拘小节的和尚怀素,在用笔上比张旭要略瘦,但气力不怯,甚或有过之而无不及。怀素的草书《千字文》及其他碑刻,若走蛇游动,暴雨狂风,一气呵成。观赏"颠张狂素"的作品,别有一番情趣,中国书法的流动美在这里有着突出的显现。

在楷书、草书等体兴盛的情况下,小篆在唐代依然受到重视。在写篆的书家中,李阳冰自称"斯翁之后,直至小生"。其《三坟记》风采照人。

宋代书法受晋唐的影响颇深,苏、黄、米、蔡等人无不取之于王逸少、颜鲁公。学识渊博、才华横溢的苏东坡常常"单钩"用笔,与一般人执法不同,但却能写得出奇的美。他的草书《归去来辞诗碑》毫软而墨丰,笔圆而韵胜。黄庭坚称赞苏轼"本朝善书,自当推公第一"。黄庭坚师宗颜真卿,在长期的书法实践中形成自己的风格,楷法自成一家,所书诗碑结体取势奇欹侧,雄健有力,舒展开阔,意态悠然自得,神韵无穷。徽宗赵佶所书《大观圣作之碑》体形高大,书法遒劲,是其"瘦金书"的代表之作,取法于前辈薛稷的挺瘦秀润,又兼有黄庭坚的奔放流畅,在书法上匠心独创,别树一帜。

明代碑刻中的书法作品现存不少。号称"明代书法第一"的祝允明,楷法精谨、草书奔放,晚年愈加超脱凡俗，其大草横幅气势磅礴、纵横驰骋，如入无人之境。而另一位善谈名理的董其昌，自称临习历代名家法帖超过赵子昂，甚得鲁公笔意，碑林中所存大量董书刻石中，颜体的神采最为突出。

清代受到森严的文化禁锢，"馆阁体"盛行一时，千字一面，讲求黑、大、方、光，艺术的发展受到一定局限，却仍然有一批很有成就的书家出现，如清代大家刘墉、王铎民族英雄林则徐、左宗棠、邓廷桢，维新派首领、书法理论家康有为等。左宗棠《天地正气碑》用笔遒劲，功力极深，豁达大度，气势不凡。

距西安碑林博物馆381米处是近现代最著名的书法家于右任的故居，于右任1949年去台湾之前一直居住在此。于右任故居原占地面积2008平方米，现仅恢复了700多平方米，内有两个院落。西院是于养母房太夫人居住的厢房，青砖瓦舍，古朴雅致，为砖木结构的三进院落，由门房、花园、厅房、上房、后院组成，是一座具有陕西关中民居特色和时代特征的纪念馆。始建于19世纪末20世纪初，于右任二弟于孝先（字佰行）购入做全家住宅，至今已有一百多年。现于右任故居纪念馆开设了两个展厅：于右任生平事迹展和当代名人字画展。北院是先生居住过的"三间老屋一株槐"院子。于右任精书法，早在19世纪20年代便有"北于南郑"之称，"南郑"指郑孝胥。郑孝胥尤擅草书，首创"标准草书"，被誉为"当代草圣"。于右任1932在上海创办标准草书社，以易识、易写、准确、美丽为原则，整理、研究与推广草书，整理成系统的草书代表符号，集字编成《标准草书千字文》，影响深远，至今仍在重印。于右任有"近代书圣"之誉，其著作有《右任诗存》《右任文存》《右任墨存》《标准草书》等。

西安碑林收藏了现代书坛巨匠于右任众多的手书墨迹和碑版石刻，其中以草书文天祥的《正气歌》最负盛名。《正气歌》是于先生1938年所书，当时抗战正酣，国家危难。该书法通篇雄浑奇丽，仪态万千，用笔简洁明快，运转灵活多变，左右兼顾，前呼后应，可谓达到了出神入化、炉火纯青的境界。而《彭仲翔碑》《耿端人碑》《杨松轩墓表》等是他行书、楷书的佳作。爱国将领冯玉祥1946年所写的隶书《朱子桥将军碑文》，同他的其他书作一样，朴实、敦厚、圆润之中透出可爱。

将西安碑林中秦汉及之后的碑碣石刻联结在一起，可以看到具有数千年文明历史的中华民族文字发展、书法演变的一个完整序列。

第二节　佛教造像

佛教肇始于古印度，在两汉之际传入中国，对中国的文化艺术产生了重要而深远的影响。除佛经文字外，佛教还以佛教艺术的形式传播。长安作为古丝绸之路的起点，是佛教及造像艺术从西域传至中原的中枢，自西晋开始就成为北方佛教传布的中心之一。魏晋时期，道安、鸠摩罗什等名僧云集长安弘传佛教，佛教艺术随之兴起。南北朝时期，长安不仅是佛教传播的中心，更成为佛教艺术的重镇。至隋唐时期，伴随着佛教的隆盛，再加上其都城的地位，长安佛教艺术达到鼎盛。因此，碑林三学街历史文化街区也留下了大量历朝历代的佛教艺术品。

佛教的兴盛带动了佛教造像艺术的迅速发展。佛教造像在外来佛教文化与汉文化相融合的过程中，逐渐形成了具有地方和民族特色的新面貌。经过众多艺术匠师的创造，佛教造像呈现出不同的时代风貌，如北魏的清秀古朴、北周的壮硕浑厚、隋代的精巧端庄。

到了唐代，随着经济文化的高度发展，佛教也得到了普及。作为都城的长安，更是寺院林立、宗派纷呈，佛教造像艺术也达到了顶峰。这时的佛教造像更注意写实，形象生动，更具人情味。佛像舒展匀称，结构合理，体态自由活泼。佛像的头部与身躯比例合理，面部丰满，方圆适度，佛发为水波纹式或螺发。除通肩式和袒右肩大衣以及褒衣博带式大衣外，又流行所谓方领下垂式大衣，内着僧祇支和裙，显得体态饱满丰肥。喜用束腰式台座，底边为六角、八角、圆形或花口形，上搭覆布，布纹转折曲复生动。菩萨多束高髻，发型优美，五官姣好，上身袒，束腰，重心向一侧扭曲，体态极为生动妩媚。帔帛也有动感，婉转活泼。

特别是长安地区的佛教造像，造型典雅，雕饰华美，构思独特，自然生动，反映了佛教造像艺术民族化的进程。在这外来文化与中国传统文化的交流中，佛教文化在多元文化因素的碰撞中兼容并蓄，形成了一种新的文化形态，进而对四周产生了影响力颇为深远的多层辐射。

安国寺是唐代著名的宗教寺院，在唐长安城长乐坊以东。安国寺始建于唐睿宗景云元年（710），后在武宗灭佛时被毁。唐懿宗时期重建。西域僧人利涉、河中僧人良贲以及端甫等名僧均出自这里。当年，寺内屋宇雄阔，壁画众多，供奉有多尊大型石佛像和塑像。1958年（一说1959年）在安国寺旧址出土的11尊密教造像很可能是在唐武宗法难中遭破坏而埋入地下的。它们造型别致，多束腰，衣纹为旋纹，流动感强，神态生动；莲花座雕饰饱满华丽，岩石座刻凿细致形象。其中，马头明王像的莲花与岩石相结合的佛座样式以及宝生佛的马座样式极为少见。

西安碑林博物馆所藏佛教造像以单体尊像为主，时代跨越北魏至明清各代，不仅数量多，而且形式多样、风格各异，展示了不同时期佛教造像的艺术风貌。造像种类主要有造像碑、造像塔、背屏式造像、龛式造像、单尊造像等。其中造像碑是佛教造像的一种独特形制，它将中国传统的石碑造型与外来的佛教造像艺术相结合，即借鉴石碑外形，再于其上开龛雕凿佛像，同时刊刻发愿文、供养者姓名等铭文，形成了造型艺术与文字题记相结合的独特样式。造像碑在南北朝时期十分流行，为民间造像的主要形式之一。陕西地区最早的造像碑是铜川市耀州区药王山北魏始光元年（424）魏文朗造像碑，这也是中国已发现最早的佛道合刻造像碑。

西安碑林博物馆有一尊断臂菩萨像，出土于西安火车站施工工地，也即唐大明宫遗址附近，为唐代佛像，菩萨像残高110厘米。菩萨像出土时头部及双臂、双脚均残缺，但观其残身却不减那动人的曼妙身姿。它是用一整块汉白玉雕刻而成，质地细腻，透明柔润，上身袒露，左肩斜披一缕轻纱，下腰束露脐薄柔透体的长裙，服饰华美，小腹微挺，若烟笼水洗，纹线流畅自然，匀称健美的躯体曲线暴露无遗。裸露的肌肤丰满润泽，富有弹性。体态丰腴，动感强烈，呈现出年轻女性婀娜的身姿。衣纹线条简洁流畅，帔巾和蝉翼般的裙衣飘拂，有流水般的身体韵律，犹如被水浸湿般呈现半透明状，追求裸露的肉体美和力量感。颈戴镶满宝珠的项饰，璎珞小巧精致，华丽典雅，使雕像显得更加高贵精美。雕刻如此细腻巧妙，展现出了唐代雕刻技艺的高超水平。

也许正是因为佛教的影响日益蔓延和扩大，使得佛教组织在不断壮大，自然对封建统治形成了一种潜在的威胁，才出现了唐代的灭佛运动。唐武宗崇信道教，深恶佛教，武宗在废佛敕书中写道："洎于九州山原，两京城阙，僧徒日广，佛寺日崇。劳人力于土木之功，夺人利于金宝之饰；遗君亲于师资之际，违配偶于戒律之间。坏法害人，无逾此道。且一夫不田，有受其饥者；一妇不蚕，有受其寒者。今天下僧尼不可胜数，皆待农而食，待蚕而衣。寺宇招提，莫知纪极，皆云构藻饰，僭拟宫居。晋、宋、梁、齐，物力凋瘵，风俗浇诈，莫不由是而致也。"废佛是"惩千古之蠹源，成百王之典法，济人利众"（《旧唐书·武宗本纪》），于是，于会昌五年（845）四月，下令清查天下寺院及僧侣人数。五月，又命令长安、洛阳左右街各留二寺，每寺僧各三十人。天下诸郡各留一寺，拆毁大量寺院；金银佛像上

135

第三编·文化

交国库，铁像用来铸造农器，铜像及钟、磬用来铸钱；没收寺产良田，僧尼迫令还俗。这次灭佛行动给佛教以沉重的打击。

西安碑林博物馆陈列有北周时期的五尊大型佛立像和四件莲花狮子佛座。五尊佛像高度都在两米左右，其中最高的一尊达2.46米。它们或褒衣博带，或通肩大衣，右手施无畏印，左手牵握袈裟靠于腹部，整体造型敦厚简练，形体饱满，面相丰圆，表情肃穆凝重。四件佛座雕刻精美，独具匠心，基座上部四角所雕狮、象栩栩如生。

小型佛教造像以北魏皇兴造像（471）和和平二年释迦造像（461）及唐代观音菩萨坐像、菩萨立像为代表，皇兴造像正面圆雕交脚弥勒像，作水波纹高肉髻，面相丰满，隆鼻厚唇，身着通肩式大衣，衣纹厚重交叠，有明显的犍陀罗风格。其身后为舟形背光，雕刻有莲瓣纹、火焰纹及化佛等图案。背光后面以减地平雕手法分七层刻佛传故事，每个故事以方格分割，颇类连环画，画面丰富，造型生动。北魏和平二年释迦造像，佛结跏趺坐于方形束腰台座上，施禅定印，身着袒右肩式袈裟并敷搭偏衫，双目下垂，神情宁静端庄。两侧有胁侍菩萨，身后为刻饰精美的舟形背光，背光后面亦刻有佛传及佛本生故事。与皇兴造像不同的是采用了浅浮雕的技法雕刻，画面没有分格，但布局丰盈有序、构思巧妙，线条飘逸而富有动感。特别是其中"婆罗门八人乞象"佛本生故事，在单体造像中非常罕见。这两尊背屏式造像可谓北魏早中期佛教造像的代表之作。

唐代观音菩萨坐像于1952年出土于西安东关景龙池，菩萨结跏趺坐于束腰型莲座上，面部雍容，头挽高髻，戴宝冠，冠前有化佛，手执莲蕾，胸前佩璎珞珠玑，帔帛自两臂间缠绕自然搭于台座，莲座下雕刻六组乐伎。菩萨像整体造型丰满华丽，雕刻精致，堪称完美。唐代菩萨立像于1954年出土于西安火车站，整体用汉白玉雕成，石质光洁细润。菩萨身姿婀娜，略呈扭动之势，腹部坦露，项饰华美，帔帛自然交错系于腹前，腰腹间肌肉微微隆起，形体更趋于女性化，颇具韵味。菩萨像的头、臂、足虽已残断，却给人以无尽的遐想，具有极高的艺术魅力。

第三节　绘画艺术

碑林博物馆陈列的线刻画艺术价值也非常高。其中宋刻《唐太极宫残图》、《唐兴庆宫图》及清刻《太华山全图》、《关中八景》等，对研究古代建筑和旅游胜迹都有参考价值。东汉画像石更堪称石头上的绘画，有"无字的汉书""石头上的史诗""一幅幅散发着清新泥土气息的汉代风情画"等美誉，历史学家翦伯赞先生赞叹汉画像石是一部"绣像的汉代史"。

碑林博物馆陈列的画像石均出土于陕北一带。陕北汉画像石以现实生活为主题，有较多的农耕、狩猎等题材，形成厚重大气、质朴简洁、装饰性强的艺术风格，后世的剪纸和它一脉相传。国家邮政局1999年3月16日发行的《汉画像石》邮票，其中第一枚《牛耕图》原石1962年出土于陕北绥德县，现藏西安碑林博物馆。画面中一根横木架在两头牛的胛背，两牛共挽一犁，两头牛被刻画得姿态矫健，神完气足，形象逼真，栩栩如生，非常传神而富有动感，为中国古代绘画艺术上不可多得的耕牛形象；扶犁者更为突出，身高体健，扬鞭跨步，若力士巨人般威风凛凛，有一种震慑画面的非凡气场；后边处于陪衬地位的有一小矮人，亦步亦趋，全神贯注，手正伸入布袋掏籽点种。整个画面浑然一体，有着超强的艺术表现力。

此外，这里还收藏了近20座唐墓的壁画，总藏量约1000平方米，居中国博物馆之首。其中国宝级和一级品壁画10余幅，主要有：章怀太子墓出土的《马球图》《观鸟捕蝉图》《狩猎出行图》《客使图》，永泰公主墓出土的《宫女图》，懿德太子墓出土的《阙楼图》《仪仗图》等。

唐墓壁画是中国乃至世界美术史上非常重要的一笔。其人物画栩栩如生，构图新颖，建筑、鸟兽、器物画简约传神，达到了古代壁画艺术的最高境界，堪称珍贵的文化遗产，具有极高的史料价值。而其以高度写实的技法，真实再现社会生活，特别是唐代上层社会的生活习俗、礼仪服饰、建筑艺术等，不愧为瑰丽多彩的盛世生活长卷。

第六章

【宅院文化】

第一节　关中宅院的特点

从历史记载及现在民居的形式与布局看，作为中原腹地的关中，其民居通常以四合院为主，主要属于北方类型。关中平原气候属于暖温带，四季分明，冬夏较长，由于夏季酷热，因此较多的宅院在平面布局上采用南北狭长的内庭，即厢房后墙与正厅山墙成一直线建构起狭小的庭院，使内庭处在阴影区内，以求夏季比较阴凉。典型传统构筑形态为窄院型合院式住宅，即以木构架、土坯墙、夯土墙、砖墙为主要组成的双层坡屋顶建筑。民居的坡屋面形式以硬山居多；瓦屋面多作仰瓦，起隔热及排水作用。关中民居的院落布局与北京民居大致相同，正房一般布置在院落的北端，明间为家庭生活起居、红白事等活动之用，而暗间为长辈居所。供儿女居住的厢房沿院落东西侧布局。正房的二层一般不住人，只用作储藏或祠堂。这样的二层空间使得一层冬暖夏凉，并且由于房子较为宏大，在整个院落中体现出了正房的重要性，所以即使家里并不宽裕者，也普遍建二层楼。

关中民居的每一个院落都是由建筑和墙体所围合的

独立空间，形成第一进院落（前庭）、第二进院落（内院）和后院三种不同功能的生活场所。围合院落的建筑均有台基，台明高度因建筑等级不同而有所差别，往往等级越高，台明越高。主要建筑位于台阶之上高出院落，台基互不相连，从而便于排水。院内采用方砖铺地，台沿、步阶以青石收边，环境以人工空间为主，偶尔植有石榴、核桃等植物或放置花卉、盆景，从而体现一种舒适安静的生活氛围。

关中传统民居每一进院落之间的空间联系可以分为中轴穿越式联系和一侧绕行式联系，调节院落空间划分与组合的主要元素有：二道门及其所在院墙、侧门及其所在院墙、厦房形制和檐廊院廊。根据位置不同而产生不同的形制规模，从而在整体严谨紧凑的院落结构中形成丰富的局部空间效果。

与北方现存的其他传统合院式民居相比，关中合院式民居与它们有着共同的特点，这主要体现在以下几个方面：建筑群的布局采用向心围合式；每座建筑都是室内空间、露天空间及"灰空间"三者的综合体；明确的空间序列。

然而在北方地区，虽同为合院式建筑，但院落形式也不尽相同。北京四合院庭院方正，为冬季多纳阳光，高度为一层；冀南和晋、陕等地，夏季西晒严重，院子变成南北窄长，利用西厢房减少东厢房的西晒成为当务之急；西北甘、青一带，风沙很大，院墙加高；东北土地辽阔而气候寒冷，为更多接纳阳光，院子常十分宽大，宅墙内空地甚多。总之，各地的四合院为了适应生活的需要，都有不同的特点。

关中合院式民居的空间布局模式与其他民居也有很大的不同，它的形式既受到北京四合院建筑的深刻影响，同时也受到山西合院式民居的影响。首先它和冀南、晋等地都因夏季西晒严重而形成狭长合院式，即由建筑围合而成的露天空间，出现一个狭长的矩形院落，其院落平面比例多为4:1（晋中民居多为2:1），这是每个独立院落的基本形式。把关中民居的院落平面形式归纳为狭长合院，就是要与北京四合院或北方另一些地区的院落区分开来。另外，关中合院式民居有一种不变的模式，那就是严格的等级秩序、明确的轴线关系、窄长的院落空间以及院落空间的纵向推进。这种模式一方面体现了关中传统文化在人们思想意识中的作用，另一方面反映了传统文化与自然环境的有效结合。它们大多是窄长的宅基尺寸，即使有较大的面宽，也仍按照窄长宅基的模式来布局，这一布局形态并不完全取决于经济状况和宅基尺寸，只是更强化了中心的主导作用，因此窄长的宅基是关中宅院的基本模式。面宽较大的宅基仍被划分为若干窄长的元素进行布局，每一个元素的格局是一样的，但功能却不相同。在若干窄长的宅基中，有一院较宽的宅基供家族内部成员使用，位于中部两边的宅基是为中心宅基服务的，供仆人家丁等使用。这样中心宅院的等级秩序和功能模式就比两侧院落显得更加明确和突出。

第二节　典型的关中宅院

中国传统民居的建筑空间模式基本上有两种类型：一种为房包院的"亚"字形收敛性空间，如北京的四合院、福建的土楼、云南的一颗印等；另一种为院包房的"回"字形发散性空间，如蒙古包、藏族的碉楼等。"亚"字形收敛性空间又称庭院式空间，它可分为天井和合院：天井式民居是南方通常使用的构图法则，由一栋建筑内四面或三面不同的房间围合，房间的屋顶相连，形成狭小的采光空间；而合院式民居是北方建筑通常采用的形式，它的院落较大，各建筑之间相互独立，主要通过院墙或者廊子进行连接。在陕西这样的特定地理人文环境中，也孕育了历史悠久的合院式传统民居，其中，以高家大院为代表的关中民居就是中国陕西省传统民居合院形制的典型。

关中大院这种精妙的建筑设计可谓独具特色，包含着美学、民俗学、建筑学、历史学等种种关中文化内涵。

位于兴隆巷42号的高家大院历经百年风雨沧桑,是西安市保护最完整的汉族民居院落之一,先后被评为省级和市级文物保护单位。

高家大院的主人叫高培支(1881—1960),祖籍陕西富平,生于陕西陇州(今陇县),后定居西安。他热心于戏剧事业,把戏剧事业当作社会教育的重要手段,辛勤耕耘,乐此不疲。他一生编写了54个剧本,其中的大本戏在易俗社的编剧史上属开山之作,《陕西易俗社第三次报告书》中说:本社"长本戏之编,高培支《鸳鸯剑》始。其为戏也,善以积复杂之事实,错综变化,似将合而复离,意欲完而未尽,再接再厉,层出不穷。评戏者有'长江大河,波澜壮阔'之誉"。其所编优秀剧目,可推《夺锦楼》。该剧立意为"劝忠实戒轻浮",戏中除提倡婚姻自主、爱情坚贞外,还贯穿了忠奸斗争、爱国主义。其主要作品有《亡国影》《纨绔镜》《尖头棒》《谈星》《今债热》《宦海潮》《鸦片战争》《侠凤奇缘》《崖山泪》《端阳苦乐记》《二郎庙》《暖玉佩》等。作为著名剧作家、教育家,高先生于1912年创立西安易俗社,曾4次担任易俗社社长,并于新中国成立后率先将易俗社上交国家。

高家大院是高培支先生生前旧居,整体建筑建于清代中叶,以古朴、传统的建筑风格闻名。大院坐北朝南,占地约600平方米,南北长50米,东西宽12米,建筑布局为三开间三进院落,街房、厢房、过厅、二门、上房一应俱全。院内两侧的厢房都是"房子半边盖"的典型陕西民居,过厅为硬山明柱出檐式,且前后、东西相向对称,带有耳房,上房为硬山明柱出檐二层楼房。二道门为三开门,即正门带两个偏门,门楼砖雕精美细腻,除花鸟竹木之外,"平为福""苍竹""松茂"等字如浮空中,与白纸窗棂相映成趣。每年有大量的建筑专业学生,在专业课教师的带领下来这里实地考察和临摹测绘。

大院大门为生漆木门,拴马桩立于门侧。两个门墩上的浮雕是麒麟、蝙蝠、梅花鹿等吉祥动物。过厅的房门上刻有牡丹、梅花、宝剑、方鼎;

过厅有两块牌匾，一书"退省处"，面向上房，上房的门上则为梅兰竹菊的花样浮雕；另一匾与此相对，书写"孝阙流芳"四字，旁书小字"大总统题褒"，据信是1919年徐世昌大总统的手笔。

房上虎头瓦当、院内雕花门窗……二门及其偏门上的砖雕更是精美异常，整个大院古韵四溢。特别值得一提的是，高家大院的门楼砖雕及房屋的木质构件雕刻精细，具有典型的地方建筑装饰艺术风格。该院落从房屋结构及室内家具陈设都完整地保留下来。1990年以前，在西安古城墙内，百年以上历史的老宅院占宅院数的一半以上，但随着城市开发和低洼棚户区改造，老宅院逐渐消失。这样完整的院落如今在西安已很难见到。

高培支投身建设的易俗社是世界上现存的三家最古老的剧院之一，已被载入《吉尼斯世界纪录大全》；而历经百年沧桑之后，高家大院已成为古城西安内建筑格局保存最完整的清代民居，20世纪80年代以来更成为一出出戏剧、一部部电影和电视剧的"演出舞台"，《激情人生》《西安事变》《女囚》和《拯救少年犯》《关中刀客》等影视剧均选择这座传统民宅作为主要拍摄取景地。

第三节　关中宅院的文化内涵

三学街的民居体现出关中民居的突出特色。关中民居因其所处的地势多较为平坦，其建筑的群落布局以村落为聚集模式，中规中矩地沿东、西、南、北四个方向平行展开，同时受传统观念的影响，各住宅的落位朝向都遵循着风水原理：前有"案山、朝山"，后有"祖龙"，"负阴而抱阳"，"聚气使不散"。具体到住宅本身，其入口大都择其东南巽向而落位；民居的入口大都有拴马桩、上马石、抱鼓石或石敢当。进入大门之后，高耸的照壁作为风水构件，一方面阻挡侵门而入的寒风，另一方面也增强了院子内部的私密与自我，而镌于照壁、玄关上的"福"字与入口两侧的桃符更是表达了百姓对年年好运的祈求和个人的"耕读"理想。自古以来，关中"耕读传家"的经世思想深植人心，因此，各大宅子门前的建筑整体多是充满乡土情结的，是洋溢书墨之香的，这正是长安百姓超脱于物象，追求精神生活的形象表达。在宅院门窗的花棂分隔上，多采用寿字纹、万字纹、回形纹、草龙（蛇）纹等。在门扇的实木樘部分，往往刻有人物故事，取材丰富。一般来说，众所周知的典故为刻画的首选，像"萧何月下追韩信""文王访姜公""桃园三结义""叔齐、伯夷隐山林"都成了各大宅子木刻故事的主题。这些精美的木雕以及独具关中乡土气息的砖雕、棂花隔扇，在绿化水面缺失的关中宅院里，形成了最为柔和与人性化的艺术装置，充满着浓郁的人文关怀。顺着三学街关中传统民居的意匠线索，就会发现在百姓居住区的景观建设中，多是以青砖竹林、芭蕉奇石组景造境，营造院落空间，这种空间与尺度充满人文关怀，或者说，至少这种传统意境的空间可以涤荡浮躁之气，也是最符合国人心理潜质的静谧空间。而在三学街设计各种小品的创意过程中，从形式上看，有的是以民居的屋檐构造为特征进行创作；有的是以传统石雕手法为母体；有的则结合保护，将民间散失的拴马桩等构筑物统一进行立体科学布置。这些具有文化历史信息的、在城市设计统一引导下的公共空间构件大大地增强了三学街文化街区的深厚内涵。在尺度的分隔上，多采取民居建筑所特有的亲切感受，重点部位则以传统民居的细部处理手法加以点缀，以成组群的建筑来体现历史上曾经有过的空间氛围，从而充分体现出关中宅院在西安城市空间中的主控地位。

　　院落空间作为中国传统建筑空间的精髓，包含了许多值得探索与解析的地方。传统的院落式建筑虽然形式上比较单一，但却适用于多种使用功能的要求。随着时代的变迁，院落空间在现代建筑中也会产生更多的变化。

第七章

【民俗文化】

民俗是传统文化主要的表现形式，古代王朝很早便把风俗教化作为政治抱负之一。"致君尧舜上，再使风俗淳"，可见民俗自古以来便被赋予政治教化之作用。在士大夫眼里，所有的民俗只要有利于维护社会统治便应该支持、提倡。即使在国家动荡时期，统治者亦不忘借民俗扮演天子角色来祭祖奠天，以民俗的信条告诫百姓修身养性、效忠天子，以图教化人民、稳定社会。朱子《诗集传》有云："武王崩，子成王诵立，周公相之，制作礼乐，乃采文王之世风化所及民俗之诗，被之管弦，以为房中之乐，而又推之以及于乡党、邦国。所以著明先王风俗之盛，而使天下后世之修身、齐家、治国、平天下者，皆得以取法焉。"可见民俗对社会的濡染作用。

唐代以后的长安城虽然失去了帝都的尊崇地位，但皇城根儿下成长的民众依然有着盛唐气象的大度与自信，长安城民俗中的庙会、欢宴、踏青、唱戏、鼓乐、斗鸡，以及剪纸、泥塑等，依然生机勃勃，经久不息。

第一节　民间酒文化

长安百姓尚酒，故饮酒习俗弥漫于长安城内。唐人胡证与诸力士斗酒时，不但"一举三钟，不啻数升，杯盘无余沥"，而且"复一举三钟，次及一觥者，凡三台三遍，酒未能尽，淋漓逮至并座"，这是说胡证一人便饮酒一斗左右。正是依赖这种过人的酒量、勇力和气势，胡证才制服诸恶人，被群恶呼为神。

伴随着各种酒宴活动，长安饮妓如雨后春笋般脱颖而出。中唐以后，奢侈之风在社会上盛行，故《唐国史补》卷下记载道："长安风俗，自贞元侈于游宴。"《旧唐书·穆宗纪》也说："国家自天宝以后，风俗奢靡，宴席以喧哗沉湎而为乐。"在这种"游宴崇侈""风俗奢靡"的宴饮活动中，饮妓担任宴饮酒席中举足轻重的律录事。根据历史记载可知，酒令行令承继古俗，但组织形式更加完备。参加者人数不拘，一般以20人为一组，每组设一个监令，观察依令行饮的次序。按照当时县令为"明府"的习惯，此人被命名为"明府"，明府之下设二录事："律录事"和"觥录事"。律录事司掌宣令和行酒，又称"席纠""酒纠";觥录事司掌罚酒,又称"觥使""主罚录事"。皇甫松《醉乡日月》有"明府""律录事""觥录事"三门,说的就是当时酒筵行令的组织规则。明府管骰子一双、酒杓一只,决定每一项游戏的起结。律录事管旗、筹、纛三器,以旗宣令,以纛指挥饮次,以筹裁示犯令之人;觥录事则执旗、执筹、执纛、执觥,实施罚酒。当时最为人津津乐道的是律录事。他是酒令游戏的具体组织者,是酒筵上的核心人物,故《醉乡日月》说律录事须有"饮材",即第一要"善令",熟悉妙令,能够巧宣;第二要"知音",擅歌舞,能度曲;第三要"大户",有酒量,能豪饮。黄滔《断酒》诗云:"未老先为百病仍,醉杯无计接宾朋。免遭拽盏郎君谑,还被簪花录事憎。丝管合时思索马,池塘晴后独留僧。何因浇得离肠烂,南浦东门恨不胜。"诗句中的"簪花录事"就是饮妓或酒纠的别名。可见,嗜酒豪饮在长安是一种社会风气,也是一种生活习俗。

第二节　民间娱乐文化

上巳是春季三月上旬的巳日,曹魏以后,这个节日固定在三月三日。"三月三日天气新,长安水边多丽人",这一天,长安市民要举行一系列庆祝活动,其中最流行的当属祓禊和踏青。祓禊是一种古老的习俗,一般于春秋两季,至水滨举行祓除不祥的祭礼洗发习俗。春季常在三月上旬的巳日,并有沐浴、采兰、嬉游、饮酒等社会娱乐性活动。

《周礼·春官·女巫》说:"女巫掌岁时祓除衅浴。"郑玄注:"岁时祓除,如今三月上巳,如水上之类。衅浴,谓以香熏草药沐浴。"汉应劭《风俗通》:"禊者,洁也,故于水上盥洁之也。"汉张衡《南都赋》亦云:"暮春之禊,元巳之辰,方轨齐轸,祓于阳滨。"南朝宋刘义庆《世说新语·企羡》刘孝标注引晋王羲之《兰亭序》曰:"暮春之初,会于会稽山阴之兰亭,修禊事也。"汉至唐代,对上巳日的祓禊、雅集赋咏极多,如东汉杜笃《祓禊赋》、晋张协《洛禊赋》、隋卢思道《上巳禊饮诗》、唐沈佺期《上巳日祓禊渭滨应制》等，都是描写此事的。

斗鸡作为一种娱乐活动，早在春秋时就相当流行。传承至唐宋，斗鸡依然风靡一时。唐玄宗在即位前就十分喜爱斗鸡活动，即位后，玄宗在宫中专门修建了鸡坊（鸡坊在大明宫与兴庆宫之间，斗鸡门在大明宫九仙门外），选养了千余只"金毫铁距、高冠昂尾"的雄鸡，并派五百小儿专门负责驯养。上行下效，许多百姓为此不惜重金，以至倾家荡产。由于斗鸡之风大兴，长安城中男女均事斗鸡，无资购鸡之贫寒者，便玩假鸡为乐。相传唐玄宗在一次出游途中，遇一小儿贾昌玩木鸡。玄宗将小儿召入宫中，使其在鸡坊驯养雄鸡。贾昌因驯养有方，深得玄宗赏识，遂"金帛之赐，日至其家"。贾昌在当时号称"神鸡童"，一人得道鸡犬升天，他的父亲去世时，唐玄宗甚至下令"县令为葬器丧车"。

据记载，除夕、元旦、元宵、上巳、寒食、清明、端午、七夕、重阳及春秋社日、冬祭腊日等传统节日，大多在汉代形成定制并流行至明清时期。从汉武帝太初元年开始，以农历正月初一为岁首，新年的日期便固定下来，一直延续至今。年节包括除旧迎新、祀神祭祖、阖家团圆、娱乐狂欢等主要内容。长安人过年的民俗，在《醒世恒言》第32卷有所交代，小说描写道："玉娥大喜，方欲开看，忽闻霹雳一声，蓦然惊觉，乃是人家岁朝开门，放火炮声响。玉娥想了一回，凄然不乐。其日新年，只得强起梳妆。薛媪往邻家拜年去了。"这段话提到了放炮、拜年等新年习俗，和今天并无不同。

元宵节的主要活动是放烟火、张灯、赏灯、耍狮子、舞龙、表演百戏等。放烟火、张灯源于汉武帝祭祀太一神。唐玄宗时期，每逢元宵节，无论长安还是边远地区，灯火连绵数十里，车马骈阗，士女纷杂，热闹非凡。宋明民间的元宵节喜庆欢乐依然如故。

中秋节起源于秋祀、拜月。先秦时期，已有帝王秋天祭月的礼制；汉代流传嫦娥奔月的神话，更加丰富了祭月的内容；唐代祭月、拜月、赏月蔚然成风，其后更有吃月饼的习俗。

重阳节最初与驱疫、避邪有关，后来信仰成分日渐淡薄，成为游乐性节日。重阳节的主要活动包括登高、赏菊、佩茱萸、饮菊花酒等。《醒世恒言》第6卷就描述华阴人杨宝"正值重阳佳节，往郊外游玩"，可见"遥知兄弟登高处"的秋游活动也绵延不绝。

第三节　民间信仰文化

唐宋之后，长安百姓的宗教信仰具有多元化的特点，他们敬神、拜佛、崇道、信巫。方术神仙之说在汉代已经发达；隋唐五代时期，道教在陕西比较盛行。明人的《醒世恒言》第37卷描述了长安人杜子春在扬州挥霍无度，穷困潦倒，走投无路之际，得到一位老人的慷慨援助。杜子春浪子回头，重振家业之后，到华山寻访那位有恩于己的老人，那位老人就是太上老君。杜子春幡然醒悟，他潜心修炼，并且将长安的祖居舍为太上老君祠，铸造老君金身，供奉香火。杜子春因为虔诚获得太上老君的信任，太上老君度杜子春夫妇升仙。由此故事可见，当时长安的太上老君祠香火旺盛。《醒世恒言》第34卷描述岳州河东人吕洞宾在长安酒肆遇到钟离权，被点破黄粱梦，吕洞宾便修炼金丹，并发誓度尽天下众生。其书第14卷描述陈抟曾在华山修炼，他不食人间烟火，一味酣睡，行为超常，令当地道士、百姓、官员非常惊异。

这些故事都隐含着道教的繁荣、民众的虔诚，这也是三学街湘子庙在宋代建立的历史根由。

明清时期佛教在陕西依然鼎盛。《西湖二集》第14卷介绍唐代以前"陕右并不晓得佛、法、僧三宝"，到了唐代"陕右多皈依三宝诵经念佛之人"，从此众多虔诚的善男信女对佛、菩萨顶礼膜拜。《初刻拍案惊奇》

第30卷描述长安城南的王家斋僧，许多僧人在他家吃斋。正是由于众人尊崇佛教，一些僧尼便乘机为非作歹。比如《初刻拍案惊奇》第6卷中，尼姑慧澄经常出入狄夫人家，滕生为了接近狄夫人，便收买慧澄，贪财的慧澄利用狄夫人对她的信任出卖狄夫人。狄夫人到静乐院施斋时，在慧澄安排下，滕生引诱狄夫人与他通奸。《醒世恒言》第30卷描述长安人房德穷困潦倒，到云华禅寺躲避风雨，也是佛教日益世俗化的明证。

长安人也多相信巫术。《醒世恒言》第32卷描述黄损与玉娥相爱，玉娥被吕用之强纳为妾，胡僧为了帮助玉娥，到吕用之家驱邪，胡僧说自己"善能望气，预知凶吉。今见府上妖气深重，特来禳解"。吕用之对胡僧的言论深信不疑，完全按照胡僧的吩咐，把玉娥送还黄损。《西湖二集》第16卷描述杜陵人韦固急于成亲，一位老人预言韦固妻子的状况，韦固不满意这桩婚姻，派人刺杀其妻，结果一切都如预言所说。《初刻拍案惊奇》第5卷描述长安西市有个算命的预言非常灵验，他"星数精妙。凡看命起卦，说人吉凶祸福，必定断下个日子，时刻不差"。

长安百姓也迷信鬼神。《西湖二集》第16卷描述韦固在宋城遇到一位老人，这位老人是幽冥之人，他告诉韦固："今道途之行人，人与鬼各半，人自不识耳。"《西湖二集》第27卷描述贾小姐因为相思病亡寄棺开元寺，长安县丞宋子璧的女儿突然身亡，三日之后复活，却不认识父母，自言她是贾小姐，阴司判她还魂，借宋子璧女儿的身体还阳；第37卷描述西安府镇安县人李良雨昏死后到了阴间，他看见："当殿珠帘隐隐，四边银烛煌煌。香烟缭绕锦衣旁，珮玉声传清响。武士光生金甲，仙官风曳朱裳。巍巍宫殿接穹苍，尊与帝王相抗。"鬼吏传旨令李良雨为女身，李良雨苏醒之后发现自己真的变成了女人。

长安人相信因果报应。《初刻拍案惊奇》第30卷描述唐长安城南王家夫妇曾经杀害贩胡羊的父子三人，被害者先转世成为他们的儿子，向王家夫妇讨债，再投胎成为一个小女孩儿，向他们索命。《警世通言》第22卷描述明代有位陕西僧人，在苏州募化建庵，由于年老体弱，生活贫困，不幸病故，宋敦买棺材焚化了僧人。老和尚为了报答宋敦，投胎做了他的儿子。

由上述故事都可窥见长安人信仰的丰富和多元。

第四节 民间曲艺文化

西安鼓乐是流行于西安地区的大型民间器乐乐种，它的产生、发展都与长安的民俗有着密切的"文化血缘"关系。西安鼓乐社是典型的音乐会社，其活动主要是在庙会、祈雨、朝山进香等民间风俗活动中提供音乐乐事服务，其中庙会民俗是西安鼓乐参与的最主要的民俗活动。根据口述史与县志记载，旧时西安及周边地区庙宇林立，香火旺盛，庙会活动非常繁盛，一年中可以接连不断，如农历二月周至集贤镇的皇会，农历三月十六日大兴善寺密宗准提菩萨庙会等。在这些庙会民俗中都少不了西安鼓乐的身影。庙会活动通常是由寺庙向各乐社发帖邀请，乐社收到帖子之后便开始精心准备，到起会之日，各个乐社一路吹曲奏乐前往寺庙朝拜。庙会期间，西安街头有不少仪仗齐全、阵容壮观的鼓乐队来往穿梭于各个寺庙之间。西安鼓乐就是在这样的大环境下伴随着庙会民俗活动而繁衍生息的。

秦腔是西安重要的文化民俗现象。位于三学街附近、西一路上的由高家大院主人高培支等人发起创办的易俗社（又名陕西伶学社）是古老的秦腔剧社，与莫斯科大剧院、英国皇家剧院并称为"世界艺坛三大古老剧社"。1912年7月1日，西安同盟会会员李桐轩、孙仁玉以及王伯明、范紫东、高培支等160多名热心戏曲改良的社会各界知名人士在西安创建了我国第一个集戏曲教育和演出为一体的新型艺术团体——西安易俗社。该社以"辅助社会教育，启迪民智，移风易俗"为宗旨，按照民主制度制定章程，建立领导机构；主要领导成员由社员民主选举，并规定任期；设立评议部、编辑部、学校部、训练部；招收少年学员，先学初小、高小课程，后上文史进修班，达标者发给毕业证；在此基础上学习六年戏曲专业，合格者发给戏曲专科学校毕业证书，从事戏曲演出。易俗社将文化教育、戏曲训练、演出实践结合起来，培养了大批戏曲人才，创作和演出了许多优秀剧目，对戏曲发展产生了巨大影响，对戏曲改良起到了示范作用。易俗社的创作机构制定有剧目编写要求，王伯明、李桐轩、孙仁玉、范紫东、高培支、卢缙青、李约祉、李仪祉、王绍猷、李干臣、胡文卿、吕仲南、王辅丞、封至模、冯杰三、樊仰山等剧作家创作、改编大小剧本500余本，不少已成为优秀保留剧目，如《吕四娘》《三滴血》《火焰驹》《柜中缘》等。

易俗社还聘请了陈雨农、赵杰民、党甘亭、唐虎臣、李云亭、刘丽杰、高天喜、王观登等名家执教，仅在1949年前的37年中就训练演员13期600余人，延续到今天，共招收培养了15期学生近千人，毕业者遍及西北各个秦腔剧团。其中有较大影响并形成各自艺术特色的前辈名家包括刘毓中、刘箴俗、王天民、孟遏云、肖若兰等，当今的陈妙华、张咏华、全巧民、伍敏中、郭葆华、张保卫、宋百存、任炳汉、毛文德、戴春荣、惠敏利、王科学、冯永安、李淑芳、薛学慧等均是该社培养的著名秦腔演员。

秦腔作为关中地区的戏曲艺术形式，历史悠久，雄浑苍凉。苦音腔是秦腔区别于其他剧种最具有特色的一种唱腔，演唱时激越、悲壮、深沉、高亢，表现出悲愤、痛恨、怀念、凄凉的感情。欢音腔则欢快、明朗、刚健，擅长表现喜悦、愉快的感情。秦腔的脸谱讲究庄重、大方、干净、生动和美观，颜色以三原色为主、间色为辅，平涂为主、烘托为辅，所以极少用过渡色，在显示人物性格上，表现为红忠、黑直、粉奸等特点；格调主要表现为线条粗犷，笔调豪放，着色鲜明，对比强烈，浓眉大眼，图案壮丽，寓意明朗，性格火暴，风格突出，和音乐、表演的风格一致。秦腔脸谱历史悠久，在陕西武功境内出土的明代"康海脸谱"是目前发现的最早的秦腔脸谱。秦腔的主要绝技有吹火、变脸、顶灯、打碗等。贾平凹先生曾经创作了长篇小说《秦腔》。秦腔的自乐班在西安的城市空间随处可见，已经成为长安人的重要文化象征。

如今的西安城文昌门外的文艺路，更是陕西各类剧院、剧团云集之地，囊括了陕西带"院"字的四家顶级文艺院团。

陕西省歌舞剧院，前身为1940年成立于延安的"西北文艺工作团"，由毛主席题写团名。1963年扩编为剧院。阵容强大，目前的建制包括歌舞团、歌剧团、古典艺术团、音乐舞蹈团、民族乐团、交响乐团，附属专业剧场——陕西歌舞大剧院以及安志顺打击乐艺术团。作品有原创大型古典乐舞《仿唐乐舞》《唐长安乐舞》，还有荣获"五个一工程"奖和国家"文华大奖"的歌剧《张骞》、荣获"文华新剧目奖"的大型歌剧《司马迁》，以及大型歌舞《盛世国风》、民族管弦乐《丝绸之路幻想曲》等。其有一大批从革命圣地延安来的艺术家，院长、作曲家关鹤岩曾任中国音协西安分会主席。

陕西省戏曲研究院，前身是1938年在延安成立的陕甘宁边区民众剧团，20世纪50年代称西北戏曲研究院。研究院建制包括秦腔团、眉碗团、青年实验团和艺术研究中心。老一代艺术家有马友仙、任哲中等。

陕西省京剧院，前身是中国人民解放军一野四军文工团。1964年，京剧艺术大师、"四大名旦"之一尚小云先生出任首任院长。

陕西人民艺术剧院，系1948年成立的中国人民解放军十九军文艺工作团。新中国成立初期集体转业成立陕西省话剧团，1960年改称陕西省人民艺术剧院。院长李宣，剧作家，1940年在延安"鲁艺"学习。著有秦腔剧本《打虎计》、歌剧剧本《患难之交》、话剧剧本《红都儿女》以及根据小说改编的话剧剧本《青春之歌》《保卫延安》等。

陕西省杂技艺术团在文昌门外的环城南路东段29号，已有60年的辉煌历史。后改名陕西杂技艺术团有限公司。这几年精心筹备出大型原创杂技主题剧《汉唐百戏》和杂技剧《丝路彩虹》，定点演出地点为陕西省杂技团原址上修建的阳光丽都大剧院。该剧院以尖端高科技音响灯光、国内一流旋转升降舞台成为西安重要演出场所。除了杂技，这里还演出《大唐华章》《大唐赋》等多部大型歌舞，成为文昌门周围欣赏歌舞演出的金色圣殿。

位于文昌门内柏树林大街10号的青曲社茶楼，是陕派相声青曲社的演出主阵地和古城文艺演出的新亮点。青曲社成立于2007年，由于苗阜和王声表演的相声连续登上中央电视台的春节晚会和元宵晚会，将陕派相声成功推向全国而轰动一时。这里无疑是陕西当代说唱曲艺文化发展繁荣的重镇和高地。

第四编·文物

陕西历史博物馆珍藏的18件国宝级文物及其他文物如西周青铜器、汉代玉器、唐代金银器、唐三彩、唐墓壁画等，都曾存于三学街的孔庙碑林之中，这里堪称陕西文物荟萃之地。大量以石刻为主的文物留在碑林，1993年正式定名为「西安碑林博物馆」。

第一章

【西安碑林博物馆的国宝文物】

西安碑林博物馆是一座以收藏、研究和陈列历代碑刻、墓志及石刻造像为主的专题性艺术博物馆,现有馆藏文物11000余件,展出文物1000多件,其中国宝级文物19件(组),一级文物535件,著名的「昭陵六骏」就有「四骏」藏于馆中。陈列主要由碑林、石刻艺术和其他文物展览三部分组成,共12个展室。现有7座碑石陈列室、8座碑廊、8座碑亭,加上石刻艺术室和4座文物陈列室,陈列面积达到4900平方米。

西安碑林的国宝级文物总计19件（组），目录如下：

1.《曹全碑》。汉中平二年（185），王敞等镌立。

2.《皇甫诞碑》。唐贞观年间（627—649），于志宁撰，欧阳询书。

3.《石台孝经》。唐天宝四载（745），李隆基作序并注及书，李亨篆额。

4.《多宝塔碑》。唐天宝十一载（752），岑勋撰，颜真卿书，徐浩题额。

5.《集王圣教序碑》。唐咸亨三年（672），李世民撰序，李治撰记，怀仁集王羲之书。

6.《颜勤礼碑》。唐大历十四年（779），颜真卿撰文并书写。

7.《大秦景教流行中国碑》。唐建中二年（781）僧景净撰，吕秀岩书并题额。

8.《玄秘塔碑》。唐会昌元年（841）裴休撰，柳公权书并篆额。

9.《迴元观钟楼铭碑》。唐开成元年（836），令狐楚撰文，柳公权书。

10.《开成石经》。唐开成二年（837），艾居晦、陈玠等书，共114件。

11. 大夏石马。匈奴大夏国真兴六年（424）建，原立于西安市长安区查家寨，应该是赫连勃勃之子赫连臻瓒墓前的遗物。

12. 李寿墓门、石椁、墓志。唐贞观四年（630）建。李寿，唐高祖李渊的堂弟，陪葬于唐高祖李渊献陵。

13. 献陵石犀。唐贞观九年（635）建，原置于唐高祖李渊献陵前。

14. 昭陵六骏之特勒骠。唐贞观十年（636）建，原置于唐太宗李世民昭陵前。

15. 昭陵六骏之青骓。唐贞观十年（636）建，原置于唐太宗李世民昭陵前。

16. 昭陵六骏之什伐赤。唐贞观十年（636）建，原置于唐太宗李世民昭陵前。

17. 昭陵六骏之白蹄乌。唐贞观十年（636）建，原置于唐太宗李世民昭陵前。

18. 景云钟。铸于唐景云二年（711），原在唐景龙观。钟上铸有唐睿宗李旦亲自撰文并书写的铭文，是李旦鲜有的传世字迹中的佳作。

19. 老君像。唐开元、天宝年间（713—756）建，原在西安临潼骊山老君殿，系唐华清宫朝元阁内遗物。

第一节 《曹全碑》

汉隶书《曹全碑》是碑林的国宝级书法名碑，现陈列在碑林博物馆的第三展室。

《曹全碑》全称《汉郃阳令曹全碑》，东汉中平二年（185）十月，由王敞等人镌立。此碑由于刻好不久便经历战乱，被埋藏在地下达1000多年，到明万历初才出土于陕西郃阳（今陕西合阳）莘里村，所以拓损很少，成了现存汉碑中字迹保持较清晰的精品。该碑于1956年移立西安碑林，1996年被评为国宝级珍贵文物。

碑高253厘米，宽123厘米。此碑刻字分阳刻、阴刻，碑阳凡二十行，每行四十五字；碑阴五列，上列一行，二列二十六行，三列五行，四列十七行，五列四行。《曹全碑》是汉代隶书四大名碑中独树一帜的"石中至宝"，属于汉隶中婉约一类。其结体扁平匀称而舒展超逸，神采华丽而风致翩翩，蚕头雁尾特点突出，清秀俊美、工整精细中蕴骨力道劲，属秀逸类神品之作。正如清万经评云："秀美飞动，不束缚，不驰骤，洵神品也。"

《曹全碑》在中国书法史上地位极高，为后世推崇、书家所重，辉映古今。隶书由篆书发展演变而成，始于秦而兴于汉，尤其到了东汉，碑刻最为发达，留下了不少书法艺术的精品。《曹全碑》可以说是隶书发展过程中技法最为成熟的代表作品之一，人们誉它像"风流自赏的三河少年，文雅可爱的兰闺玉女"，有"回眸一笑百媚生"之态，是汉隶中用圆笔的典型，艺术价值超迈拔群，实为汉碑、汉隶之精品。

第二节 景云钟

景云钟铸于唐睿宗李旦景云二年（711），故得名，也叫景龙观钟。此钟高2.47米，重约6吨，用铜5000多公斤。钟形上锐下侈，口为六角弧形，顶端有兽纽。钟身周围的纹饰自上而下分为三层，每层用蔓草纹带分为6格，共18格。格内分别铸有飞天、翔鹤、走狮、腾龙、朱雀、独角独腿牛等。其中飞天、走狮源自西域，设计上得益于丝绸之路与外来文化交流的艺术融合。钟身四角各有四朵祥云，显得生动别致。钟身正面铸有唐睿宗李旦自撰的骈体铭文，共18行292字。铭文楷体中杂有篆隶。唐睿宗的书迹留存不多，此铭文为研究书法史者所珍视。此钟用青铜铸成，铸工技巧娴熟，雕工细致精密，尤其是钟声洪亮清晰。为了装饰和调节音韵，钟身有32枚钟乳，因而音质优美，非同一般。景云钟显示了唐代铸铜技术的高超水平，也是我国现存古代最大的铜钟之一。

明洪武十七年（1384），在唐代钟楼旧址上建起一座钟楼，以保存此钟。明神宗万历十年（1582）扩建西安城，将钟楼迁往西安市中心。清乾隆五年（1740）曾重修一次。在这座巍峨壮丽的古代建筑中，曾悬挂过这口景云钟，以作全城的报时之用。每年除夕，中央人民广播电台播出的第一声钟响，即是景云钟钟声的录音。景云钟堪称国宝级的"中国第一古钟"。

第三节　《皇甫诞碑》

《皇甫诞碑》是四大楷书家"欧颜柳赵"之一的欧阳询的名作。该碑立于贞观初年，全称《隋柱国左光禄大夫弘义明公皇甫府君之碑》，亦称《皇甫君碑》。唐于志宁撰文，欧阳询书。楷书28行，行59字。收藏于西安碑林第二陈列室中。碑额篆书"隋柱国左光禄大夫弘义明公皇甫府君之碑"十八字。《墨林快事》谓此碑立于隋朝，当为欧阳询早年所书。此碑在明代已断为两截。

此碑由隶成楷，因险绝而恰得方正，笔画瘦硬中见圆润，字呈长方，在结体取势中，最见神采。杨士奇云："观《皇甫诞碑》其振发动荡，岂非逸哉？非所谓不逾矩者乎？"杨宾在《大瓢偶笔》中说："险峭莫过于《皇甫诞碑》，而险绝尤为难，此《皇甫碑》所以贵也。"

第四节　《石台孝经》

《石台孝经》是碑林中最大的石碑，刻于唐天宝四载（745），是唐玄宗李隆基亲自作序、注解并以隶书书写的。这通石碑碑侧有一段行书，上书唐玄宗的批注："孝者德之本，教之所由生也，故亲自训注，垂范将来。"字体雍容爽朗，端庄大方，丰腴爽利，颇有盛唐书法气概。此碑由四块色如黑玉、光可鉴人、高590厘米的细石合成；碑上加方额，额上刻浮雕瑞兽、涌云；额上盖石，盖石边缘刻优美的卷云，顶上作山岳状；碑下有三层石台阶，故称"石台孝经"。三层石台四面都刻有生动的线刻画，有茂盛的蔓草和雄浑的狮形怪兽，两种不相协调的动植物被刻画得融洽无间，整个构图给人以威武、活泼的感觉，为盛唐的艺术精华。

《石台孝经》造型极富特色，人们称此碑为"西安碑林第一碑"。这不仅因其是碑林第一迎客碑，更重要的是此碑集三帝于一身："碑文，文帝孔子所撰《孝经》；唐玄宗以隶书抄写；由唐肃宗题写碑额。"

第五节 《多宝塔碑》

《多宝塔碑》是颜真卿44岁时的作品，全称《大唐西京千福寺多宝佛塔感应碑文》，唐天宝十一载立，楷书。碑高285厘米，宽102厘米，文34行，行66字，颜真卿书碑，徐浩隶书题额，史华刊石。结构平稳谨严，端整隽丽，而且无一懈笔，是保留下来颜真卿最早的作品，代表了他早期的风格，被后人作为学习楷书最通行的范本，与其后期书法面貌有很大不同。

第六节 《大唐三藏圣教序碑》

《大唐三藏圣教序碑》现陈列在碑林博物馆第二展室东侧第二排南数第一的位置。此碑刻立于唐高宗李治咸亨三年（672）。唐太宗李世民撰文，长安弘福寺怀仁和尚集东晋书法家王羲之行书，文林郎诸葛神力勒石，武骑尉朱静藏镌字。此碑螭首方座，高350厘米，宽100厘米，碑身上部横向龛列七佛。碑石文字30行，每行80余字不等，内容有三个方面：一是唐太宗李世民为玄奘法师翻译佛经撰写的序文、答敕；二是太子李治作记、答词；三是玄奘法师谢表和所译的《般若波罗蜜多心经》。在制作此碑过程中，因唐太宗李世民喜爱王羲之的字，故用选集拼凑的方法集王字而成,从唐太宗贞观二十二年至唐高宗咸亨三年(648—672),历时24年,才完成了这项伟大而艰巨的任务。此碑形神兼备,书法秀劲超群,分行布白,笔意俱存,俨然是一气呵成,不愧为中国古刻名碑之神品,一直被世人誉为"千金帖",又名"三绝碑",被国家文物局定为国宝级文物。

第七节 《颜勤礼碑》

《颜勤礼碑》为颜真卿楷书,唐大历十四年(779)刻,高175厘米,宽90厘米,厚22厘米。碑四面环刻,存书三面。碑阳19行,碑阴20行,行38字;左侧5行,行37字。碑右侧上半宋人刻"忽惊列岫晓来逼,朔雪洗尽烟岚昏"14字,下刻民国宋伯鲁题跋。此碑全称《唐故秘书省著作郎夔州都督府长史上护军颜公神道碑》。颜勤礼乃颜真卿曾祖父,颜真卿撰并刊立此碑时年71岁。此碑在欧阳修《集古录》中曾有记载,后即被埋入土中,至民国年间才重被发现。据宋伯鲁1923年的题跋称:此碑1922年10月曾由何梦庚得之于西安旧藩廨库堂后土中,即今之西安西大街社会路。因为出土年代很晚,字口如新,是颜书保存最佳的刻石,最能反映颜体原来的面貌。在《颜勤礼碑》中,颜书风格已完全确立。其书体端庄伟岸,笔法刚健、整肃、雄厚,为颜真卿书艺成熟的标志性作品,"臻神明变化,与生命烂漫",遂成为学习颜体书法的最好范本之一,亦被称为"颜碑第一"。

第八节 《大秦景教流行中国碑》

《大秦景教流行中国碑》是研究盛唐时期中外文化交流和基督教东传史的一块世界名碑,刻于唐德宗建中二年(781),碑额上刻十字架,题为《景教流行中国碑并序》。碑文以汉文镌刻，碑侧和下方为叙利亚文，对照刻了72个景教僧侣的名字。碑通高353厘米，宽103厘米。"大秦"是中国古代对东罗马帝国（今土耳其、叙利亚一带）的称呼；"景教"是基督教一个流派，称聂斯托利派。这块碑石由波斯人景净述事，朝议郎吕秀岩书写，计1780字，详细记载了景教的教旨、仪式以及自唐太宗贞观九年（635）传入中国后150年间的活动情况。碑文中记载："大秦国有上德，曰阿罗本……贞观九祀至于长安……翻经书殿，问道禁闱。"即叙利亚人阿罗本等教士经波斯来中国长安（今西安），译经传教。当时的唐太宗李世民对景教的传入非常重视，"帝使宰臣房公玄龄揔仗西郊宾迎入内"，而且"特令传授"。当时信徒有21人。3年后，即贞观十二年（638），在唐长安城义宁坊十字街东之北修建了一所寺院，先称波斯胡寺，亦称景教寺。天宝四载（745）九月改称大秦寺。景教由此向其他地方发展，当时有所谓"法流十道，寺满百城"之语。碑文中还有"真常之道，妙而难名，功用昭章，强称景教"，为研究古代中外文化交流和基督教在中国早期传播情况提供了宝贵资料。

在唐武宗会昌五年（845）毁佛之际，大秦寺被毁之前，这方碑石被信徒埋入地下达700多年，直到明天启三年（1623）才被发现。拓片传到国外，碑文被译成拉丁文，引起轰动。出土地有三说：一说在原长安城崇德坊西南隅的崇圣寺附近；一说此碑原立于唐长安城西南的周至县境；一说在长安与周至之间。清光绪三十三年（1907）移入碑林。《大秦景教流行中国碑》是中西文化经丝绸之路交流的见证，也是价值连城的珍贵文物。

第九节 《玄秘塔碑》

《玄秘塔碑》立于唐会昌元年（841）十二月，全称《唐故左街僧录内供奉三教谈论引驾大德安国寺上座赐紫大达法师玄秘塔碑铭并序》，简称《大达法师玄秘塔碑》。唐裴休撰文，柳公权书并篆额，由刻玉册官邵建和及其弟邵建初镌。碑额篆字排3行，每行4字，共12字。碑正文楷书28行，满行54字，共1302字，为柳公权书法艺术的巅峰之作。

大达法师为安国寺上座，在德宗、顺宗、宪宗朝都有很高地位。碑文记载："德宗皇帝闻其名徵之，一见大悦。常出入禁中与儒道议论，赐紫方袍。岁时锡施，异于他等。复诏侍皇太子于东朝。顺宗皇帝深仰其风，亲之若昆弟，相与卧起，恩礼特隆。宪宗皇帝数幸其寺，待之若宾友，常承顾问，注纳偏厚。而和尚符彩超迈，词理响捷，迎合上旨……"碑原立于安国寺内，宋代移入碑林。此碑为"柳体"最为著名的传世书迹，是柳公权64岁时所书，书体端正瘦长，笔力挺拔矫健，行间气脉流贯，顾盼神飞，全碑有"以方取势，引筋入骨"之赞。明王世贞《池北偶谈》："玄秘塔铭，柳书中之最露筋骨者，遒媚劲健，固自不乏，要之晋法亦大变耳。"清王澍《虚舟题跋》说此书是"诚悬极矜练之作"。清刘熙载《艺概》谓："柳书《玄秘塔》出自颜真卿《郭家庙》。"由此可看出他学颜出欧，别构新意。

第十节 《迴元观钟楼铭碑》

《迴元观钟楼铭碑》，碑题"大唐迴元观钟楼铭并序"，唐开成元年（836）立，令狐楚撰文，柳公权中楷正书，邵建和刻字。1986年11月15日出土于西安市太乙路北段的陕西省化工设计院距地表约3米的基建工地。碑为横式，青石质，长124厘米，宽60厘米，厚18厘米，共761字。在距石碑不远处还出土了一截残断的经幢和经幢顶盖。

碑文前半部分记叙了唐迴元观的历史沿革，其中简练而隐晦地提到迴元观旧址原是唐玄宗赏赐给安禄山的宅第以及"安史之乱"历史事件。碑文所记玄宗在长安城内亲仁坊为安禄山赏赐宅第以及迴元观的位置，新旧《唐书》均无记载，此碑的出土印证了这一历史事实，同时也纠正了该书出版时将迴元观称为"玄元观"的错误，发挥了出土文献的证史和补史作用。

《迴元观钟楼铭碑》是现存柳碑中最完整的，由于出土较迟，损坏较少。碑面和个别字稍有残损，但碑文可通读，是柳公权58岁时的作品。该碑文遒劲奇绝、风骨峥嵘。该碑此前未见著录，也未见拓本流传，因其新更被人关注，史料价值和文学价值相对更高，极大地丰富了我国书法艺术宝库，为研究柳体书法艺术的形成和演变提供了难得的实证。1996年，《迴元观钟楼铭碑》被评为国宝级文物。

第十一节 《开成石经》

《开成石经》是碑林博物馆镇馆之宝，于碑林的第一陈列室展出。

《开成石经》是唐文宗大和四年（830）接受国子监郑覃的建议，由艾居晦、陈玠、段绛等4人用楷书分写，选用上好的富平墨玉，花费了大约七年时间到开成二年（837）刻成的一部石经。其中包括《周易》6卷、《尚书》13卷、《诗经》20卷、《周礼》11卷、《仪礼》17卷、《礼记》20卷、《春秋左氏传》30卷、《春秋公羊传》12卷、《尔雅》3卷，以及《春秋谷梁传》《孝经》《论语》等12种经书和"五经"文字及"九经"字样，计114石228面，字列8层，共650252字，刻成后立于唐长安城国子监内。此经是我国古代七次刻经中保存最完好的一部，其他六部为：东汉《熹平石经》、曹魏《正始石经》、后蜀《广政石经》、北宋《嘉祐石经》、南宋《绍兴石经》、清《乾隆石经》。《开成石经》俨然是一座大型的石质书库，这在我国印刷术发明之初、水平相对落后时期，对文化的保存和传播起了重要的作用。

另外，《开成石经》的版面格式与汉魏石经不同，每碑上下分列8段，每段约刻37行，每行刻10字，均自右至左、从上而下、先表后里雕刻碑文。每一经篇的标题为隶书，经文为正书，刻字端正清晰，按经篇次序一气衔接，卷首篇题俱在其中，一石衔接一石，故不易凌乱，可见当年刻石是颇费一番构思的。这样的排列，显然为将碑拓裁剪装订成册、阅读校对提供了极大方便，应当为唐人的一大创举。

《开成石经》包括《周易》《尚书》《诗经》《礼记》《春秋左氏传》《论语》《孝经》《尔雅》等12部中国历史上最经典的必读经书。唐代印刷水平尚低，为了避免传抄时出现谬误，所以刻石经为范本，立于长安城国子监内，作为校对的标准。据古籍善本鉴定专家、西安碑林博物馆研究员陈根远研究，《开成石经》作为儒家经典官方版本，汉字准确率极高，且作为一套"古代高考教科书大全"，对儒家经典的框定有至关重要的作用。儒经是中华文化的精华，也是古人修身、齐家、治国、平天下理论的来源，《开成石经》被誉为最佳儒家文化文献的"石质图书馆""古本之终，今本之祖""中国古代正字典范"，堪称中华文化之元典。1555年陕西发生大地震，有部分石经遭到破坏，后进行了补刻。康熙元年（1662）担任陕西巡抚的贾汉复，他主持增刻了《孟子》9石，现在合称"十三经"。

第十二节　大夏石马

陈列在西安碑林博物馆戟门西北侧的一座亭内的大夏石马，为国宝级文物。

大夏石马昂首正视，呈站姿立于阴刻有云纹的底座之上。石马头高约2米，全身长2.25米，马腹下透雕，腿部使用高浮雕的形式表现，前腿间下部刻有隶书铭文"大夏真兴六年岁在甲子夏五月辛酉……大将军……造"等，后腿间雕刻似山石状。大夏石马原立于长安县查家寨赫连璝的墓旁，是大夏国铁骑神骏征战南北的唯一有文字刻载的证物。

大夏即为大夏国，是东晋十六国时期匈奴人赫连勃勃建立的国家，拥有陕西北部和内蒙部分地区。赫连勃勃于公元407年在今陕西省靖边县境内建统万城为都，并于十年后（417）攻占长安，命其长子赫连璝为大将军，镇守长安。而这件刻有大夏国年号的石马能够证明大夏王朝的存在，其文物价值不言而喻。

它继承了中国汉代石刻艺术雄浑深沉、体魄巨大、生动传神的特点，代表了东晋十六国时期的艺术观念和艺术水平。

第十三节　献陵石犀

献陵石犀原立于献陵——唐高祖李渊的陵墓南神门外，位于三原县北的永合村。唐贞观九年（635）李渊驾崩，葬于献陵。这石犀原是一对，现仅存其一，1960年藏于碑林。石犀通长340厘米，身高209厘米，选料为陕西富平产的青石。石犀为圆雕，躯体硕壮，脚有三趾，作缓步走动的姿态。浑身的片片鳞甲，以精湛而挥洒的细线刻画得细致入微，给人如铠甲一般坚厚的印象。鼻上有一肉瘤状隆起的鼓包，而非醒目、尖利的犀角。双目炯炯有神，四肢坚实有力，那全身及颈部下垂的厚皮，仅靠几笔粗线条勾勒，就将粗糙且多皱褶的特点刻画得生动传神、活灵活现。犀牛坚韧的颈部以及鼻子、嘴、足等部位既写实又富于装饰趣味，让你从犀牛迟钝的外形上，感觉它内在的凶猛剽悍和厚重磅礴之气势。石犀既刻画出犀牛兽性的一面，又不致让人望而生畏，且能吸引眼球，惹人喜爱。献陵石犀虽然体形高大，但比例却十分恰当，在表现犀牛特点的关键面上，处理手法高妙绝伦，在雕刻史上是绝无仅有的，所以无论从题材上还是从雕刻技法上，它都堪称艺术瑰宝。

第十四节　昭陵六骏

昭陵六骏为唐太宗李世民陵墓前的六块浮雕石刻，因唐太宗墓为昭陵，这六块浮雕就被称为"昭陵六骏"。昭陵六骏是太宗李世民生前最心爱的坐骑，因之也可以称为"唐太宗的昭陵六骏"。

昭陵六骏为中国艺术顶峰的精品之作。昭陵六骏中的两骏——"飒露紫"和"拳毛䯄"流落海外；余下四骏——"白蹄乌""特勒骠""青骓""什伐赤"藏于碑林，都被评为国宝级文物，可以称作碑林博物馆的镇馆之宝。

昭陵六骏雕刻技艺高超，成为雕刻家眼中经典中的经典；世界上任何一本关于中国艺术的通史中它们都不可能缺位。昭陵六骏以阎立本绘《六骏图》为蓝本雕刻，采用圆雕和浮雕相结合的形式完成，手法简洁浑厚，造型栩栩如生，是驰名中外的石雕艺术珍品，独步天下，精美绝伦，尽现盛唐恢宏之气象。

第十五节　老君像

碑林石刻艺术室陈列有国宝级文物"老君像"。它原立于临潼骊山老君殿，是唐华清宫朝元阁内遗物，1963年移入西安碑林博物馆收藏。骊山老君像于唐天宝年间雕造。相传唐玄宗游幸华清宫时，两次在朝元阁梦到老君降临，所以，唐华清宫朝元阁又名"降圣阁"。

骊山老君像由汉白玉雕就，采用圆雕，手法精妙。像高193厘米，老君身着开领道袍，褒衣博带，结跏趺坐，双手及发髻部分虽已残缺，但造像神态逼真，面目圆润饱满，温厚中显出睿智之大气场，仍然给人一种典雅雍容、恬静祥和的肃穆感。老君像面颊全无男性的髯须印记，或可能已损毁，但即使长发飘飞，仍能感到老君温润细腻的文秀之气，也似乎洋溢着女性的妩媚。老君盘腿坐于三层番莲纹的须弥座上，台座镌刻繁复的变形牡丹，图案疏密有致，布局层次分明，造型精美圆润，人像与台座浑然一体。此雕像为唐代石刻中不可多得的精品佳作。

第四编·文物

第二章

【陕西历史博物馆的国宝文物】

陕西历史博物馆有18件国宝级文物,当年就曾经收藏在位于三学街孔庙碑林之中的陕西省博物馆。后陕西省博物馆分为两家:一家是1991年迁至雁塔路西的今陕西历史博物馆,另一家即留在三学街的西安碑林博物馆(1993年正式定名)。迁入陕西历史博物馆的18件国宝级文物在碑林的时间大部分在30年左右,仅一件是10多年。当年三学街的孔庙碑林,国宝级文物的总数加起来为37件(组),堪称陕西文物最大、最集中的荟萃之地。

陕西历史博物馆18件（组）国宝级文物目录如下：

1. 西周早期旟鼎。通高77厘米，口径56.5厘米，1972年陕西眉县杨家村出土。目前暂存库房，没有在展线上展览。

2. 西周中期五祀卫鼎。西周恭王五祀卫鼎通高36.5厘米，口径34.3厘米，腹深19.5厘米，重11.5公斤，1975年岐山县董家村出土。柱足，折口沿，立耳，腹部下垂而外侈，器腹较浅。口沿下装饰一周雷纹填底的窃曲纹。鼎腹内铸铭文207字，记载了裘卫和邦君厉交易土地的事情，并写明是恭王五年的事情。该器物出土于陕西周原董家窖藏。

3. 西周晚期多友鼎。西周晚期的圆鼎，于1980年从长安区（时为县）斗门镇下泉村出土。通高51.5厘米、重35公斤，器表光素无纹，造型十分普通，但它腹内所铸的279字铭文却记录了一场鲜为人知的战争。考古学家根据铭文及造型将其称为"多友鼎"。多友鼎腹内所铸铭文分22行。

4. 西汉皇后玉玺。"皇后之玺"玉印，高2厘米，边长2.8厘米，重33克。采用珍贵的和田玉制成。螭虎纽，四侧刻云纹，印面阴刻篆体"皇后之玺"四字。其发现地点距汉高祖与吕后合葬墓长陵仅1000多米，故可能是吕后用印。

它是已发现的最重要的古代玺印之一。

5.西汉鎏金竹节熏香炉。通高58厘米，口径9厘米，底径13.3厘米。1981年陕西兴平市（时为县）豆马村出土。

6.唐鎏金舞马衔杯纹银壶。高18.5厘米，口径2.3厘米，1970年陕西西安何家村唐代窖藏出土。

7.唐《阙楼·仪仗图》。高280厘米，宽280厘米，1971年陕西乾县懿德太子墓出土。

8.唐《宫女图》。高176厘米，宽196.5厘米，1960年陕西乾县唐永泰公主墓出土。

9.唐《马球图》。高229厘米，宽688厘米，1971年陕西乾县章怀太子墓出土。

10.唐《狩猎出行图》。高100～200厘米，全长890厘米，1971年陕西乾县章怀太子墓出土。

11.唐《礼宾图》。1971年陕西乾县章怀太子墓出土。

12.唐鸳鸯莲瓣纹金碗（两件）。一件高5.5厘米，口径13.7厘米，足径6.8厘米；一件高5.6厘米，口径13.5厘米，足径6.8厘米。敞口，鼓腹，喇叭形圈足。锤击成形，纹饰平錾，通身鱼子纹地。外腹部錾出两层仰莲瓣，每层十瓣。上层莲瓣内分别錾出狐、兔、獐、鹿、鹦鹉、鸳鸯等珍禽异兽；下层莲瓣均作忍冬纹。内底部刻蔷薇式团花一朵。内侧墨书"九两三"。

13.唐镶金兽首玛瑙杯。唐代玉器、玛瑙雕刻品，1970年陕西西安何家村唐代窖藏出土，现藏陕西历史博物馆。通高6.5厘米，长15.6厘米，口径5.9厘米。

14.唐鹦鹉纹提梁银罐。1970年陕西西安何家村唐代窖藏出土，高24.2厘米，口径12.4厘米，足径14.3厘米，重1789克。

15.唐三彩载乐骆驼。1959年西安市西郊中堡村唐墓出土，通高58厘米。骆驼昂首挺立，驼背垫椭圆形毯，架有平台，台上铺菱纹须边毯，共有七个乐俑和一位舞俑。乐俑盘腿而坐，各持笙、笛、琵琶、箜篌、拍板等乐器演奏；舞俑站立其中，轻舞长袖，引颈高歌。

16. 北宋青釉提梁倒注瓷壶。1968年陕西彬县出土，高18.3厘米，腹径14.3厘米。伏凤式提梁，以花蒂象征壶盖。盖、壶衔接处堆塑母狮哺乳幼狮，母狮张口为壶嘴。球形壶腹刻饰缠枝牡丹，底部中心有梅花形注水孔，造型奇巧，是耀窑瓷器出类拔萃的珍品。

17. 宋黑釉油滴碗。陕西渭南蒲城县城关镇征集。高8.5厘米，口径30厘米，底径10.6厘米。灰白胎，敞口，腹由口至底渐收，圈足，黑釉。碗内有因窑变形成的油滴状结晶体，十分好看。油滴釉碗出土较多，但如此大口径的油滴碗国内罕见。

第一节　西汉皇后之玺

陕西历史博物馆藏有一件汉高祖刘邦的皇后吕雉用过的"皇后之玺"。这方"皇后之玺"用和田羊脂白玉雕成，出土于1968年9月，地点在陕西咸阳汉高祖陵园的一条地沟边，即咸阳市韩家湾乡狼家沟。据《汉官旧仪》记载："皇后玉玺，文与帝同。皇后之玺，金螭虎纽。"其形制、式样、印文内容及字数均与《汉官旧仪》所载相符。"皇后之玺"纽上的螭虎形象凶猛，体态矫健，四肢有力，双目圆睁，眼球圆而突出，隆鼻方唇，张口露齿，双耳后耸，尾部藏于云纹之中，背部阴刻出一条较粗的随体摆动的曲线，6颗上齿也以阴线雕琢。

专家认为这方玉玺的发现创造了两项全国之最：一是我国最早发现的皇后印玺；二是玉玺的主人是年代最早的皇后，并先后掌握大权达十六年，形同皇帝，是中国历史上三大女性统治者（吕后、武则天、慈禧太后）的第一个。加上帝后直接使用的遗物发现很少，这方"皇后之玺"玉印是汉代皇后玉玺的唯一实物。因而，"皇后之玺"被列为国宝级文物，还被列入第三批禁止出境展览文物目录，可见其珍贵程度。

第二节　鎏金舞马衔杯纹银壶

鎏金舞马衔杯纹银壶是陕西历史博物馆的镇馆之宝，1970年出土于西安何家村窖藏，是唐代金银器中最富丽华美的器物之一。鎏金舞马衔杯纹银壶是何家村这批窖藏文物中最为珍贵的国宝级文物，称得上是"皇冠上的明珠"。

鎏金舞马衔杯纹银壶全称应为"鎏金舞马衔杯纹皮囊形银壶"。银壶系用银片锤打、焊接而成，高18.5厘米，通体抛光，舞马、壶盖、弓形提梁和同心结处均鎏金。壶身为扁圆形，上方一端开有竖筒状小口，壶盖帽为锤揲成形的覆莲瓣，顶中心铆有一个银环，环内套接了一条长14厘米的银链和提梁相连，壶肩部焊接着一端有三朵花瓣的弓状提梁。在壶身两侧模压出两匹相互对应、奋首鼓尾、衔杯匍拜的舞马形象，马的后腿弯曲蹲坐，前腿直立，脖子上系有一条彩色飘带。马的形状如浮雕般凸起，跃跃欲出，富有立体感。尤其是这匹衔杯舞马含情凝望寿主的神情如通人性，让每一个观者无不感动。壶腹为扁圆形，下接圈足，微向外撇。皮囊形的壶身，巧妙借鉴了游牧民族的器物形制。唐代有西域和北方兴起的突厥、回鹘、沙陀、吐蕃等游牧民族。他们常常携带这种形状的皮囊，用来盛水盛酒。唐朝的工匠毫不顾忌地借鉴了少数民族的器物外形，创造出独特的华美之制，让人印象深刻，入目而惊羡。它反映了唐王朝通过丝绸之路与西域及北方少数民族之间的文化交流，也体现了唐文化的多元性和包容性。

第三节　《宫女图》

永泰公主墓前室东壁南侧的《宫女图》共绘九女，可谓群美毕集。九女分两行排列，个个丰颊秀眉，身着时髦的低胸唐装，梳着当时最为时尚的发髻，有的端杯执盘，有的抱物持扇，有的举蜡烛、握如意，有的顾盼生辉，有的安详持重，有的若有所思，有的不苟言笑，有的似怨似喜。她们有唐代宫女特有的带着点拘谨的端庄，体态丰腴华美，裙裾轻飘，帔帛微扬，款款向你行来，一个个犹如仙女下凡。尤其是处于画面中央的一位端杯的侍女，神态自若，那曼妙婀娜的身姿、一低头一弯腰的娇柔，让你有一种瞬间惊艳的诧异。她被海外宾客誉为"东方的维纳斯""中国古代第一美女"。

九位宫女高髻，髻上不插金翠花，不戴宝钿簪珥，朴素无华，大方明净，清新健美，格调高雅，给人强烈的艺术冲击力。这一队宫女组成了一个分工明确的服务队伍，再现了1000多年前皇宫贵族呼奴唤婢的奢侈生活。她们那种似怨似喜的拘谨、若有所思的惆怅及奢华外表与空虚内心形成的反差，显示出其谦卑的地位和落寞的情绪，让人有一种感同身受的怜惜。这幅《宫女图》有着鲜明的时代特征，为初唐人物绘画的代表之作，也是唐代宫廷画中闪烁着现实主义光辉的杰作。

以永泰公主墓《宫女图》为代表的乾陵唐墓壁画，为研究8世纪初期宫廷绘画的风格变化提供了最好的例证。这幅画"柔姿绰约，尽幽闲之雅容"，其"工中带意"的线描形式是古人的一种创造。

第四节　三彩载乐骆驼

现藏陕西历史博物馆的"三彩载乐骆驼"，是唯一一件被评定为国宝级文物的唐三彩，为陕西历史博物馆的镇馆之宝，堪称唐三彩中的极品。

这件三彩载乐骆驼通高58厘米，长41厘米，1959年西安中堡村唐墓出土。驼背上擎一方形平台，上铺一菱形方格长毯，长毯上有8名乐舞俑，其中7名男乐俑手持乐器环坐平台一圈，个个全神贯注地演奏，都沉浸在美妙的音乐中；中间突出一女舞俑，亭亭玉立，正轻拂长袖，边舞边歌。可能乐声歌声感染了载着他们的骆驼，此时的骆驼仰首张嘴，似乎也在引吭高歌。人与驼融为一体，相互呼应，形成一种热闹异常的欢乐场景。这件载乐骆驼俑似乎是在表现一个以驼代步、歌唱而来的巡回乐团,让人一睹而难忘。

这件载乐骆驼是典型的盛唐时期的作品,乐舞者均穿着汉族衣冠,执笛、筚篥、琵琶、笙、箫、拍板、排箫7种乐器(大都是从西域传入),它们表现的似乎是流行于开元、天宝时期的"胡部新声",即胡汉文化融合后的新乐舞。其釉色鲜明亮丽,协调自然,造型优美,骨节突出,精美绝伦,巧夺天工。

第五节　镶金兽首玛瑙杯

此兽首玛瑙杯为唐代玛瑙雕刻品,是迄今所见唐代唯一的俏色玉雕,也是唐代玉器做工最精湛的一件,堪称海内绝世之孤品。1970年陕西西安何家村唐代窖藏出土,现藏陕西历史博物馆,属国宝级文物,为该馆镇馆之宝。

此杯通高6.5厘米,长15.6厘米,口径5.9厘米,选用世界上极为罕见的红色玛瑙琢制。这件以深红色、淡红色为主调的红玛瑙,中间夹有一层淡淡的莹白色,鲜润可爱的色泽使这块红玛瑙成为世间极为罕见的俏色美玉。此杯上口近圆形,下部为兽首形,兽头上两只大眼圆睁,目视前方,似乎在十分警觉地寻觅和窥探前方。兽头上有两只弯曲的羚羊角,而面部却似牛,造型手法奇特,但看上去安详典雅,并无造作感。兽首的口鼻部有类似笼嘴状的金帽,能够卸下。此杯琢工精细,通体晶莹剔透,瑰丽无比。

从轮廓上看,这种弧形的酒杯形似兽角,故也有称角杯的。这种形制起源于西方,后来才传播到亚洲。依料取题、因材施艺,是俏色玉雕的最大特点。玉雕技师在雕这件玛瑙杯时,在玉材上端雕琢出惟妙惟肖的兽头,把纹理竖直较为宽大的一端雕琢成杯口,而口沿外又巧借两条圆凸弦,使之线条流畅且自然和谐,精妙绝伦而恰到好处。

第六节　鹦鹉纹提梁银罐

鹦鹉纹提梁银罐是迄今已知唐代银罐中最大气、最精美的一件，现藏陕西历史博物馆，属国宝级文物。1970年西安南郊何家村唐代窖藏出土，出土时罐内尚存有半罐水，水上浮着一张极薄的金箔，其上立12只精致纤细的赤金走龙，水中散落着10余颗颜色各异的宝石，历经千年岁月依然璀璨夺目。

此银罐高24.2厘米，口径12.4厘米，足径14.3厘米，重1789克。大口，短颈，罐腹圆鼓，喇叭形圈足，罐的肩部有两个葫芦形附耳，可活动提梁插入焊接在罐肩部的两个葫芦形附耳内。底部为圈足，足与罐体的连接处加焊一圈圆箍，罐体为纯银锤击成形，花纹平錾，纹饰鎏金。腹两侧均以鹦鹉纹为中心，四周绕以折枝花，形成两组均衡式圆形图案，鹦鹉展翅于花丛间，灵动活泼，栩栩如生。盖顶中心为宝相团花，盖面周围饰葡萄、石榴和忍冬、卷草纹，提梁上饰有菱形图案。盖内有墨书两行："紫英五十两""白英十二两"，表明这件银罐是收藏中药的器具。

鹦鹉纹提梁银罐为纯银所制，纹饰全部鎏金，银白与金黄色泽形成对比反差，产生了一种层次分明的立体效果，体现了唐代冶银技术的精湛与高超。金银器的造型及装饰题材作为一种直观形象，不仅起着美化器皿的作用，也不同程度地反映出一定的时代特征。这件银罐造型浑圆饱满、体态丰腴，使人感觉到匠人们迎合唐人以胖为美的风尚，彰显出丰肥浓丽才显富贵气的寓意。

第七节　青釉提梁倒注瓷壶

北宋青釉提梁倒注瓷壶也称"青釉刻花倒流壶"，简称"倒注壶"或"倒流壶"，是耀窑瓷器中出类拔萃的绝世珍品。1968年陕西彬县出土，现藏于陕西历史博物馆，为该馆珍藏的18件国宝级文物中的一件。

这件倒流壶高18.3厘米，腹径14.3厘米。壶外装饰雕花更是不凡，提梁壶把为一展翅欲飞之凤，以花蒂象征壶盖；盖、壶衔接处为一正在哺乳的母狮，侧身卧伏，四肢趴地，侧仰着头，圆口大张；下边一幼狮，偎在母狮怀里，专心地吸吮乳汁，活灵活现，逼真感人。构思之巧，情思绵绵，让人回味无穷。壶的釉色发橄榄绿，此为耀瓷专有。刻花为缠枝牡丹，刀法犀利，恣肆汪洋，更是极为罕见。底部中心的注水孔，亦被塑为梅花形，其设计之精巧体现到每一个细节。这耀州瓷的倒流壶构思绝、造型绝、釉色绝、刻花绝，堪称瓷中极品。

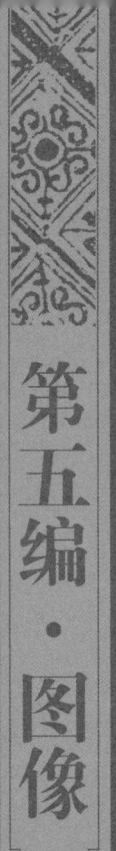

第五编·图像

第一章 【地图】

盛世长安千古变迁,明、清均有珍贵的地图保存下来。

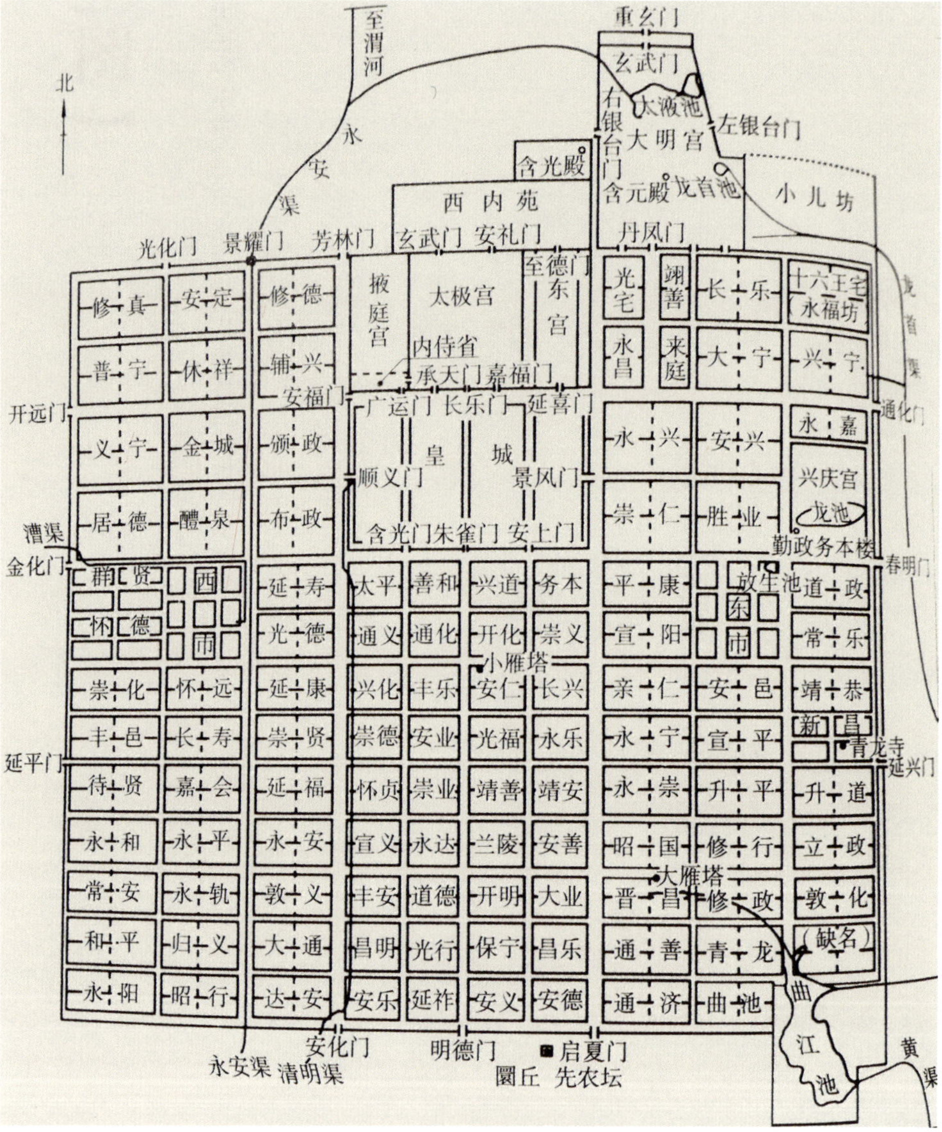

隋大兴唐长安城遗址平面复原图

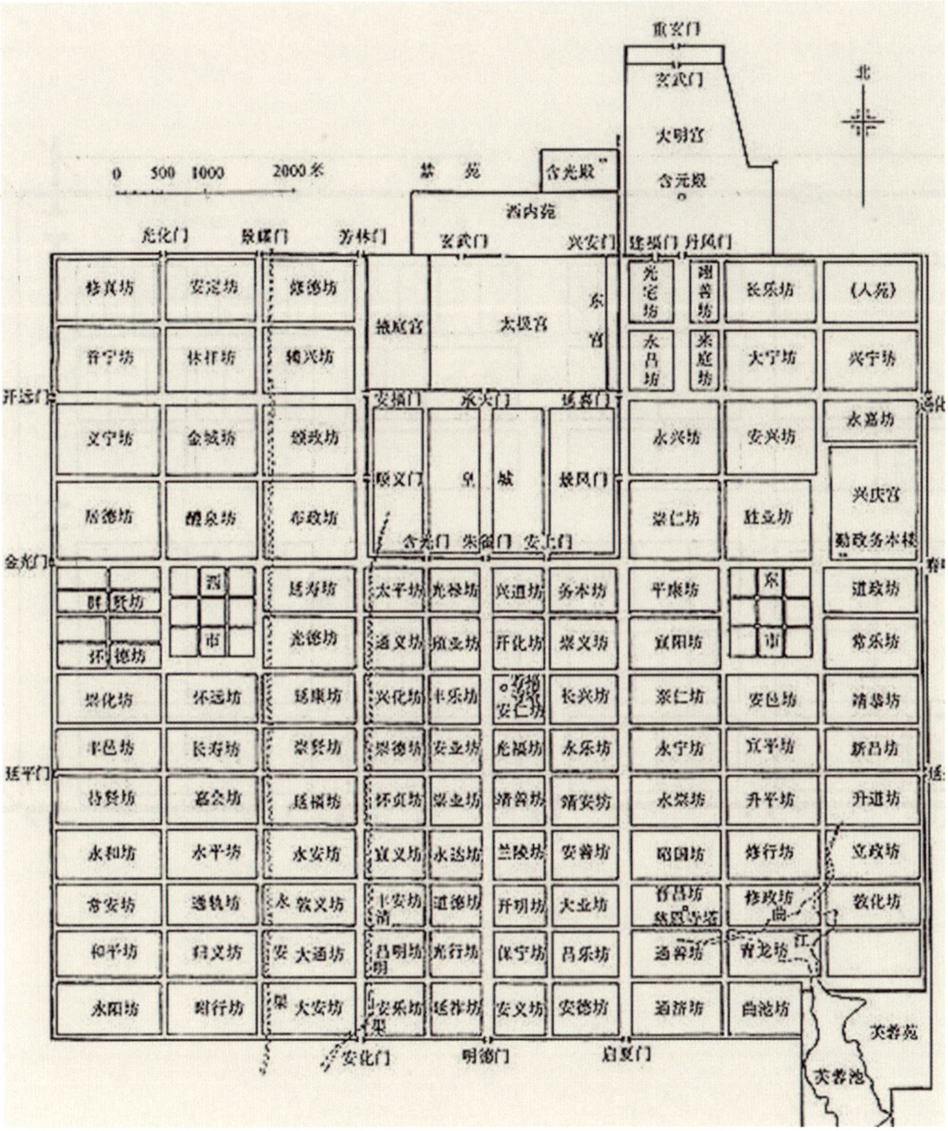
重玄门
玄武门
大明宫
含元殿
北
0 500 1000 2000米
禁苑
含光殿
西内苑
光化门
景曜门
芳林门
玄武门
兴安门
建福门
丹凤门
修真坊
安定坊
修德坊
掖庭宫
太极宫
东宫
光宅坊
翊善坊
长乐坊
（入苑）
普宁坊
休祥坊
辅兴坊
永昌坊
来庭坊
大宁坊
兴宁坊
开远门
安福门
承天门
延喜门
文宁坊
金城坊
颁政坊
永兴坊
安兴坊
永嘉坊
顺义门
皇城
景风门
居德坊
醴泉坊
布政坊
崇仁坊
胜业坊
兴庆宫
勤政务本楼
含光门
朱雀门
安上门
金光门
西市
延寿坊
太平坊
光禄坊
兴道坊
务本坊
平康坊
东市
道政坊
春明门
光德坊
通义坊
殖业坊
开化坊
崇义坊
宣阳坊
常乐坊
崇化坊
怀远坊
延康坊
兴化坊
丰乐坊
安仁坊
长兴坊
亲仁坊
安邑坊
靖恭坊
丰邑坊
长寿坊
崇贤坊
崇德坊
安业坊
光福坊
永乐坊
永宁坊
宣平坊
新昌坊
延平门
延兴门
待贤坊
嘉会坊
延福坊
怀贞坊
崇业坊
靖善坊
靖安坊
永崇坊
升平坊
升道坊
永和坊
永平坊
永安坊
宣义坊
永达坊
兰陵坊
安善坊
昭国坊
修行坊
立政坊
常安坊
通轨坊
敦义坊
丰安坊
道德坊
开明坊
大业坊
晋昌坊
慈恩寺塔
修政坊
敦化坊
和平坊
归义坊
大通坊
昌明坊
光行坊
保宁坊
昌乐坊
通善坊
青龙坊
曲江
永阳坊
昭行坊
大安坊
安乐坊
延祚坊
安义坊
安德坊
通济坊
曲池坊
芙蓉苑
芙蓉池
安化门
明德门
启夏门

唐长安城平面复原图

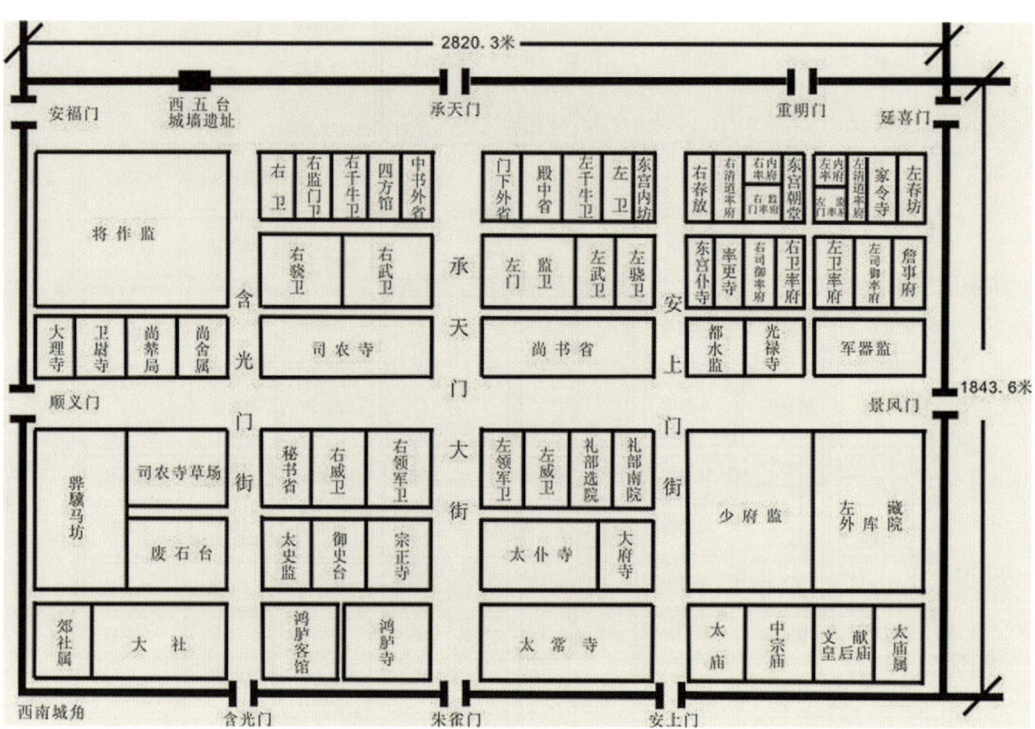

唐长安城皇城图

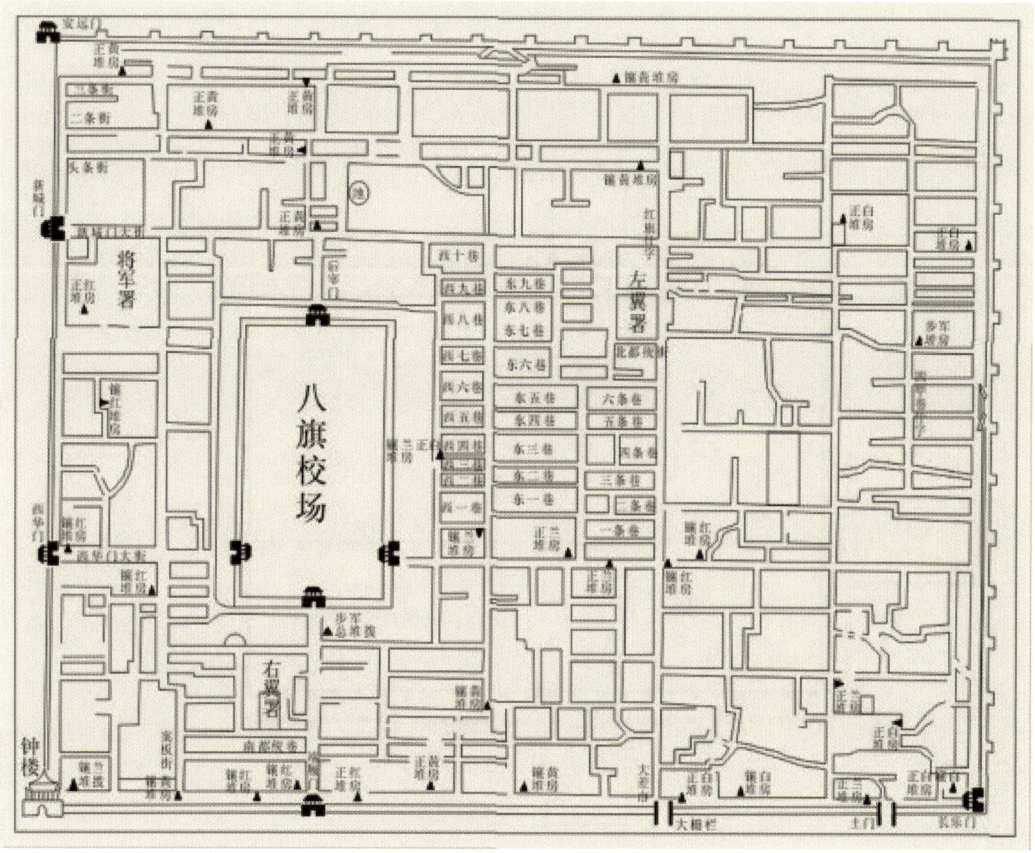

清代西安满城街巷与堆房分布示意图

第五编·图像

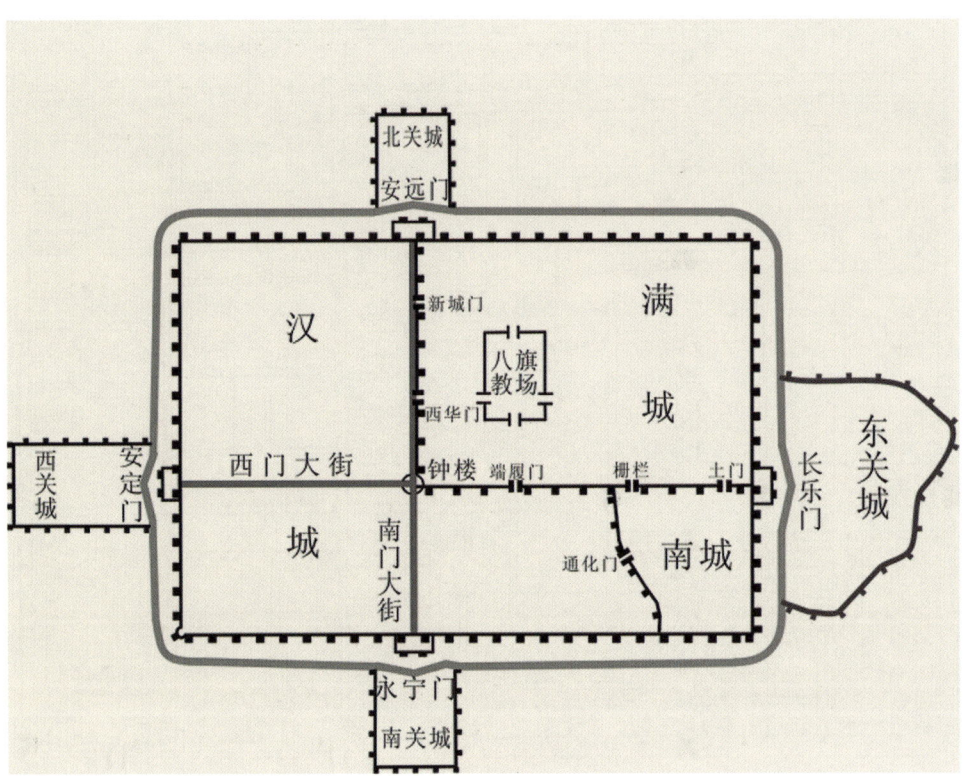

满城与南城图

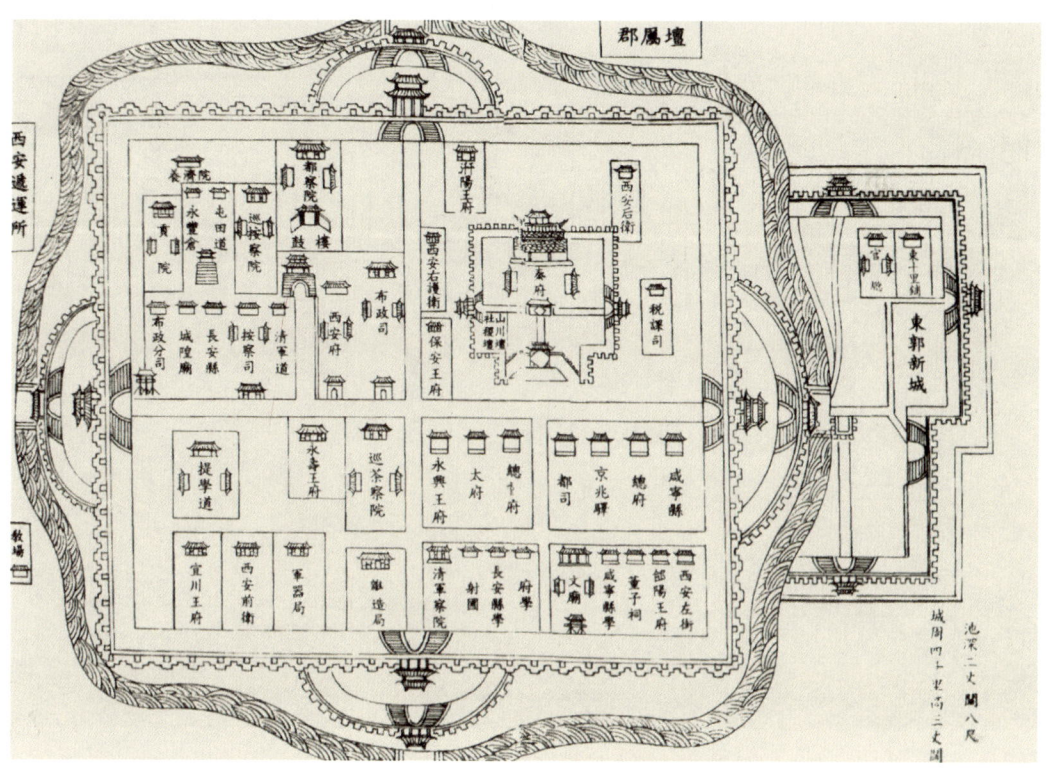

嘉靖《陕西通志》中的西安城图

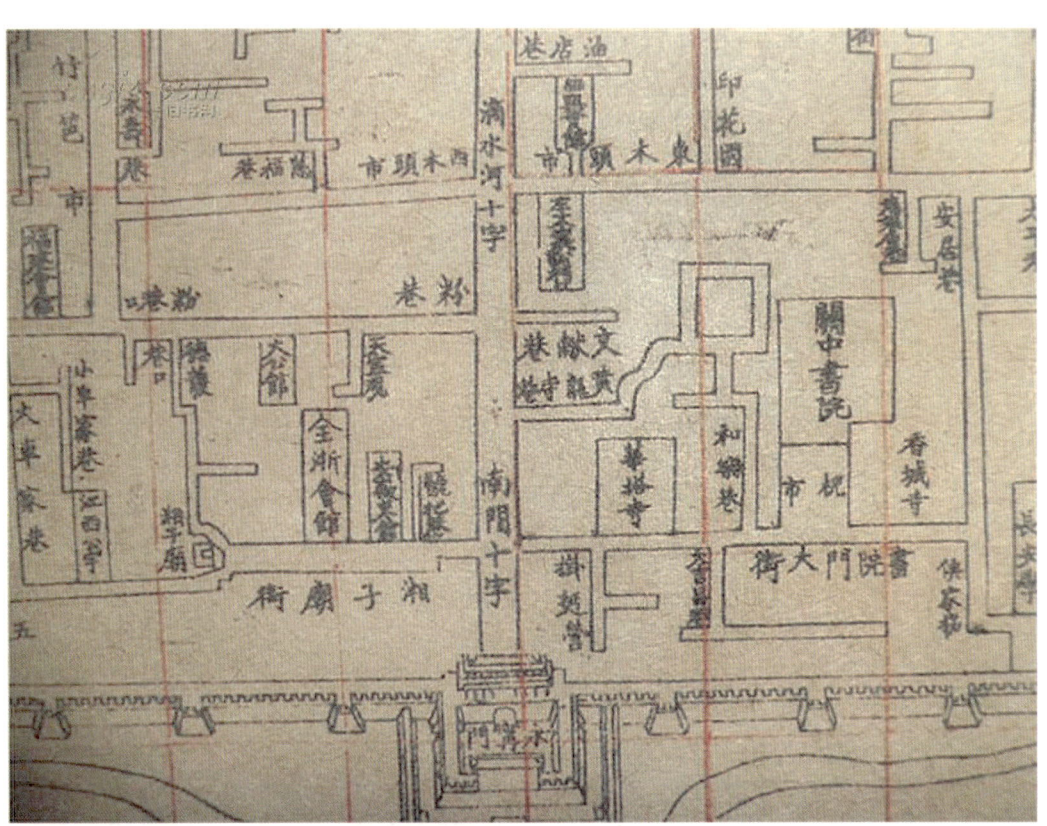

清光绪十九年（1893）三学街地图

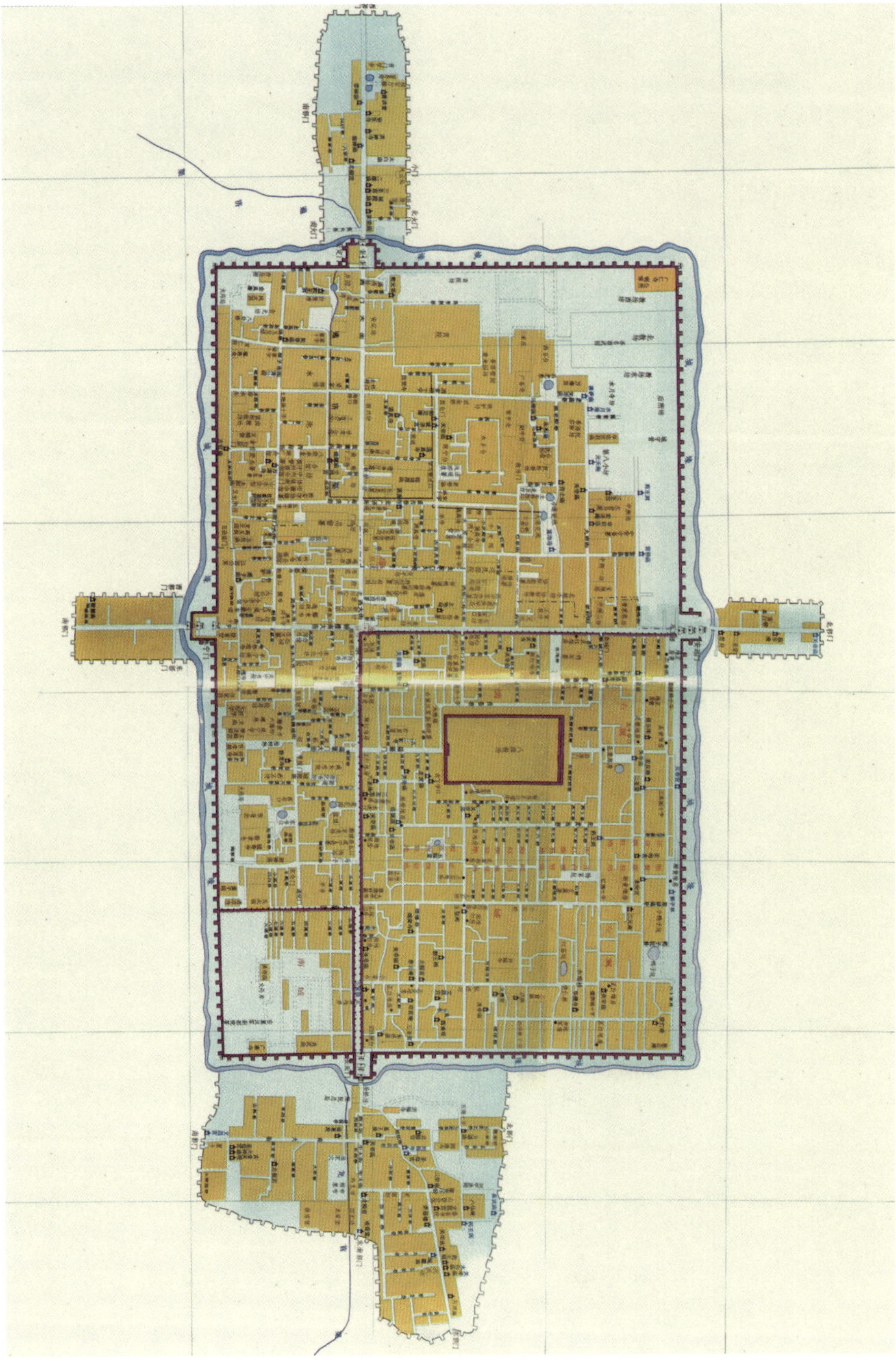

清西安府城

第二章

【景观国宝】

昔日盛景,今朝重塑辉煌,从明城墙遗址改造到孔庙、碑林、书院门的保护和重建,西安三学街以全新的时代面貌让中外游客感受到古城的文化魅力。

城墙

西安城墙及护城河一景

永宁门（南门）

第五编·图像

20世纪80年代的安定门（西门）城楼、箭楼是四门中保存最完好的

20 世纪 80 年代长乐门（东门）城楼维修前

第五编·图像

永宁门老照片

书院门牌楼

关中书院（今西安文理学院）正门

碑林

第五编 · 图像

人们知晓西安碑林大多是从这个标志性景观开始的

西安碑林博物馆大门（原为孔庙正门）

碑林

第五编·图像

从泮池看棂星门

墓志廊

于右任书"西京碑林"匾额

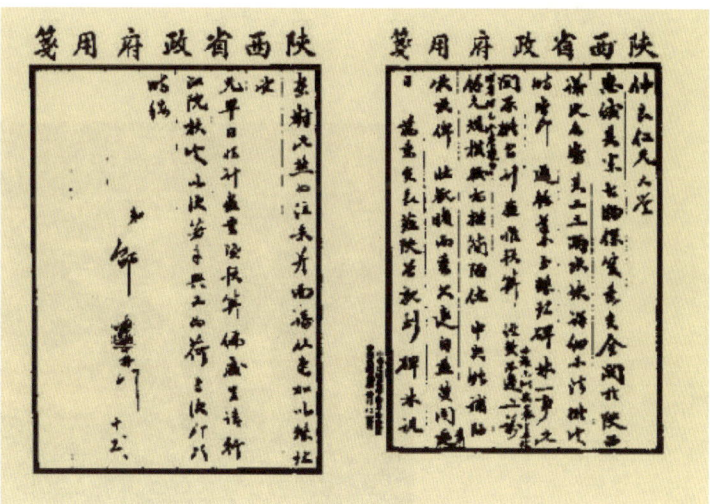

邵力子致黄文弼函（手迹）

国宝

景云钟

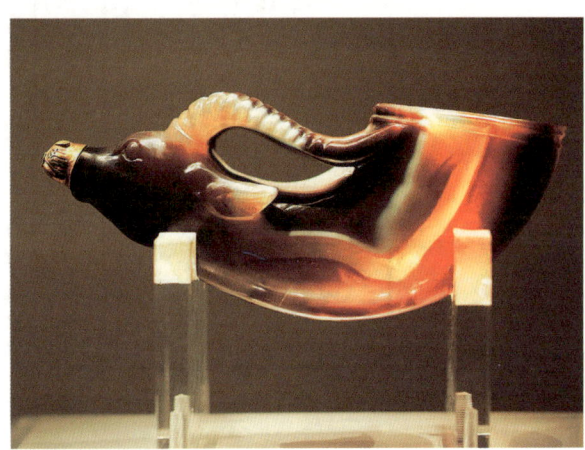

唐·镶金兽首玛瑙杯

唐·鎏金舞马衔杯纹银壶

昭陵六骏之一——什伐赤

第三章

【碑刻造像】

千年碑刻造像,留存的不仅是书法、碑刻、佛教造像的艺术顶峰面貌,更是西安千年帝都文化的盛世风采和深厚的人文底蕴。

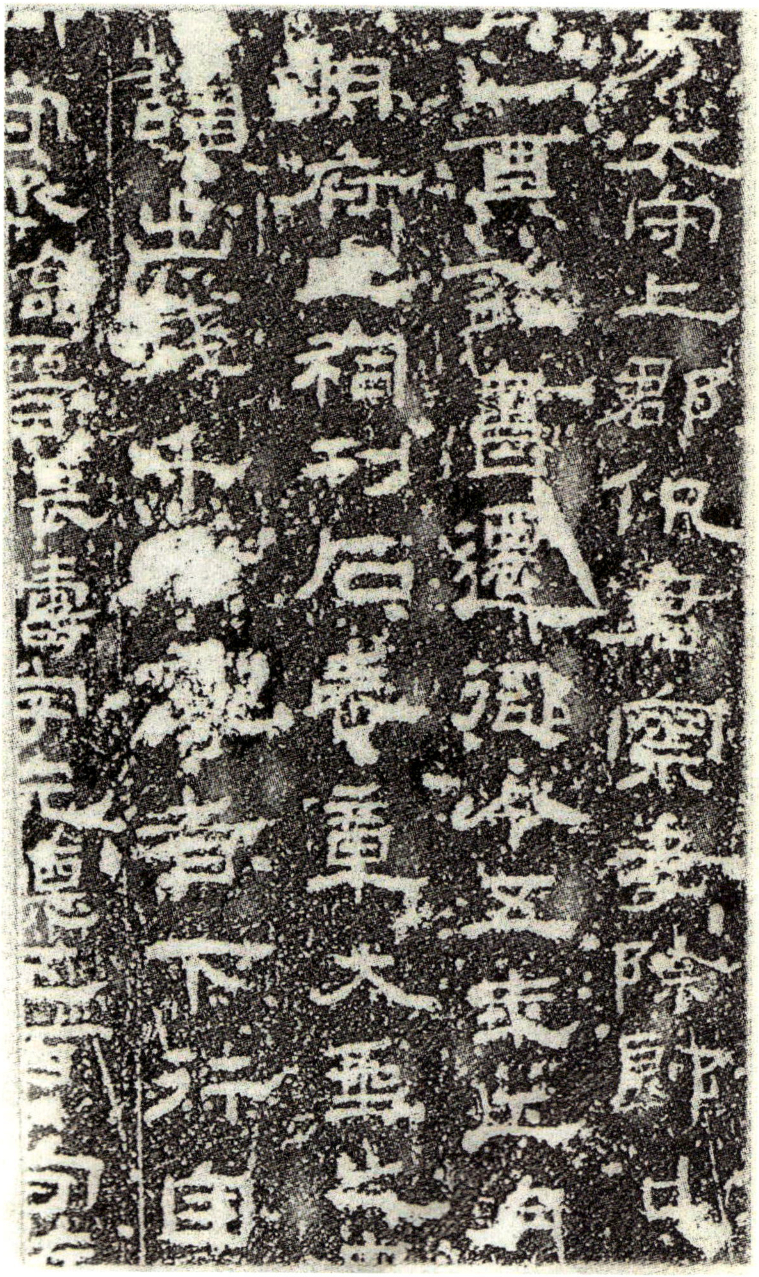

碑刻

东汉《仓颉庙碑》（局部）

东汉《曹全碑》

东汉仙人《唐公房碑》（局部）

隋《明云腾墓志》（局部）

隋《张乔墓志》

唐柳公权《迴元观钟楼铭碑》

唐颜真卿《颜勤礼碑》（局部）

唐欧阳通《道因法师碑》（局部）

第五编·图像

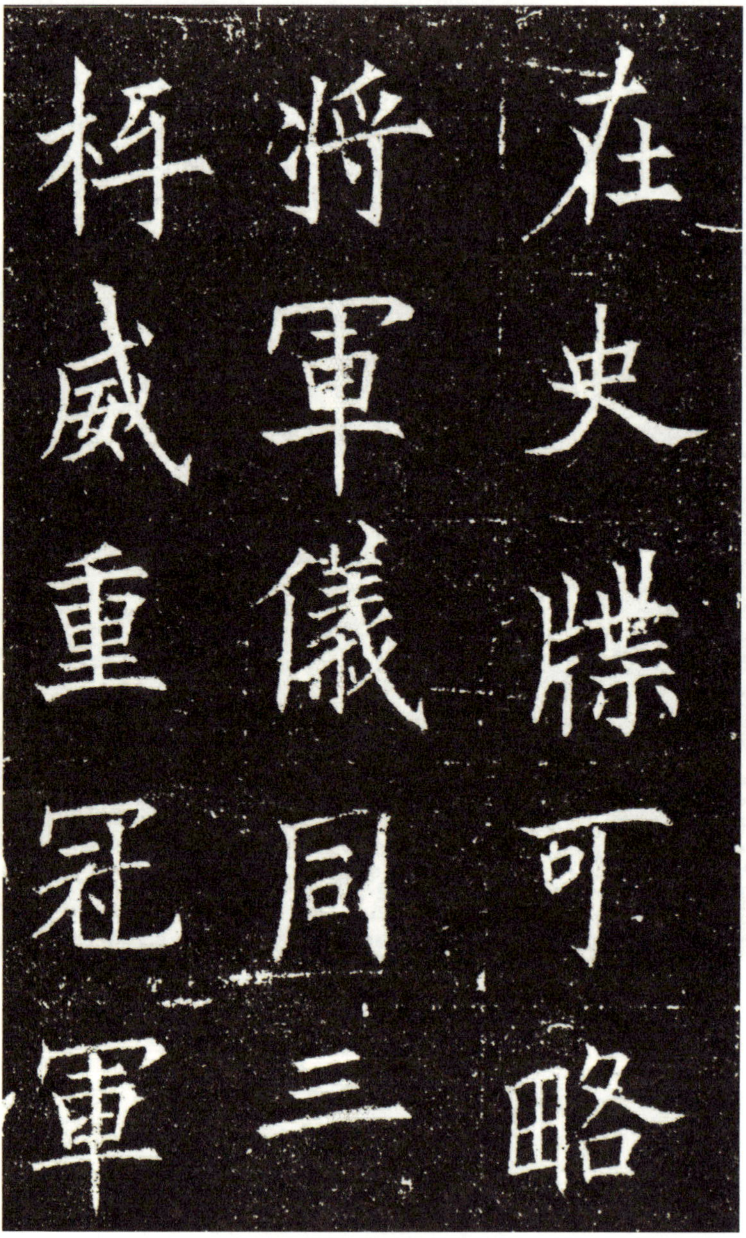

唐欧阳询《皇甫诞碑》（局部）

唐颜真卿《多宝塔碑》（局部）

唐颜真卿《颜氏家庙碑》（局部）

唐褚遂良《同州三藏圣教序碑》（局部）

唐颜真卿《颜氏家庙碑》（局部）

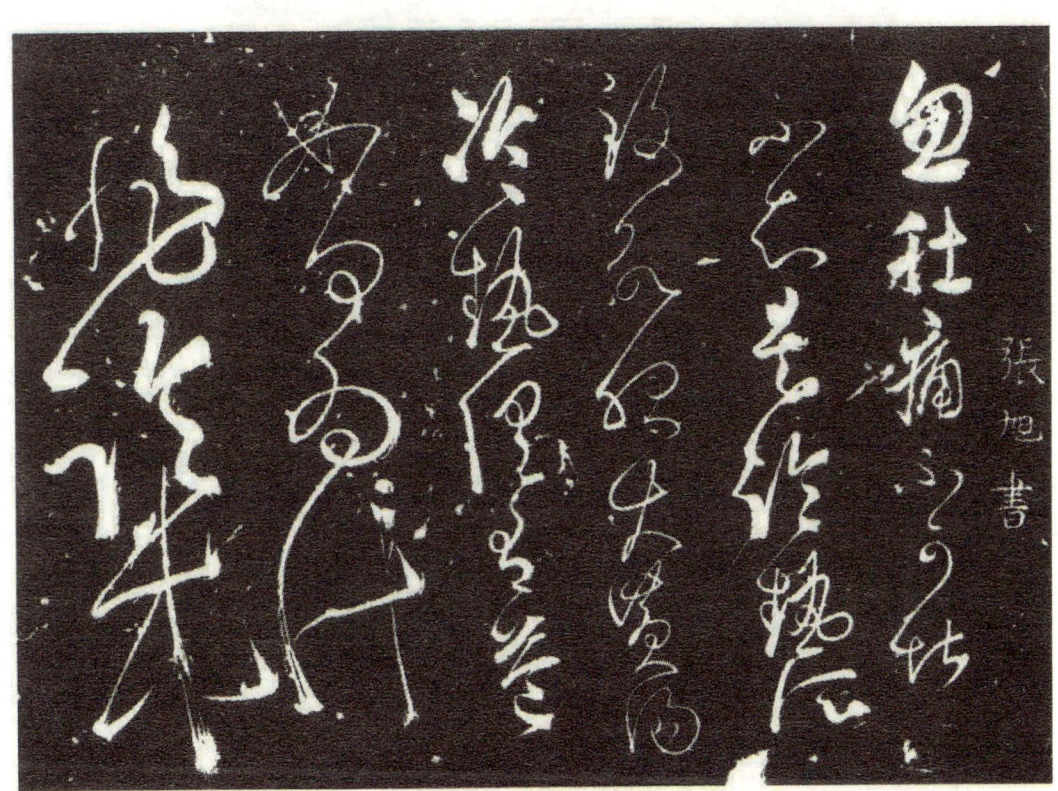

宋刻唐张旭《肚痛帖》

唐《怀仁集王羲之圣教序碑》

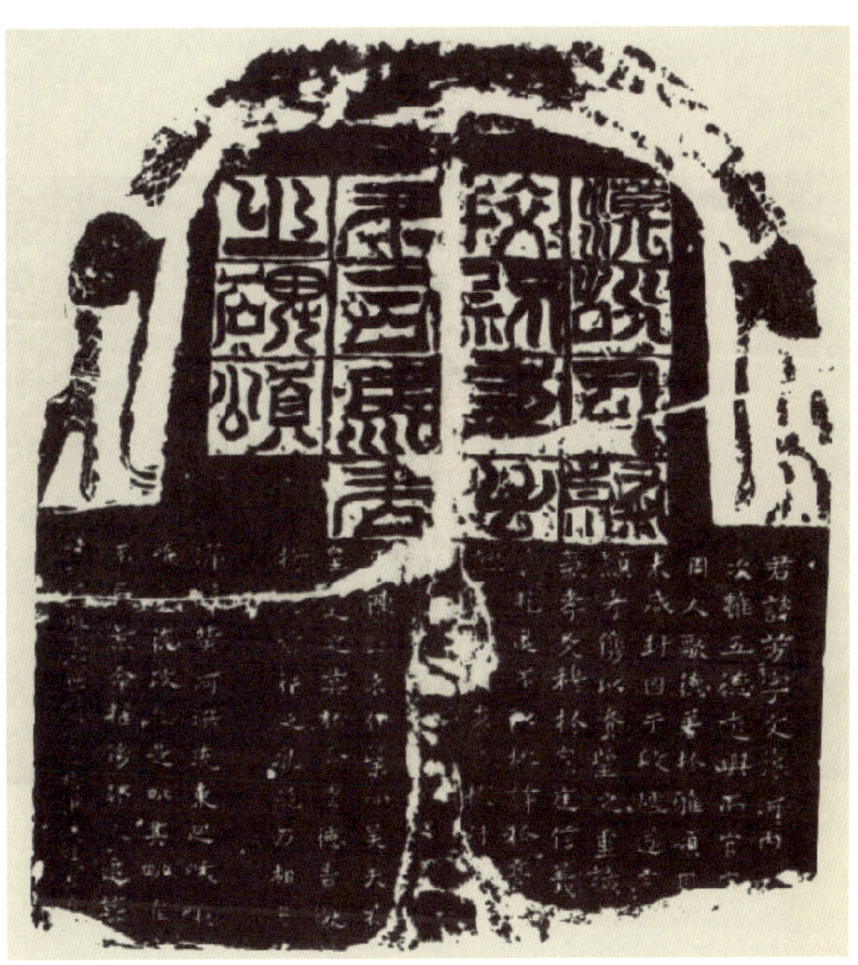

北魏《司马芳残碑》

碑林石刻

碑林石刻

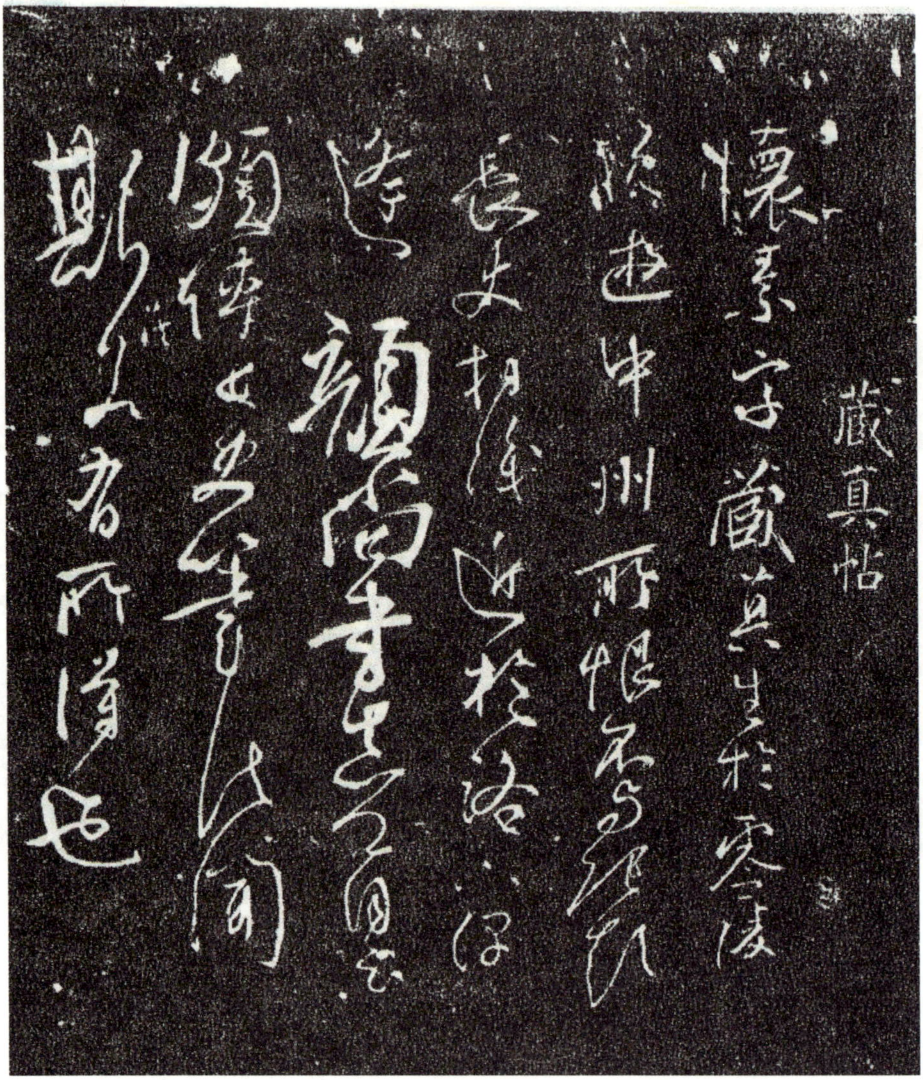

宋刻唐怀素《藏真帖》

宋重刻《秦峄山碑》

宋刻隋智永《真草千字文碑》

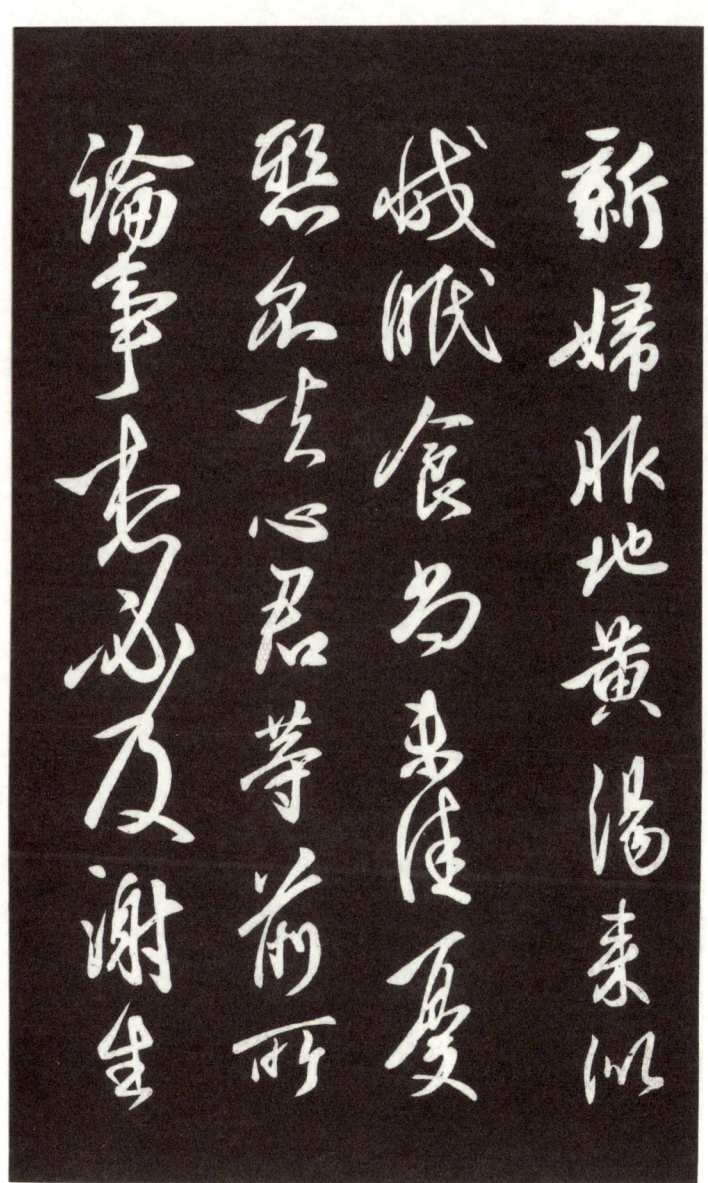

清刻《淳化阁帖》（局部）

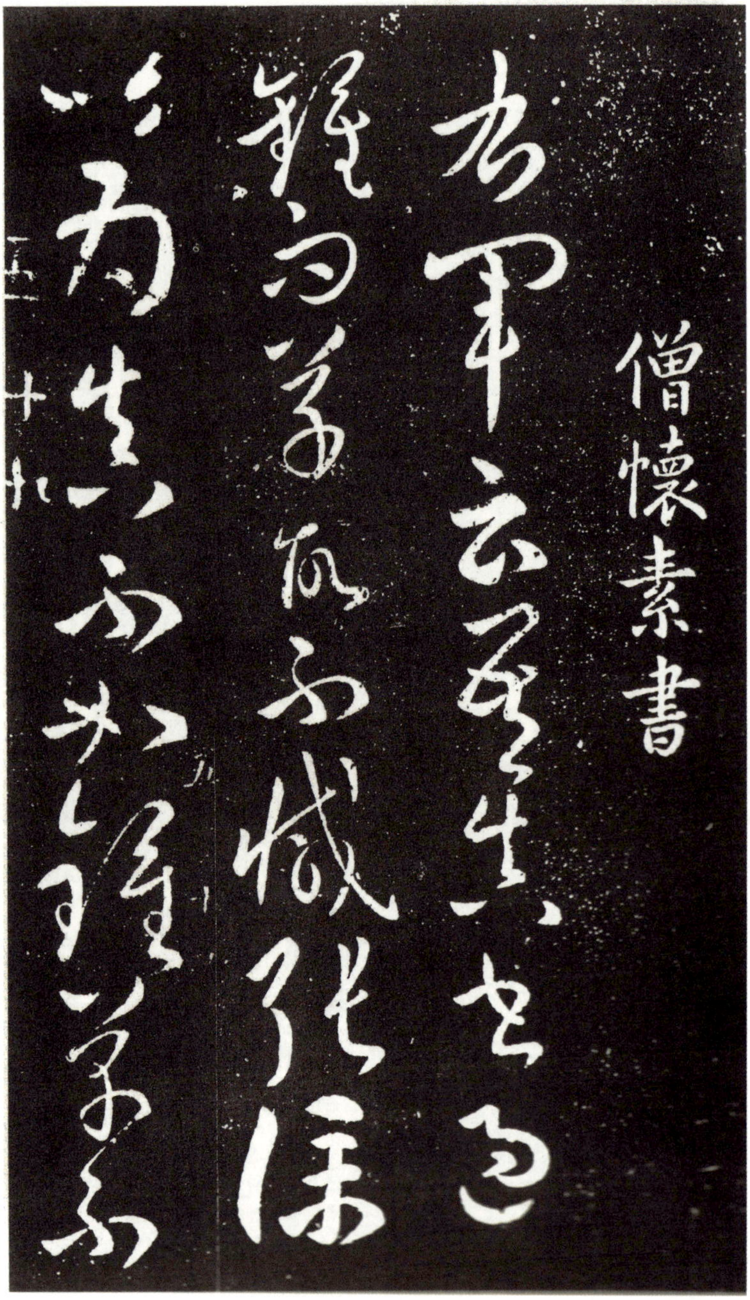

清刻唐怀素《过钟帖》

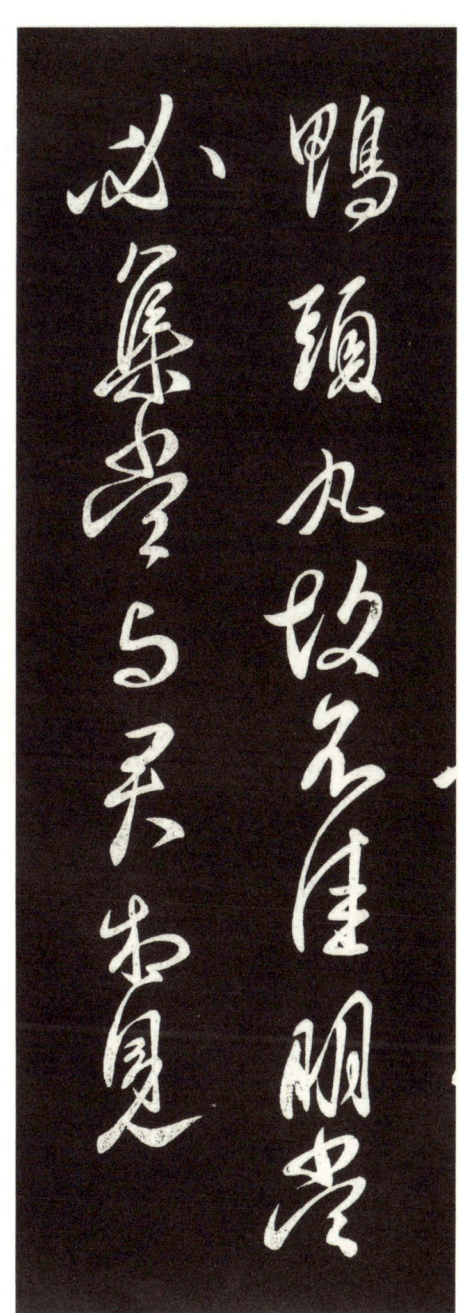

清刻《淳化阁帖》（局部）

东汉《熹平石经》（残石）

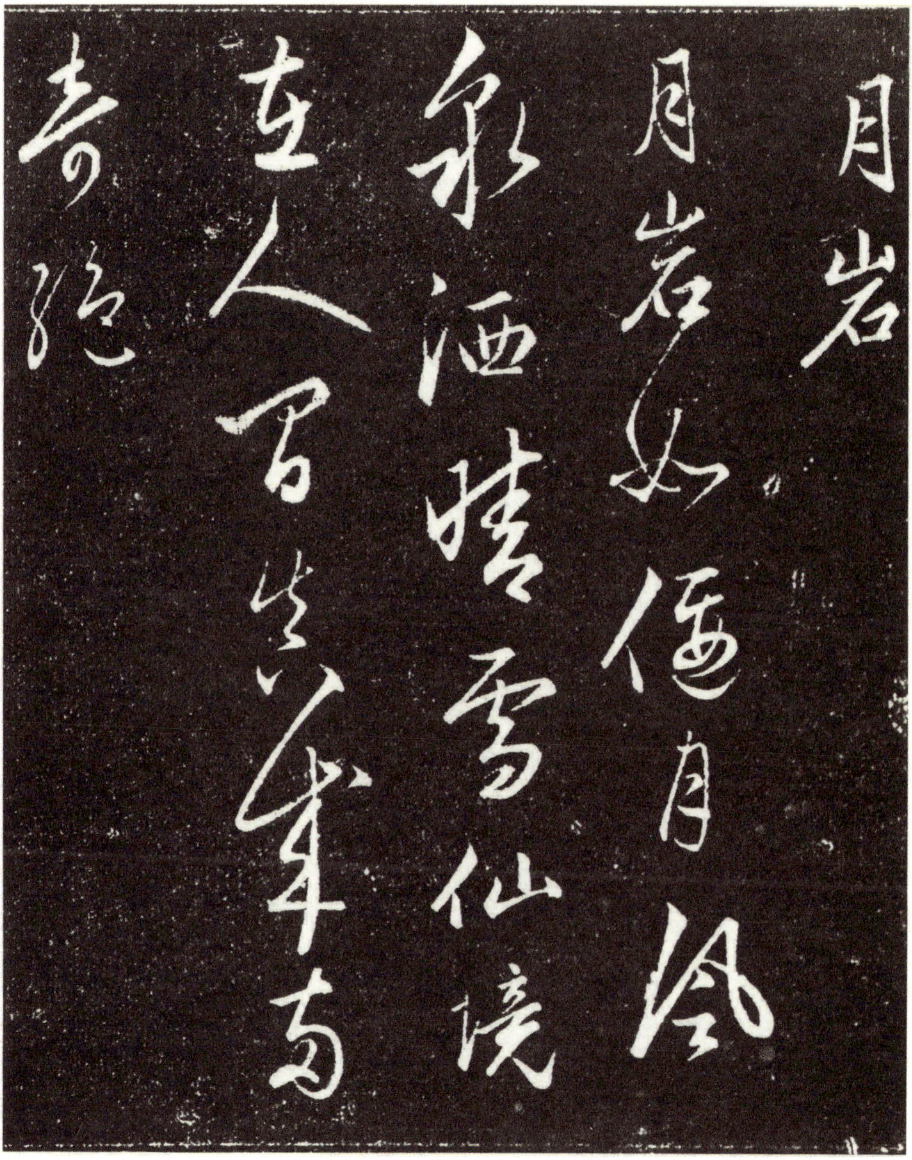

赵孟頫《游天冠山诗》刻石（局部）

造像

唐菩萨立像

北魏释迦造像

第五编·图像

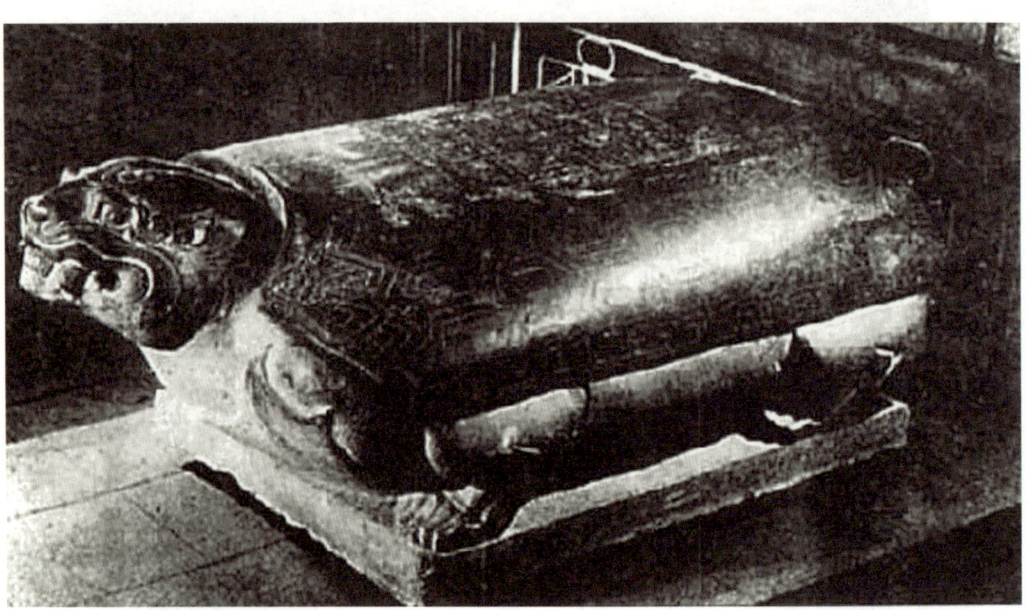

唐李寿墓龟形墓志

北魏《朱黑奴造像碑》

唐武士立像

北周大石佛头

第五编·图像

秋进和造像记

道荣造像记

第六编·诗文

关于碑林三学街的诗歌散文体量不算多,但是其中不乏名人之作。这些诗文主要围绕碑林三学街以及活动于此的文人展开,以文人交游、求学等等文化交往性作品为主。

第一章

【诗歌】

与三学街、碑林及活动于此的帝王、文人、士族相关的诗歌，存留的有 50 多首。

咏卧龙寺

[宋]赵炅

鹤立蛇行势无休,五天玄字鬼神愁。
儒门弟子无人识,穿耳胡僧笑点头。

昭陵六骏

[宋]张耒

天将铲隋乱,帝遣六龙来。
森然风云姿,飒爽毛骨开。
飙驰不及视,山川俨莫回。
长鸣视八表,扰扰万驽骀。
秦王龙凤姿,鲁乌不足惧。
腰间大白羽,中物如风雷。
区区数竖子,博取若提孩。
手持扫天帚,六合如尘埃。
艰难济大业,一一非常才。
维时六骥足,绩与英卫陪。
功成锵八鸾,玉辂行天街。
荒凉昭陵阙,古石埋苍苔。

慈顺堂

[宋] 彭归年

我官广文馆，门巷正萧索。

王孙幸过我，开口有请托。

索诗慈顺堂，一再不可郤。

人心有太平，此岂易描摹。

夭夭吹棘心，韡韡灿棣萼。

君方大欢足，天地费酬酢。

而我独零丁，诗复那可作。

因君索诗苦，谩荐尝试药。

中庸十五章，此理非外铄。

反身若不诚，为善终未乐。

孔庙

[宋] 蒋冕

孔庙门前石作墙，明伦修葺似新堂。

黉宫从此益辉煌，不是君侯崇教化。

颓垣坏栋日荒凉，采芹谁继鲁人章。

春日书院

[宋] 鲁铎

门巷青苔隔路蹊，小桃开满磐池西。

枕书眠着无人唤，花里东风百舌啼。

七贤堂

[金] 元好问

水上盘陀不见人，烟中白露玉无尘。

竹林未恨风流减，负杀共城曲米春。

泮池

[宋] 朱长文

怪石铺幽麓，芳塘倚茂林。

冷光开玉镜，清影涤人心。

芹藻无伤性，龟鱼各就深。

泉源应不涸，何必傅严霖。

御香至文庙

[元] 蒲道源

莫将灰冷叹斯文，星使来添宝鼎薰。

晋邸祝釐皆有谓，泮宫行事未前闻。

要凭明德通三圣，已见祥烟结五云。

但说天功非己力，二君不解代殷勤。

文庙朔望祝词

[元] 蒲道源

日月相望而见彩，正属兹辰乾坤。

合契以呈祥，载临元命时既逢于协。

吉心敢后于祝釐，仰惟礼乐之宗。

昭昭在上，寿我国家之脉永永无穷。

四月望日元命

奉迎车驾享大庙还宫
[元]李昱

鸣跸声中晓仗回，锦装驯象踏红埃。
半空云影看旗动，满道天香识驾来。
汉酎祭余清庙闭，舜衣垂处紫宫开。
礼成海内人皆庆，献颂应惭自乏才。

送陈教授之天台
[元]李昱

天台山色引归袍，行李休辞道路劳。
霞彩正于文庙近，琼台争似冷官高。
诸生问字携红酒，座客分题咏碧桃。
我亦当年惯游者，隔江东望水滔滔。

同子与入院时就文庙开试院与诸公同止云章阁上
[元]李昱

一相南来建大藩，金汤千里虎牙闲。
彩云腾凤迎科诏，珠斗乘虹动海关。
入院恭陪车马盛，序宝媿列鵔毛班。
宁知交广非邹鲁，已有弹冠早出山。

府学随思
[元]王晖

韩干画照夜白图，开元天子燕游多。
一骨承恩玉色瑳，所养自来非所用。
雨中蜀栈要青骡，缨绂驼衣一色红。
昭陵六骏秋风里，辛苦文皇百战功。

送周东甫教授余干
[元]牟巘

博士广文馆，迟君二十年。
新邦重于越，旧俗记诸贤。
鹓首南风至，皋比右席专。
暮年尤惜别，搔首意凄然。

至元壬辰呈翰林院请补外
[元]陈刚中

微臣官蚁虱，无力报乾坤。
政尔广文馆，何如神武门。
世情三峡险，归梦五湖昏。
朝市山林上，无非荷国恩。

寄黄晋卿

[元] 陈刚中

绣湖有客今奇才,豫章千丈翻风雷。
读书羞坐广文馆,骑马欲上黄金台。
石头城边访遗迹,长吟不换公卿檄。
故山蕙桂唤君归,十年被褐无人识。
我游东城诵佳句,风雨深春绿阴暮。
孤舟落日竟空回,去燕来鸿不相遇。
文章落落俗子嗔,贾生谪去扬雄贫。
一时暂作失意士,千载同是非常人。
相逢车盖不用倾,与君异县情已亲。
卜邻未遂三去区,日夜怅望东南云。

冬夜书怀

[元] 陈镒

三载广文馆,萧然类野僧。
病怀犹索寞,诗句自崚嶒。
楼迥初更鼓,寒独夜灯拥。
裒坐无寐思,渐见月华澄。

送简秋碧管句还孔林

[元] 胡助

孔庙摧颓久不修,下僚衔命走神州。
浮云叠武斯文晦,残照林亭古木秋。
天历圣人祠阙里,太平元士赞皇猷。
翼飞改观光邹鲁,金石镌辞颂德优。

送王安道处州知事马行冯岭

[元] 胡助

马行冯岭巇嵯峨,草舍民淳奈乐何。
孔庙韩碑天下少,黄祠李篆洞中多。
郡斋昼静依苍栝,幕府风清泛碧荷。
地近雁山堪吏隐,谢公屐齿在烟萝。

孔庙松风

[元] 吴存

范公震泽跨龙来,锁向湖滨不放回。
翠鬣苍髯时一奋,孔堂白昼起云雷。

孔庙松风

[元] 吴存

苍然五鬣东海来,直干参天不可回。
堂上不闻金石韵,空中时听殷晴雷。

生日和洪山甫见赠韵

[元] 徐嵩

雪云无罅霁无期，勾引春光入泮池。
师道幸为文学掾，尧夫喜见太平时。
典衣沽酒从儿笑，闭户吟诗只子知。
甚欲相随强歌舞，却怜多病觉衰迟。

巳卯元日（其一）

[元] 刘因

文庙秋风默坐时，慨然千古入沉思。
许身尚省初心在，道在而今竟似谁。

金台文庙石鼓

[元] 马臻

猎碣镌功事惘然，摩娑坏石卧寒烟。
昌黎已道文残缺，又较昌黎五百年。

奉命分祀孔庙作

[明] 唐顺之

后圣礼先师，斯文今在兹。
将陈百官富，讵止一牢祠。
入室瞻遗器，圜桥展盛仪。
乐堪三月听，奠想两楹时。
执爵元公肃，捧璋髦士宜。
鄙儒叨小相，端甫奉前规。

文庙斋居

[明] 丘濬

此日斋居里，诚心念圣贤。
降临如在上，瞻望若居前。
万世文儒主，千年道统传。
大恩同周极，菲礼少将虔。

二月十三日初度

[明] 贝琼

知非吾已晚，白首尚他乡。
不入广文馆，宁要太守章。
宽忧应有物，却老信无方。
谩忆儿童岁，斑衣父母傍。

怀泮池诸友

[明] 贝琼

幽怀落泮池，古柏守朱户。
美人秀疏髯，望望隔烟雾。

泮池荷花

[明] 贝琼

荷生泮池中，云覆明镜密。
清飚激回芳，浊水钟妙质。
凝碧洗朝雨，嫣红酣落日。
折茎或牵丝，食蕙时摘实。
犹疑南浦泛，谅非东林匹。

谒董子祠
[明] 程敏政

江都仍旧地,无复汉王臣。
故宅碑全毁,荒园井未湮。
一言分义利,三策动天人。
转运今祠主,相随奠绿蘋。

闻重修孔庙东石宪副
[明] 程敏政

礼殿辉煌照寝园,隆师一代仰宸尊。
再从海岳开形胜,谁向图书识道原。
文献不须征杞宋,规摹从此陋金元。
提刑石介人争羡,独着贤劳满圣门。

登西安府鼓楼
[明] 殷奎

西府层楼接上台,客怀落日为谁开。
一天秋色云飞断,万户晴晖鹊噪来。
遍倚危阑频入感,未吹画角已兴衰。
千年朝市仍更变,独有南山石未灰。

泮池
[明] 王燧

泮池深且广,绿水浸红莲。
轻风雨余至,演漾起澄涟。

谒孔庙
[明] 庄昶

万里乾坤万水东,偶从庙貌得瞻崇。
六经此学千年外,万古心香一瓣中。
自有此天人不夜,虽无坛树杏长红。
何人主静濂溪后,不到门墙自圣功。

谒孔庙次刘忠宣公韵
[明] 林俊

新祠古树绝前观,入室翻应老去难。
万里风云在天地,一天星斗上回澜。
直于世道占兴替,深为吾皇系治安。
伫结末由今借幸,礼成还觅旧碑看。

石鼓
[明] 曹学佺

孔庙颓墙下,周宣石鼓眠。
苔分敲火迹,雨洗篆蜗涎。
野老偷为臼,居人打卖钱。
有形终亦尽,流落谩堪怜。

泮池

[明]吴宽

半形循学舍,一水转松林。

盛矣来多士,依然广德心。

跨桥方觉阔,垂钓不知深。

此地名龙脑,扬波愿作霖。

夏日忆泮池芙蓉东唐博士

[明]王慎中

方池蘘叶碧攒文,秀出鲜红数朵云。

绿水含漪相映净,微风还度与扬芬。

幽姿冉冉偏难狎,挺立亭亭自不群。

在泮歌游宜对此,谁知寂寞正思君。

代人贺门生进学

[明]任环

喜尔游庠为尔忧,几番凭日费心筹。

三军重敌着孤剑,万里惊涛藉短舟。

战罢太平方是福,渡时安稳未为休。

泮池一窍通蟾窟,折桂还须到上头。

春日

[清]爱新觉罗·玄烨

佳气山川浃地行,物随节□变初晴。

雪消树底花争发,水泮池头草欲生。

饮泮池木芙蓉畔赠学博士

[清]赵执信

微霜入红蕖,临水色更好。

不以地闲澹,遂使意枯槁。

清樽恋池上,皓月窥林表。

秋静夜澄明,与君展怀抱。

送卢立魁赴无锡学训导

[清]赵执信

送君司训日,是我忆家时。

古柏藏书舍,高荷盖泮池。

梦犹怀旧迹,交喜结新知。

月皎鸡声早,江空雁影迟。

乡山增秀色,弟子得名师。

伐鼓晨光启,横经昼景移。

行藏原有命,离别可无诗。

寄问寒梅树,花开到几枝。

咏董子祠

[清] 钱林

不愧贤良士，寥寥见董生。

门无珠履迹，书有玉杯名。

一代存儒术，斯人少宦情。

还怜阿世者，已作汉公卿。

昭陵六骏歌

[清] 曹骥观

唐家创业扫群雄，马上得之为太宗。

真人出世姿神武，驰骋纵横驾六龙。

六龙神骏皆汗血，陷阵冲锋警电瞥。

双瞳垂镜权协月，五花连钱蹄蹴铁。

擒充戮窦西复东，飞镞血溅鬃毛红。

帝嘉汝绩传不朽，制赞图形召石工。

琢成玲珑气深稳，丹青不数阎立本。

立仗永置昭陵宫，万岁千秋表忠悃。

于今陵殿久无主，败瓦颓垣窜野鼠。

独留六骏尚嘶风，犹指唐家一抔土。

何物奸人居奇货，大车捆载咸阳过。

纵说神物有护持，到此已嗟缺两个。

我家结庐峻山阳，儿时习见真乘黄。

今日重逢长安市，感时抚事增惋伤。

吁嗟乎！金人辞汉泪犹流，应知六骏多烦忧。歌罢不禁三叹息，恍睹石马向我齐昂头。

第二章

【散文】

关于三学街、碑林的古代散文、传记、序跋流传甚多,皆散见于《文渊阁四库全书》《陕西通志》等历史典籍,质量颇高,文意浓郁,情感诚挚。

博士箴

（汉）扬雄

洋洋三代，典礼是修画为辟，雍国有学校，侯有泮宫，各有攸教德用，不陵昔在文王。经启其轨归勖于德音，而思皇多士，多士作桢维。周以宁，国人兴让虞芮质。成公刘挹行潦而浊乱。斯清官操其业，士执其经。昔圣人之绥俗，莫美于施化。故孔子观夫大学而知为王之易，易大舜南面无为而祉，席平还师阶级之间，三苗以怀秦作无道，斩决天纪漫，彼王迹而坑夫，术士诗书是泯家言，是守俎豆不陈而颠其社稷。故仲尼不对问陈而瑚簋，是遵原伯非学而闵，子知周之不振，儒臣司典敢告在宾。

（汉·《扬子云集》，清末《文渊阁四库全书》）

与太学诸生喜诣阙留阳城司业书

[唐] 柳宗元

始朝廷用谏议大夫阳公为司业，诸生陶煦醇懿，熙然大洽。于兹四祀而已，诏书出为道州。仆时通籍光范门，就职书府。闻之，悒然不喜。非特为诸生戚戚也。乃仆亦失其师表而莫有所矜式焉。而署吏有传致诏草者，仆得观之。盖主上知阳公甚熟，嘉美显宠，勤至备厚，乃知欲烦阳公宣风裔土，覃布美化于黎献也。遂宽然少喜，如获慰荐于天子休命，然而退自感悼，幸生明圣不讳之代，不能布露所蓄。论列大体，闻于执事，异少见采取，而还阳公之南也。翌日，退自书府，就车于司马门外，闻之于抱关而掌管者，道诸生爱慕阳公之德教，不忍其去。顿首西阙下，恳悃至愿乞留如故者，百数十人。辄用抚手喜甚，震忻不宁，不意古道复形于今，仆尝读李元礼、嵇叔夜传，观其言，太学生徒仰阙赴诉者，仆谓讫千百年不可睹闻，乃今日闻而睹之，诚诸生见赐甚盛。

于戏！始仆少时，尝有意游太学，受师说，以植志持身焉。当时说者咸曰："太学生聚为朋曹，侮老慢贤。有堕窳败业而利口食者，有崇饰恶言而肆斗讼者，有凌傲长上而诟骂有司者，其退然自克特殊于众人者无几。耳仆闻之，恂骇怛悸良痛。其游圣人之门而众为是□□也。遂退，托乡闾家塾，考厉志业，过太学之门而不敢蹈顾，尚何能仰视其学徒者哉！今乃奋志厉义，出乎千百年之表，何闻见之乖剌欤？岂说者过也，将亦时异人异，无向时之桀害者耶？其无乃阳公之渐渍导训，明效所致乎？夫如是，服圣人遗教居天子太学可无愧矣。

于戏！阳公有博厚恢□之德能并容善伪，来者不拒。曩闻有狂惑小生，依托门下或乃飞文陈愚，丑行无赖而论者以为言，谓阳公过于纳污，无人师之道。是大不然。仲尼吾党狂狷，南郭献讥；曾参徒七十二人，致祸负刍。孟轲馆齐，从者窃屦。贤人继为大儒。然犹不免如之，何其拒人也。俞扁之门，不拒病夫；绳墨之侧，不拒枉材；师儒之席，不拒曲士。理固然也。且阳公之在于朝，四方闻风仰而尊之，贪冒苟进邪薄之夫，庶得少沮其志，不遂其恶。虽微师尹之位而人实具瞻焉。与其宣风一方，覃化一州，其功之远近又可量哉？诸生之言非独为己也，于国体实甚宜，愿诸生勿得私之。想复再上，故少佐笔端耳，勖此良。志俾为史者，有以纪述也。

努力多贺。宗元白。

（《古今事文类聚》卷三十一，清末《文渊阁四库全书》）

送易师杨君序

[唐] 柳宗元

世之学《易》者，率不能穷究师说。本承孔氏，而妄意乎物表，争伉乎理外。务新以为名，纵辩以为高。离其原，振其末，故羲文周孔之奥诋冒混乱，人罕由而通焉。不违古师以入道妙，若宏农杨君者其鲜矣。御史中丞崔公，博而守儒，达而好礼。故杨君之来也。馆于燕堂，馈以侯食，日命合邦之学者论说辩问，贯穿上下，挥散而咸同，幽昏而大明，言若诞而不乖于圣，理若肆而不失于正，不为他奇以立名氏，姑务达其旨而已。古人谓驾孔子之说者，杨君固其徒欤？宗元以为太学立儒官，传儒业，宜求专而通，新而一者。以为胄子师。昔尝游焉，而未得其人，今天下外多贤连帅、方伯，朝廷立槐棘之下，皆用儒先，而杨君之道未列于博士，则谁咎欤？无乃隐其声，含其美，以自穷欤！夫以退让自穷于丰富之世，以贻有位者羞，是习《易》之说而废其道也，于将行而问以言，敢以变君之志。

（唐·柳宗元《柳河东集》卷二十五，清末《文渊阁四库全书》）

太学张博士讲礼记

[唐] 欧阳詹

说释典籍谓之讲，讲之为言，構也。如农之耕田畴马，田畴将植而求实，虽耕矣，必沟分其畦垄，嘉谷由是乎生典籍。将肆以求明，虽习矣，必讲穷其旨趣，儒术由是乎，成我国庠春享先师。后更月，命太学博士清河张公讲礼记，成儒术也。圣祖三刊经，九公通其六精于五而礼记在乎？其中礼也者，御人之大故，首于群籍而讲之束修，既行筵肆乃设，公就几，北坐南面直讲抗牍，南坐北面大司成，端委居于东，小司成率属列于西国。子师长序，公侯子孙自其馆。太学师长序，乡大夫子孙自其馆。四门师长序，八方俊造自其馆。广文师长序，天下秀彦自其馆。其余法家、墨家、书家、算家辍业以从。亦自其馆没堦，云来即集。鳞居攒弁如星连襟，成帷公先申有礼之。本次陈用礼之要，正三代损益得失，定百家疏义长短。镕乎作者之意，注乎学者之耳。河倾于悬，风落于天，清冷洒荡幽远无泥所昧。镜彻于灵台，所凝冰释于心，泉后一日闻于朝，百司达官造者半。后一日，闻于都九域，知名造者半，皆寻声得器虚来实归。予职在下庠，亦掌有教，道不足训领徒，从公惟始。洎终睹公之美，敬书盛事记，诸屋壁拜列当时，执简抠衣者于左偏。

贞元十四年五月二十七日记

（唐·《唐文粹》卷七十七，清末《文渊阁四库全书》）

请修太学书

（唐）李观

草莽贱臣观再拜上言：臣伏思太学之为道也。厥惟大哉！实所以德宇于国家，教源于万方，辨齐于人伦，亲亲而尊尊。诚宜岁敕崇严，日致肃祗。工度木不俟乎榱崩；朝命官取俪乎师氏当。然后乃可以陈四代之礼，兴无穷之风，开素王之堂，削《青衿》之篇，人懋廉隅，俗捐争端，天下之仁人，相则焉。是以德由此泽，教由此流，若水之润下，泽满植物利不浩哉！今尝睹斯坏甚不然。呜呼！在昔学有六馆，居类其业，生有三千，盛侔于古，近年祸难。寝用耗息，洎陛下君临宿弊尚在。执事之臣，顾不为急。升学之徒，罔敢上达，积微成匡，超岁历纪，贱臣极言求合要道，具六馆之目，其曰国子、太学、四门、书律、算等。今存者三，亡者三。亡者，职由厥司存者恐不逮修。舆人，有弃本之议。群生有将压之虞，至于博士助教，锄犁其中，播五稼于三时，视辟雍如农郊，堂宇颓废磊砢属联，终朝之雨流潦下涬，既夕之天列宿上罗，群生□寥，攸处贸迁而陛下不以，问官不以闻，执政之臣不以思，所谓德宇将摧，教源将干，先圣之道，将不堪。犹火之炎上，燄燄至焚。其为不利也，岂不畏哉！日者圣朝以武夷时屯有风牧建帝庸，今者圣朝以文象天经，有皋衡宣皇猷。实四三六五之君子，间无足以间之。然事不为加理，人不为加安。岁贡之夫不能应，请问晏罢之勤无以申，□机天下有倒悬之悲，诸侯有安忍之怀，执事之人，深惟无从。但劳心于无益，全身于因循。是了不知长国之术，在乎养士，养士之方在乎隆学。夫学废则士亡，士亡则国虚，国虚则上下危，上下危则礼义销，礼义销则狂可奸圣，贼可凌德，圣德委迤，不知其终。

今观执事臣之必，必以修太学为害时，而他害者千之；养士者为费财；而他费者万之，殊不知此费无费，而他费为费也。此害无害，而他害为害也。谚所谓："溜之细穿石，绠之细断干。"斯言："损益有渐，非聪哲靡察也。"今乃明征于儒书。钦若于权舆，继统于易俗，恢业于纯风而望海内隽杰，靡然踵武于云龙之庭，不知其可也。《礼》称虞夏殷周天下之盛王也。盖以其有庇民之德，祚国之仁可仰，而巍巍且太学之兴，本于有

虞达于三皇踰，至于汉魏以降，特盛于我。太宗、文皇重圣遵之无以增荐兴于先皇而延于圣朝。此乃古帝王愍醇醨乱萌，故同教于民，百代奉之以□长，国家广之以存。济元元，陛下不宜忽之，而已一作。

及今四君德以相，高八圣幽而不照，风声随而凋落焉。夫四君之民，古犹易制陛下之民猾且难矣。易制之民古犹，或遗之难制之民，得不重慎乎！

昔《春秋》书太庙屋坏《传》者曰：书不敬也。臣今惧圣朝之史书太学废，使万代之嗣无法矣！今圣朝聚国之兵，守塞下之垒，尽织妇之机，悉农夫之储。岂其恶民而贱物诚为社稷之谋也？设一旦农夫死织妇病，兵垒在边，粟帛不输。陛下此时其暇劝学乎？则礼义之心不素蓄于人，亦难以致天下之和矣。且四方之学，太学之枝叶也。天子之教，诸侯之本也。未有本之颠而枝叶之存，天子之废而诸侯之兴，夫为国亦犹治一人之身，京师人之心，四方心之体，诸侯体之四支，故心平则体之。患易治体平，

则四支之患不治而愈。今不啬神于心体，而竭资于四支，时变于外，气殚于中，则为不起之忧矣。

伏惟陛下察弛张之会，观损益之图，减无用之府，崇有裕之原，废阙修而百度明。庠序昌而教化行，劳经邦于长久，阅熙载于登阅。顾夫周营灵台、鲁修泮宫于陛下万分之一焉。伏惟速令于职司，无至于不可持天下。幸甚臣观再拜。

（唐·《唐文粹》卷二十六上，清末《文渊阁四库全书》）

请韩文公配飨太学书

[唐] 皮日休

于戏圣人之道，不过乎用。用于生前，则一时可知也；用于死后，则百世可知也。故孔子之封赏，自汉至隋其爵不过乎公侯。至于吾唐乃策王，号七十子之爵命，自汉至隋或卿大夫至于吾唐乃封公侯，曾参之孝道，动天地感鬼神，自汉至隋不过乎诸子，至于吾唐乃挺入十哲。噫！天地久否？忽泰则平日月久昏，忽开则明雷震久于戏，圣人之道不过乎。忽震则惊云雾久郁，忽廓则清仲尼之道，否于周秦而昏于汉魏，息于晋宋而郁于陈隋，遇于吾唐万世之愤，一朝而释，傥死者可作，其志可知也。今有人身行圣人之道，口吐圣人之言，行如颜闵，文若游夏，死不得配飨于夫子之侧。愚又不知尊先圣之道也。夫孟子荀卿翼传孔道，以至于文中子。文中子之末，降及贞观、开元，其传者醨，其继者浅，或引刑名以为文，或援纵横以为理，或作词赋以为雅，文中之道旷百祀而得室授者，唯昌黎文公之文。蹴杨墨于不毛之地，躁释老于无人之境，故得孔道。巍然而自正。夫今之文，千百士之作释其卷。观其词无不裨造化补时政繫公之力也。公之文曰：仆自度若世。无孔子仆，不当在弟子之列。设使公生孔子之世，公未必不在四科焉。国家以二十贤者代用其书，垂于国胄并配飨于孔圣庙堂者，其为典礼也。大矣！美矣！苟以代用其书，不能以释圣人之辞笺，圣人之义哉！况有身行其道口传其文，吾唐以来一人而已，不得在二十一贤之列，则未巳乎！典礼为备，伏请命有司定其配飨之位，则自兹已后天下以文化，未必不由夫是也。

（《文苑英华》，卷六百九十）

代人转对论太学状

佚名

右臣位忝朝行，次当轮对合。陈愚瞽上默，宸严退省，借踰弥增，战栗窃以教化之本，学校为先。故国家开设胶庠，敦崇儒术立成均博士之职。遵祭菜鼓箧之规，大集生徒俾加讲习。所以扶翼至教，激扬素风。然臣窃见博士之各专一，经员阙而未备国子之并设六学，职废而不修。臣又见唐太宗贞观中，增筑学舍至千二百间，国学太学四门及书算律学生凡三千二百六十员，及至军术亦给博士授以经业，乃至三韩、吐蕃、高昌诸蕃国，并遣子弟请入国学，增至八千余人。文德之盛超绝古今。朝廷安静，声明震灼，而太学制度尚或未备，况三代之制，王公已下子弟之秀者，爰自总角。即肄国庠仕进，不由于他途讲学必行于考校，故每岁两馆生冠郡国之首，齿胄之典，兴化是资。今学舍虽存殊为湫隘，生徒至寡仅至陵夷。贡部以乡举为先，诸生以两馆为耻，塞原拔本莫甚于兹臣。欲乞精选五经博士，咸备其员大启国庠，增设学舍，少给厨廪，赐以本钱，然后明勅公卿大夫，凡子弟才及弁髦即皆隶籍。夏□春诵，咸举旧章，小成大成率如前，典贡部取士必以两馆居先，周行历官皆由博士为重。然后并修诸学，式协前规，使礼让兴行，风俗淳厚，追踪三五，坐致太平，端拱无为，翘足可俟。

书李巽伯所跋石鼓文后

[宋]朱熹

唐贞观中，吏部侍郎苏勖着论歧阳猎鼓，引欧阳虞褚并称"墨妙"。为据三君体法，为世楷式，赏好为物，轩轾在当时。已尔今其故迹仅存隋珠和璧，不足喻其珍也。予避地南来一日，料检行庋得歧鼓及孔庙醴泉，化度孟师丹州诸碑，流徙之余。偶无□

落为之，惊喜过望，书其事以示子孙。建炎己酉，夹钟五日，雒人李处权巽。伯余年十八九时，邂逅李卿于衢守。张紫微坐上。二公皆一时名胜，挥尘论文，意象超逸，令人倾竦。今观此卷，恍然若将复见其人，而追数岁月，忽已四十寒暑矣。不惟前辈零落殆尽，而及见之者，亦无几人可为太息。

淳熙戊申五月既望，朱熹仲晦父书，先生之曾孙濬家藏。

答吴寺丞

［宋］魏了翁

孔庙始于唐高祖，非古人祭祀之意，甚明。只如文宣之谥，亦袭王莽、褒成以后之误。大抵凡后世为追崇，赠谥之类，皆是不经。虽始于追王，而事有不类，意虽厚而礼实违，此等事所当商略者，非一泳。

（北宋·《武夷新集》卷十七）

题华萼楼残碑

［宋］强至

华萼楼残碑，徐季海书也。咸阳吴明府，既与予访得之。于兴庆故址遂手自搨之，仅七十许字。虽焚裂不完，而笔力意度固无恙也。千载之下，想见古人之制作，唯其摧毁剥落之余，故其惜之尤深也。呜呼！开元天宝之际，所以铺张太平之盛者，其文章翰墨范金镂石亦既多矣。今余二人乃独恋恋于此者。方□宗之友爱诚近世帝王之盛节，而孝悌之感出于人心之同。然其歆美爱慕自有所不能已也。夫岂独以季海之书而止哉明府，方南旋且将装潢为卷轴，谓予不当无所识，遂书此以归之。

洪武五年九月十有六日书于京兆府学之西堂

（宋·强至《强斋集》卷六）

策问试京兆府学生策问八道

（宋）强至

问：让者天下之美道，所以息忮心而长廉节也。处夫上者或为之先，在下者阴从以效。今公卿大臣间，旦受一命焉。暮必让，让至于三四不听，则必就懿果可让也。奚三四而遂至，虽百十犹为之必听焉，而后已其不可让而让也，是率天下以伪也，其从而效者皆伪道也，望怅心之息庶之长难乎矣，今之让可行也不可？

问：肉刑之刑惨也，后世悯其体肤之断而去之。然罪有大于髡黥者，遂无等以处置一加而至于死，于戏断者，诚不可续。较死不犹近轻乎？若是变肉刑之惨而反重之，岂法之得就惨与重奚适为可？

问：记曰"君子行礼，不求变俗夫，不求变俗固也。"然俗固有微恶，又可槩而不之变乎？如是则固简者得籍以为说，睹恶俗而恬不一变焉。将敺其俗以就吾体又虑。夫安于故习有不得已而就焉者。非中心乐而成变也，君子之于礼，如何为可行？愿以闻其说。

问：战危事也，虽机变不出或先克以济方。长勺之役，曹刿问庄公："何以战？"公曰："小大之狱，虽不能察，必以情。"刿曰："可以一战。"噫！矢石既接，敌者在望，驱生人而就死地，而曰："我察狱能以情，可使之一战，必克乎。"刿之言，偶取于当时耶？遂可以为后世用兵之术耶？

问：昔泽水泛滥，蛇龙交人之迹，禹导而行，诸地中然后九川以濬，而中国得以食，河自金堤之役，兴其故道，迁而横流肆者，后世不绝。今濒河之地，或种不得，下有既耕殆，获而随被水害者，无虚岁欲，顺其性而从其所自流，则有毁城坏亩之患，将坚其防以御之，然水行地上不决，则溢未见其可御。也讲河策者，必有长利。

问：孟子对齐宣王："以为明堂者，王者之堂，欲行王政。则勿毁。噫！圣人之君，世其道德仁义凡可以为治者，莫不讲鳏寡孤独，莫不皆有养。虽无是堂王政，可勿行乎？苟宴然自得于九重之上，弗讲其所以为治之。具而施仁弗，先夫四者又可以行王政乎？若是王政之行否？果系一堂之存毁乎？否也，既曰王者之堂矣于齐，焉得有诸轲之旨安在？诸君试辩之。

问：书称鲧陻洪水汩陈其五，行帝乃震怒，弗畀洪范九畴乃锡禹。噫！天高乎在上，将睹其赫然。震威以怒，鲧又谆谆然有所命，以锡禹耶？不然岂箕子之言过耶？抑禹得九畴，其取以治水者，果何法耶？及夫决天下之水而注之海，然后任九州之土以定贡彼八州者，先田后赋莫不皆有贡而冀独反，是何耶？

问：夫子曰："吾四十而不惑。"孟子曰："四十不动心。"有以异乎？苟无以异也，是二者圣贤少时何不能，必待四十而后可。孟子以为颜渊具体而微，且渊也短命。是未尝至四十也。苟不至夫子之年已不惑，则过圣人远已。乌在其微也，若犹未也，既未能无惑其于圣人之道，有不足者矣？乌在其能具体也。诸君为辩之。

（宋·强至《祠部集》卷三十二）

重阳真人王喆

[金]元好问

明咸阳大魏村人，弱冠修进士，举业籍京兆府学，又善武，携天眷间收复陕西。英豪获用。真人于是捐文场，应武举，易名德威，字世雄。是乡里见真人曰："害风来也。"真人即应之。正隆己卯季夏既望，于甘河镇醉中啗肉，有两衣毡者，继至屠肆中。其二人形质一同，真人惊异，从至僻处虔祷作礼。其二仙徐言曰："此子可教矣。"遂授以口诀，其后愈狂咏诗曰："四旬八上始遭逢，口诀传来更有功。明年再遇于醴泉。"邀饮肆中，酒家问其乡贯年姓，答曰："濮人年二十有二，姓则不知也。留歌颂五命真人读余火之。"自此弃妻子而去，又为诗故以猥贱语詈辱。其子孙其末后句云：相违地肺成懽乐，撞入南京便得真。后别号重阳子真人。在宁海一日，告众曰："时将至矣，明日西行道友乞诗词。"至夜留诗曰："登途上路不由吾，云雾相招本性更。万里清风常作伴，一轮明月每为徒。山青水绿程程送，酒白粱黄旋旋沽。今夜一杯如有意，放开红烛照水壶。"笔尚未投，从外有史公者来送酒，一座大惊。大定十年正月四日口授颂曰"地肺"，重阳子呼名王害风。来时长日月去，后任西东作伴云和水，为录虚与空，一灵真性在，不与众人同。颂毕，俨然而终。

（《绘事备考》卷上，清末《文渊阁四库全书》）

跋石鼓歌后

[元] 吴澄

凡古器物古有之，而后不复见者。比比古未之见，而后忽有焉者，往往可疑。六一公谓"石鼓"，可疑者三。余尝至燕都孔庙南，草莽间，手抚遗迹，踟蹰久之。今又见此刻文，装褙甚整。附昌黎、东坡二诗于后，余于是而深敬宗茂之好古也。宗茂多蓄古人墨迹名画，而家无铢两赀，处之裕如吁！是岂可为俗子道哉！

（《吴文正集》卷五十五，清末《文渊阁四库全书》）

新修二贤祠堂记

[元] 蒲道源

天下之事其同异，有绝然者，固众人之所知也。至于事异而理同者，非君子莫能识也。夫汉唐异代，文武殊途不同也。二贤皆陇西成纪人，均为李姓，此同也。至于俱禀英杰之气，负超卓之才，其能盖于当时而名垂于后世，此不同之同也。非君子孰能识之，李将军广生于汉孝文时，帝尝曰："使广生高祖时，万户侯何足道也。"其材天下无双，射必中。而力尝误以石为虎，射之控，□没矢。急则计百出。守右北平敌人号为"飞将军"不敢近旁。但以数奇终不得封侯，又不相能于卫青左其部曲。死之日，天下知与不知，皆与流涕。至今为之太息。而李翰林白当唐明皇时，以长庚之精号"谪仙人"。天才放逸，思如涌泉，尤圣于诗，帝置之金銮，出入翰林。尝应制进乐府，援笔立成，竟为力士以脱靴之。憾沮而不用四海称屈，以为与才不与命。至今使人不平使，二贤生际一时，必能相得何者？史称广诚信于士大夫，而翰林识郭汾阳于行伍。荐之后以永王璘迫胁，得罪汾阳，请以官赎其相，得可知矣！

西台御史李某，陕西宪佥。宋某以谳狱至陇之成纪，望邑城之南，夕水之阴，五龙谷山巘间，阙其址。隆平可爱询云。盖李将军故居邑人为之立石，表其地。宋为四圣院，后废邻寺妙胜院。僧了忍主之耕者，尝得箭镞有二掌之巨。上有汉字意广所用也。

又获石斧,详其制。亦非近代之物。瓦砾中仅存断碑院额数字而已。国初,邑人为立一石,表曰"汉李将军故居"。迁轩赵鲁公世延亦立一石表曰"唐谪仙李翰林故里"。窃谓广之忠勇,白之文章皆间生也。合祠以享。何间其世代文武不同耶!

朱文公守南康,以石有卧龙状创孔明祠。后人亦设文公像。有司以仲丁致祭其为先后并祠例也。某等各捐己秩创立一祠,设二贤像。一竹皮冠书其主曰"汉飞将军李公"一宫,锦袍书其主曰"唐谪仙翰林李公"。时银青荣禄大夫大司徒云溪公义其事,割金攒成,遂大书四字扁为"二贤之祠"。仍以僧了忍监修,今州判官朱惠董役。落成有日,移书于仆以属笔焉。但仆衰老文气卑弱,然盛意不忍拒以。所寄事迹次第之,虽不能发挥前贤伟绩及诸公高谊。若夫天雨将降,山川出云跂,而望之凛凛乎。若二公之生气犹存,故系以词曰:

世之相后兮,千古一途。曰文曰武兮,其道虽殊。二公英杰兮所禀,则俱合祠以享兮,神其乐胥。后之来者兮堂下拜趋。视此碑辞兮,慷慨嗟吁。

（元·蒲道源《闲居丛稿》卷十四）

关中书院语录（节选）

[明] 冯从吾

纲常伦理要尽道,天地万物要一体,仕止久速要当可,喜怒哀乐要中节,辞受取与要不苟,视听言动要合礼,存此谓之道,心悖此谓之人。心惟精,精此者也惟一;一此者也,此之谓允;执厥中,此之谓尽性。至命之实学,圣贤之学,总只在此心。

故虞廷人心,道心之说,乃千古圣学之原,而解者多谓:"道心非人不丽,而人心非道不宰,不必屏去。"人心而别觅道,心也举。吾之人心一禀于道,即云道矣。余向来亦为此说所误,不知人心。道心不容并立如纲常伦理,能尽道便是道心,不能尽道便是人心。喜怒哀乐能中节便是道心,不能中便是人心。视听言动能合礼便是道心,不能合礼便是人心,极容易辨非。以喜怒哀乐视听言动为人心,以中节合礼为道心也。今日举吾之人心一禀于道，即云道是举吾之喜怒哀乐一禀于节，举吾之视听言动一禀于礼，即云道是明以喜、怒、哀、乐、视、听、言动为人心，而以中节合礼为道心矣。以中节合礼为道心，不差而以喜、怒、哀、乐、视、听、言动为人心，不知喜、怒、哀、乐、视、听、言动可以屏而去之乎？以必不能屏而去之者，为人心，是明白左袒人心回护。

人心也，人心屏，而去之犹恐不尽，而以必不可去者当之，何怪乎？人心日炽道，心日微，令人猖狂而无忌也哉！若以视听言动为人心，则亦可以纲常伦理辞受，取与仕，止久速为人心矣！可乎类而推之，如好问、好察是道心，不好问、好察便是人心。隐恶扬善是道心，不隐恶扬善便是人心。执两端而用中是道心，不执两端而用中便是人心。益为明白若以视听言动为人心，是以问察善恶两端皆为人心也。愈无此理矣。吾儒曰："不迹声色，不殖货利，此声色就不好。"一边声色说，非耳得之，而成声目遇

之，而成色之声色也。而或者宗异端不即不离之旨，倡为不离声色、不溺声色、不绝货利、不染货利之说。夫不离不绝人所易见，自己已讳不去。所以不得已只得说："简不溺不染不知，既不离不绝矣。"又，乌知其溺不溺、染不染哉！

且如理所不当离的，惟恐其不即理所当离的，只不离便不是，又何论不即？不即不离，明白为当离而不离者，讳而人多不及察。何也？使人有两个心。一个是人心，一个是道心，有何难？精惟其只是一个心，所以难于辨别，难于分析。所以异说得易于误人，所以学者多易为异说，所误这等去处，关系不小。此精一执中。尧舜所以开万世道学之原也，学之一字创，自说命而孔子揭之为万世鹄。讲学者，讲其纲常伦理，如何能尽道，仕止久速？如何能当可能尽道？能当可得处在何处？不能尽道不能当，可失处在何处？这等去处，不容不讲，讲的明白痛快，心上默默有透悟处，默默有自得处，然后能一一尽道，

一一当可尽道，当可非可以袭取而卒办也。

孔子曰："学而时习之，不亦说乎？"学者，学此者也。习者，习此者也。说者，说此者也。乐者，乐此者也。我能尽道，我能当可，我心自说。何论人之知，不知又何愠？此君子之学，非孔子。吾谁与归？有朋自远方来，不是乐其人知，若因其人知而乐，便因其人不知而不乐矣。安得不愠其何以为说？其何以为君子？朋来而乐者，乐其纲常伦理，大家俱能尽道。乐其视听言动，大家俱能合礼乐。吾道之得人乐，斯文之有托，非专为人知我，而乐着在自家一人身上论也。

（明·冯从吾《少墟集》，卷十二）

关中书院记

[明] 冯从吾

余不肖，偕诸同志讲学宝庆古刹有年矣。岁己酉十月朔日，右丞汪公、宪长李公、宪副陈公、学宪段公联镳会讲，同志几千余人，相与讲心性之旨，甚具。骊然曰，晡始别，濒别，诸公谓余曰："寺中之会，第可暂借而难垂久远。当别有以图之。"明日，即以寺东小悉园檄咸长两邑，改为关中书院。延余与周淑远诸君子讲学其中。而汪公复为书院。置公田，延绥抚台涂公闻而嘉之，以俸余增置焉。讲堂六楹，诸公扁曰："允执盖取关中'中'字意也。"左右各为屋，四楹皆南向。若翼东西号房各六楹，堂后假山一座，三峰笋翠，宛然一小华岳也。堂前方塘半亩，竖亭于中，砌石为桥，偏西南不数十武，掘井及泉，引水注塘。井覆以亭，二门四楹，大门二楹，旧开于南椽。邻官署冠盖纷沓，深山野人，不便厕迹，因改于西巷。境益岑寂且不失吾颜氏陋巷家法也。西巷地基乃用价易民居大门外，复构小屋数楹，仍居数家，以供洒扫之役，前后稍为修葺，未及数月，焕然成一大观矣。松风明月，鸟语花香，令人有春风舞雩之意，而刘郡丞、孟直复为八景诗，以壮之。一时同志川至云集。吾道庶几兴起，而余愧不足以当之也。一日讲毕，诸生请曰："自昔

书院韧建皆有记，而当道诸公盛举又不可泯焉，不彰也。先生得无意乎？"余唯唯。因进诸生念之曰："我关中形胜甲于天下。羲文武周，后先崛起，弗可尚矣！"自横渠后，理学名儒代不乏人。盖文献之邦而学问之薮也。吾辈生于其后，何可无高山景行之思？且书院名"关中"而扁其堂为"允执"，盖借关中"中"字阐允执厥中之秘耳。夫中之一字自尧始发之，所谓"尧得统于天者此也"。然中与不中虽见于事而实根于心，舜又恐人求中于事，而不知求中于心，故曰："人心惟危，道心惟微。惟精惟一，允执厥中，其旨微矣。"然危微精一之辨，莫详于《子思》《中庸》一书。盖中之为德庸。德也，中之为言庸言也。喜怒哀乐、中节子臣弟友尽道是也。于此一一中节，一一尽道，直至中和，致而位育臻。然后可以合无声、无臭之妙，然后可以语尽性至命之学。呜呼！岂易言哉？夫喜怒哀乐，中节固也。若必待已发而后求中节子臣弟友尽道，固也。若必待既感而后求尽道，

则晚矣。故必当一念方动之时，而慎之，而后能中节尽道也。此慎独之说也。故曰："其要只在谨独。"虽然又必待念起而后慎之，则亦晚矣。故必当一念未起之时，而慎之，而后能中节尽道也。此戒慎不睹，恐惧不闻之说也。故曰："静中看喜怒哀乐未发气象。一念未起则涵养此心，一念方动则点检此心。于此惟精，于此惟一。庶乎？"有不发，发皆中节，有不感，感皆尽道矣。

呜呼！岂易言哉！然人多不肯用戒慎之功者，何盖亦未知本体责任不容诿耳。且天命之谓性，非命之甘食悦色。如告子所称正命之使，我位天地。命之使，我育万物也。我能位育，则性尽，而能复天之命；我不能位育，则性失而无以复天之命。可不畏哉！命如君、命父、命师，命然。君命、父命、师命，皆着于声臭，而惟天命不着于声臭。故曰："上天之载，无声、无臭，天之命我者如此其重而又无声臭之可。即念及于此，喜怒哀乐，虽欲不中节，不敢也。子臣弟友虽欲不

尽道不敢也。独虽欲不慎、不睹、不闻，虽欲不戒慎恐惧，不敢也。"孔子曰："畏天命。"又曰："小人不知天命而不畏也。"彼不畏者，原不知耳。若知之，岂敢不畏哉？知本体之难谩，自知功夫之当尽，而或又谓本，体原自现成用功，即落臆说。是谓："天地本位，万物本育，而我不必位育之也。弃天亵天甚矣。其如天命何？

呜呼！位天地育万物，圣人此天命，凡人亦此天命。上而天子，此天命；下而庶人亦此天命。无圣凡贵贱，无弗同者。今吾辈自天生以来，俱各命之，以位育之性，俱不容。不讲危微精一之学，即汲汲皇皇，异日犹未知，能复天之命否也。而尚敢暇逸为哉！上帝临汝无二尔心愿，共勉之。诸生□然。曰："今而后始解允执之义矣，敢不努力以毋负上天所以命我之意？"于是次其语书之以为记。

时大参闵公、熊公，宪副刘公、张公、常公，郡守尹公，二守朱公、郑公、沈公，节推王公，咸宁署篆别驾孙公，长安令杨公皆兴起正学。襄厥成事例得并书。涂公，讳宗濬，南昌人，癸未进士。汪公，讳可受，黄梅人，庚辰进士，李公，讳天麟，武定人，庚辰进士陈公，讳宁，历城人，壬辰进士。段公，讳猷显，固始人，壬辰进士。闵公，讳洪学，乌程人，戊戌进士。熊公，讳应占，隆昌人，壬辰进士。刘公，讳一相，长山人，丁丑进士。张公，讳问明，寿光人，辛丑进士。常公，讳守信，磁州人，己丑进士。尹公，讳伸，宜宾人，戊戌进士。朱公，讳星耀，贵溪人，癸未进士。郑公，讳敦原，长治人，壬午乡进士。沈公，讳震龙，临安人，乙酉乡进士。王公，讳大智，玉田人，甲辰进士。孙公，讳谋，蒲州人，选贡士。杨公，讳鹤，武陵人，甲辰进士。其余捐金助修诸公姓氏，不能备书俱载碑阴。

（明·冯从吾《少墟集》卷十五）

关中书院科第题名记

[明] 冯从吾

万历己酉冬,当路诸公为余创关中书院讲学其中。越三年,壬子,从游诸生得隽者,伐石题名于书院。乞余为记,且曰:"先生之设科有日矣,初讲于家,后讲于宝庆寺。自辛卯甲午后,科第济济称盛矣。题名当从辛卯始,惟先生命之。"余曰:"然。"即此推让。一念是诸君善与人同意也。敢不成诸君之美?遂不辞而漫为之,记往代无论近世题名者多矣。

声闻过情,君子耻之,而余又为之助其波,可乎?是不然,七八月之间,雨集沟浍皆盈涸。可立待此无本之名,不可有也。故君子耻之原泉,混混不舍,昼夜盈科。而后进放乎四海。此有本之名,不可无也。故君子取之而说者,既以名为,不必有误矣。昔颜渊、闵子骞、冉伯、牛仲弓以德行名;宰我、子贡以言语名;冉有、季路以政事名;子游、子夏以文学名,凡此皆有本之名也,而其本则皆得之于学;盖道者源也。而学则所以濬其源;道者根也,而学则所以培其根。

故从讲学入,则吾道一以贯之。不惟德行是,即言语、政事、文学亦是。所以诸贤各得成其名不然,而不从讲学入,则道本一。而裂、而为,四德行不过一自好之士;政事不过一功名之士;言语文学不过一口耳辞章之士。不惟言语政事文学非即德行,亦非矣。又乌得与圣门诸贤论名哉!是则皆是,非则皆非。于此豪发,于彼寻丈。故曰:"学之不讲,是吾忧也。今诸君讲学于此,固欲成为圣、为贤之名。德行必欲为颜、闵;言语必欲为予、赐;政事、文学必欲为由、夏。非徒仅仅成科第之名也者。如第曰成科第之名,则雁塔丰碑不啻足矣。又奚取于斯邪!虽然书院之讲固不专为科第,而即科第亦足见书院讲学之益,惟诸君不以一时科第,自多而以圣贤有本之学,自勉使郿坞子厚、蓝田四吕、高陵仲木,再见于今日,则业与名世争流,而名与天壤俱敝,宁直诸君不负科名,即关中书院亦当与白鹿、岳麓并名不朽矣。余不与有荣施也哉!是为记。

(明·冯从吾《少墟集》,卷十五)

三月十三日驾幸太学陪祀孔庙听讲彝伦堂

[明] 罗洪先

万乘出铜龙，千官扈跸同。金根下星汉，翠葆丽春空。幄启张皇邸，庭趋奠泽宫。礼严忘分贵，道重觉师□。

崇三月，闻韶后两楹，看梦中诗因八佾变祀，岂一牢丰法驾桥门转周庐，陛楯通垂衣临六馆，委佩引群工，见圣青衿合，横经黼座东，嘉宾来孔氏，宪老忆申公如堵人，瞻仰犹龙气。郁葱共嗟，儒不贱且感教之功窃纂臣谈业，躬逢帝典隆辟雝迟献颂纪事，序王风。

（明·罗洪先《念菴文集》，卷二十）

重修文庙祭器记

[明] 任环

上党孔庙祭有器也。创自国初，而大备于马侯州守之日。岁久，残缺主者多因仍之。嘉靖丁巳，唐山祝公来刺我邦，治民事，神纯尚，孔氏谒庙之始，大惧器物放失，曰是非。所以报本始尊吾道也。维时乃新之，陈其帷幄以崇严也；修其簠簋以尽愨也，备其百物以致享也。戊午仲春上丁，禋祀忠信而行，要之以礼。君子曰："观于大夫而致治之道，裕如也。"夫礼有情焉，有文焉。备物享者，其文明忠信，行者其情深，情深而文明，德博而化光矣。推之天下，其如视诸掌乎。而何有于吾党二三子，其尚由公制器之意以达，公不言而化之心，藏器于身。待时而动，如公之所以教吾党者，教天下得矣。公讳天保，号凤石，起家丁未进士，美政不可殚，述兹特其一云。

（明·任环《山海漫谈》，卷一）

跋颜氏家庙碑

[明] 吴宽

此唐颜氏家庙碑为鲁公真卿撰，并书按跋尾。此碑遭兵乱，仆于野。宋太平兴国七年，都院孔目孔延袭，始移置府城。孔庙中而碑幸完。予知碑名久矣，恨不可得。同年周公瑞都宪、巡抚陕西始寄至，犹恨缺其额耳。盖以碑额为无用，多不拓或碑穹工人艰于拓，而置之不知碑无额如物无首，为完物乎？况此额为李阳冰篆书，可谓二绝，何可缺耶？

（明·吴宽《家藏集》，卷五十五）

第三章

【古今对联选】

南门城楼

兵器馆联

永叙虎视普听龙吟和风吹遍恒沙界
昔耀武功今展文物兵气销为日月光

东接崤函西通关陇居天下枢纽扼五省
咽喉进攻退守自古江山称重镇
上略秦汉下备明清缅宇内英豪展八方
兵器铁马金戈而今眺览想雄风

书院门街

西牌楼联

碑林藏国宝

书院育人杰

长安画院美术家画廊联

沧海日骊山霞太白雪秦岭云古城月草堂烟
灞河柳西岳峰雁塔钟声合宇宙奇观绘吾斋壁
少陵诗摩诘画马迁史右军帖半坡陶孔庙碑
周塬鼎秦俑魂法门佛诵收古今绝艺置我漆屏

云林阁联

彩云宝树琼田绕
仙露琪花碧涧香

张先生酒楼联

沽酒客来风亦醉
卖花人去路还香

荣昌茶庄联

只缘清香蕴清趣
全因浓酽有浓情

两宜轩联

假使两间生两我
何尝宜古不宜今

中天阁联

周秦遗珍藏古趣
汉唐故宝蕴雅兴

秦风堂联

帝京光照丹青有神州瑰宝
河渭润泽笔墨出华夏名流

盛大庄联

彩云长绕甘泉树
淑景初临建始花

文萃阁联

古都瑰宝荟文萃
书院华阁联胞谊

立碑为林孔庙存国粹
集联盈街书院展奇观

三秦风光联

是画非画画中有画画山画水画卷美
如诗似诗诗外有诗诗色诗香诗韵长

灏文堂联

五百里滇池奔来眼底披襟岸帻喜茫茫空阔无边看东骧神骏西翥灵仪北走蜿蜒南翔缟素高人韵士何妨选胜登临趁蟹屿螺洲梳裹就风鬟雾鬓更苹天苇地点缀些翠羽丹霞莫孤负四围香稻万顷晴沙九夏芙蓉三春杨柳
数千年往事注到心头把酒凌虚叹滚滚英雄谁在想汉习楼船唐标铁柱宋挥玉斧元跨革囊伟烈丰功费尽移山心力尽珠帘画栋卷不及暮雨朝云便断碣残碑都付与苍烟落照只赢得几杵疏钟半江渔火两行秋雁一枕清霜

秦都珠宝联

琴心妙清远
縠性多温纯

群居防口独坐防心
守田不贫读书不贱

关中书院

大门院内壁联
学高为师
身正为范

二门联
风声雨声读书声声声入耳
国事家事天下事事事关心

三门联
竹柏翠环阶念抱瓮非劳培植须同佳子弟
芝兰香满室愿读书共勉延陪莫作假师生

长廊联
海纳百川有容乃大
壁立千仞无欲则刚

与有肝胆人共事
从无字句处读书

有关家国书常读
无益身心事莫为

计利当计天下利
求名应求万世名

醒钟亭联
泽桃润李
琢玉镂金

心有三爱奇书骏马佳山水
园栽四物青松翠竹白梅兰

苟有恒何须三更眠五更起
最无益莫过一日曝十日寒

士所尚在志行远望高万里鹏程笑学问
业必精於勤传文强录三余蛾求惜光阴

静以修身俭以养德
入则笃行出则友贤

满目青山峰连峰攀登无止境
长江春水浪推浪接力有后人

允执堂联
木铎醒群生之梦至今风韵犹存欲觐芳
模洗耳听金声玉振
心橙开万世之迷当日黎光倍朗思亲道
范披襟看鱼跃鸢飞

图书馆联
藏增智良卷
育树人俊才

卧龙寺

山门前联
学无为卧龙归性海
振宗风伏虎出禅天

山门后联
木火二将神大金刚
匡扶佛法定国安邦

观音殿联
祥光烁破千生病甘露能除万劫灾
翠柳拂开金世界红莲涌出五楼台

地藏殿联
愿力深众生度尽证菩提
悲行坚地狱未空不成佛

天王殿联
青灯观青史着眼看春秋一书
赤面表赤心满腔存汉鼎十分

韦驮殿联
将军身童子貌万国威灵
菩萨心金刚相三洲感应

客堂联
挑起一担通身白汉阿谁识
放下两头遍体清凉只自知

大雄宝殿联
一真法界或玄或妙不足以文字求
大光明藏难思难议岂得以语言说

大悲观联
赴感随机游法界
寻声救苦度群迷

药师佛殿联
功积祇园果因不昧
德辉西域福慧无疆

祖师殿联
熏金粟妙香拈花微笑
浸紫霞佳气万派朝宗

法堂联
慧焰重重烁破千年之暗室
法源混混滋生五性之灵苗

湘子庙楹联

影壁楹联
取义有道疏财仗义虽挥金如土财源亦旺
求利无道为富不仁虽惜土如金物流待绝

灵官殿殿门楹联
依法纠察善恶天地不私汝何必胆颤
按律赏罚功过神人共鉴尔无须心惊

湘祖殿正殿楹联

出世入世皆在一念三界通大道
济世度世全凭一心千载留弘德

湘祖殿正堂楹联

真假中看泉香酒美花顷刻小技雕虫传百代
有无里见云横雪拥鳄速遁大道升仙铸千秋

碑林展室石刻

左宗棠篆书两联

负郭无田，几亩荒园都种竹
传家有宝，数间茅屋半藏书

损人欲以复天理
蓄道德而能文章

马德昭两联

多福多寿多男子
如山如岳如冈陵

奇石寿于尊者相
老藤缠作献之书

朱昌颐联

天恩报于何处惟有实心
民力惜得几分便是造福

吕松年联

眉齐案梁家夫妇
笏满床郭氏儿孙

盛惇崇二联

竹屋纸窗苏学士
微云疏雨孟山人

醇酒饮如花渐放
旧书读似客初归

陶廷杰联

习勤朝运甓
省过夜焚香

陆陇其联

结庐古城下
读书秋树根

崔志道联

造物与闲兼与健
山人知老不知年

第七编·史料典籍

碑林三学街相关的史料典籍涉及遗迹史料、文人雅事、碑铭记载等等。这些文字生动、翔实，文质兼备，可观、可感、可考证、可联想，极其珍贵。

第一章 【隋唐时期】

隋唐时期的史料典籍严谨规范又形质兼备，体现了当时社会对儒学的整体态度。

微臣属书东观，预闻前史。若乃知几其神，惟睿作圣，元妙之境，希夷不测。然则三五迭兴，典坟斯着，神功圣迹，可得言焉。

自肇立书契，初分爻象，委裘垂拱之风，革夏翦商之业。虽复质文殊致，进让罕同，靡不拜洛观河，膺符受命。

名居域中之大，手握天下之图。象雷电以立威刑，法阳春而流惠泽。然后化渐八方，令行四海。

未有偃息乡党，栖迟洙泗，不预帝王之录，远迹胥史之俦。而德侔覆载，明兼日月。道艺微而复显，礼乐弛而更张。

穷理尽性，光前绝后，垂范于百王，遗风于万代。猗欤伟欤！若斯之盛者也！夫子膺五纬之精，踵千年之圣，固天纵以挺质，禀生德而降灵。载诞空桑，自标河海之状；才胜逢掖，克秀尧禹之姿。知微知章，可久可大。

为而不宰，合天道于无言；感而遂通，显至仁于藏用。祖述先圣，宪章往哲。夫其道也，固以孕育陶钧，包含造化，岂直席卷八代，并吞九邱而已哉！虽亚圣邻几之智，仰之而弥远；亡吴霸越之辨，谈之而不及。

于时天历寝微，地维将绝，周室大坏，鲁道日衰，永叹时□□，实思濡足，遂乃降迹中都，俯临司寇。道超三代，止乎季孟之间；羞论五霸，终从大夫之后。

固知栖遑弗已，志在于求仁；危逊从时，义存于拯溺。方且重反淳风，一匡末运。是以载贽以适诸侯，怀宝而游列国。

元览不极，应物如响，辨飞龟于石函，验集隼于金楛。触舟既晓，专车能对，识罔象之在川，明商羊之兴雨。

知来藏往，一以贯之。但否泰有期，达人所以知命；卷舒惟道，明哲所以周身。□□里幽忧，方显姬文之德；夏台羁绁，弗累商王之武。陈蔡为幸，斯之谓欤。于是自卫反鲁，删书定乐，赞易道以测精微，修春秋以正□□贬。

故能使紫微降光，丹书表瑞，济济焉，洋洋焉，充宇宙而洽幽明，动风□□而润江海。

斯皆纪乎竹素，悬诸日月。既而仁兽辈时，鸣鸟弗至，哲人云逝，峻岳已义。尚使泗水却流，波澜不息，鲁堂馀响，丝竹犹传，非夫体道穷神，至灵知化，其孰能与于斯乎？自时厥后，遗芳无绝，法被区中，道济天下。

及金册斯误，玉弩载惊，孔教已焚，秦宗亦坠。汉之元始，永言前烈，□□成爰建，用光祀典，魏之黄初，式遵古训，宗圣疏爵，允缉旧章，金行水德亦存斯义。而晦明匪一，屯亨递有，筐□□縶，与时升降，灵宇虚庙，随道废兴。炎精失御，蜂飞□□胃起，羽檄交驰，经籍道息。屋壁无藏书之所，阶基绝函丈之容。五礼六乐，翦焉煨烬。重宏至教，允属圣期。大唐运膺九五，基超七百，赫矣王猷，蒸哉景命，鸿名盛烈，无得称焉。皇帝钦明睿哲，参天两地，乃圣乃神，允文允武。经纶云始，时维龙战，爰整戎衣，用扶兴业。神谋不测，妙算无遗，宏济艰难，平台区宇。纳苍生于仁寿，致君道于尧舜。职兼三相，位总六戎，元□□乘石之尊，朱户渠门之锡。礼优往代，事逾恒典。于是在三眷命，兆庶乐推，克隆帝道，丕承鸿业。明玉镜以式九围，席萝图而御六辩。寅奉上元，肃恭清庙。宵衣昊食，视膳之礼无方；一日万几，问安之诚弥笃。孝治要道，于斯为大。故能使地平天成，风淳俗厚，日月所照，无思不服。憬彼獯戎，为患自古。周道再兴，仅得中算。汉图方远，才闻下策。徒勤六月之战，侵轶无厌；空尽贰师之兵，凭凌滋甚。皇威所被，犁颡厥角，空山尽漠，归命阙廷，充仞藁街，填委外厩。开辟以来，未之有也。灵台偃伯，玉关虚候。江海无波，□□逢燧息警。非烟浮汉，荣光莫河。□□苦矢东归，白环西入。犹且兢怀驭朽，兴眷纳隍；卑宫菲食，轻徭薄赋；斫雕反朴，抵璧藏金；革舄垂风，绨衣表化；历选列辟，旁求遂古；克己思治，曾何等级，于是眇属圣谟，凝心大道，以为括羽成器，必在胶雍，道德润身，皆资学校，矧乃入神妙义，析理微言，厉以四科，明其七教，懿德高风，垂裕斯远。而栋宇弗修，宗桃莫嗣，用纡听览，爰发丝纶。武德九年十二月廿九日，有诏立隋故绍圣侯孔嗣哲子德伦为□□圣侯，乃命经营，惟新旧址。万雉斯建，百堵皆兴，揆日占星，式规大壮。凤甍骞其特起，龙桷俨以临空。霞入绮寮，日晖丹槛。□□崇邃，悠悠虚白。图真写状，妙

绝人功。象设已陈，肃焉如在。握文履度，复见仪形。凤□□寺龙蹲，犹临咫尺。□□完尔微笑，若听武城之弦；怡然动色，似闻箫韶之响。□□盛服，既睹仲由；侃侃礼容，仍观卫赐。不疾而速，神其何远？至于仲春令序，时和景淑，皎□□璧池，圆流若镜，青葱槐市，总翠成帷。清涤元酒，致敬于兹日；合舞释菜，无绝于终古。皇上以几览馀暇，遍该群籍，乃制《金镜述》一篇，永垂鉴戒。极圣人之用心，宏大训之微旨。妙道天文，焕乎毕备。副君膺上嗣之尊，体元良之德。降情儒术，游心经艺。楚诗盛于六义，沛易明于九师。多士伏膺，名儒接武。四海之内，靡然成俗。怀经鼓箧，摄盍趋奥。并镜□□披，俱餐泉涌。素丝既染，白玉已雕。资覆篑以成山，导涓流而为海。大矣哉！然后知达学之为贵，而宏道之由人也。国子祭酒杨师道等，偃元风于圣世，闻至道于先师，仰彼高山，愿宣盛德。昔者楚国先贤，尚传风范，荆州文学，犹镌歌颂。况帝京赤县之中，天街黄道之侧，

聿兴壮观，用崇明祀，宣文教于六学，阐皇风于千载。安可不赞述徽猷，被之雕篆？乃抗表陈奏，请勒贞碑，爰命庸虚，式扬茂实。敢陈舞咏，乃作铭云：

　　景纬垂象，川岳成形。挺生圣德，实禀英灵。神凝气秀，月角珠庭。探赜索隐，穷几洞冥。述作爰备，邱坟咸纪。表正十伦，章明四始。系缵羲易，书因鲁史。懿此素王，邈焉高轨。三川削弱，六国从衡。鹑首兵利，龙文鼎轻。天垂伏鳖，海跃长鲸。解韨去佩，书烬儒坑。纂尧中叶，追尊大圣。乃建□成，膺兹显命。当涂创业，亦崇师敬。胙土锡圭，礼容斯盛。有晋崩离，维倾柱折。礼亡学废，风颓雅缺。戎夏交驰，星分地裂。□□藻莫奠，山河已绝。隋风不竞，龟玉沦亡。樽俎弗习，干戈载扬。露尔阙里，麦秀邹乡。修文继绝，期之会昌。大唐抚运，率繇王道。赫赫元功，茫茫天造。奄有神器，光临大宝。比踪连陆，追风炎昊。于铄元后，膺图拨乱。天地合德，人神攸赞。麟凤为宝，光华在旦。继

圣崇儒，载修轮奂。义堂宏敞，经肆纡萦。重栾雾宿，洞户风清。云开春牖，日隐南荣。锵宏钟律，躅絜盎明。容范既备，德音无歝。肃肃升堂，侁侁让席。猎缨访道，横经请益。帝德儒风，永宣金石。

（唐·虞世南《孔子庙堂碑》，陕西省博物馆）

高祖武德二年，国子立周公、孔子庙。七年二月己酉，诏："诸州有明一经已上未被升擢者，本属举送，具以名闻，有司试策，皆加叙用。其吏民子弟，有识性明敏，志希学艺，亦具名申送，量其差品，并即配学。州县及乡，并令置学。"丁酉，幸国子学，亲临释奠。引道士、沙门有学业者，与博士杂相驳难，久之乃罢。

（唐·《旧唐书》卷二四，志第四）

（武德）二年，诏曰：

　　盛德必祀，义存方策，达人命世，流庆后昆。建国君人，弘风阐教，崇贤彰善，莫尚于兹。自八卦初陈，九

畴攸叙，徽章互垂，节文不备。爰始姬旦，匡翊周邦，创设礼经，尤明典宪。启生人之耳目，穷法度之本源，化起《二南》，业隆八百，丰功茂德，冠于终古。暨乎王道既衰，颂声不作，诸侯力争，礼乐陵迟。粤若宣父，天资睿哲，经纶齐、鲁之内，揖让洙、泗之间，综理遗文，弘宣旧制。四科之教，历代不刊；三千之文，风流无歇。

惟兹二圣，道着群生，守祀不修，明褒尚阙。朕君监区宇，兴化崇儒，永言先达，情深绍嗣。宜令有司于国子学立周公、孔子庙各一所，四时致祭。仍博求其后，具以名闻，详考所宜，当加爵士。是以学者慕向，儒教聿兴。

至三年，太宗讨平东夏，海内无事，乃锐意经籍，于秦府开文学馆，广引文学之士，下诏以府属杜如晦等十八人为学士，给五品珍膳，分为三番更直，宿于阁下。

及即位，又于正殿之左，置弘文学馆，精选天下文儒之士虞世南、褚亮、姚思廉等，各以本官兼署学士，令更日宿直。听朝之暇，引入内殿，讲论经义，商略政事，或至夜分乃罢。又召勋贤三品已上子孙，为弘文馆学生。

贞观二年，停以周公为先圣，始立孔子庙堂于国学，以宣父为先圣，颜子为先师。大征天下儒士，以为学官。数幸国学，令祭酒、博士讲论。毕，赐以束帛。学生能通一大经已上，咸得署吏。又于国学增筑学舍一千二百间，太学、四门博士亦增置生员，其书算各置博士、学生，以备艺文，凡三千二百六十员。其玄武门屯营飞骑，亦给博士，授以经业，有能通经者，听之贡举。是时四方儒士，多抱负典籍，云会京师。俄而高丽及百济、新罗、高昌、吐蕃等诸国酋长，亦遣子弟请入于国学之内。鼓箧而升讲筵者，八千余人，济济洋洋焉，儒学之盛，古昔未之有也。

太宗又以经籍去圣久远，文字多讹谬，诏前中书侍郎颜师古考定《五经》，颁于天下，命学者习焉，又以儒学多门，章句繁杂，诏国子祭酒孔颖达与诸儒撰定《五经》义疏，凡一百七十卷，名曰《五经正义》，令天下传习。

十四年，诏曰："梁皇侃、褚仲都，周熊安生、沈重，陈太沈文何、用弘正、张讥，隋何安、刘炫等，并前代名儒，经术可纪。加以所在学徒，多行其疏，宜加优异，以劝后生。可访其子孙见在者，录名奏闻，当加引擢。二十一年，又诏曰："左丘明、卜子夏、公羊高、谷梁赤、伏胜、高堂生、戴圣、毛苌、孔安国、刘向、郑众、杜子春、马融、卢植、郑玄、伏虔、何休、王肃、王弼、杜元凯、范宁等二十一人，并用其书，垂于国胄。既行其道，理合褒崇。自今有事太学，可与颜子俱配享孔子庙堂。"其尊重儒道如此。

（唐·《旧唐书》卷一八九，列传第一三九上）

睿宗初即位，中书令张说荐知章有古人之风，足以坐镇雅俗，拜礼部员外郎。俄转国子博士。后秘书监马怀素奏引知章就秘书省与学者刊定经史。知章虽居吏职，归家则讲授不辍，尤明《易》及庄、老玄言之学，远近咸来受业。其有贫匮者，知章尽其家以衣食之。

性和厚，喜愠不形于色，未尝言及家人产业。其子尝请并市樵米，以备岁时之费，知章曰："如汝所言，则下人何以取资？吾幸食禄，不宜夺其利也。"竟不从。

开元六年卒，时年五十有余。所注《孝经》《老子》《庄子》《韩子》《管子》《鬼谷子》，颇行于时。门人孙季良等立碑于东都国子监之门外，以颂其德。

（唐·《旧唐书》卷一八九下，列传第一三九下）

第二章

【明清时期】

明清时期对碑林、三学街的记录偏客观理性,但也不乏一些亲身体验的游记、纪事。

明学 成化九年巡抚马文升即宋元学修。万历二十一年长安令沈听之、咸宁令李得中重修本朝西安府学。顺治十年提学田馝茂即明代旧阯增修，学制大门前有坊，内有泮池。仪门内当甬道为魁星楼，中为明伦堂，两旁四斋曰：志道，据德依仁游艺东西号舍各三十六楹。堂后为尊经阁，后神器库。射圃亭在长安县学右教授训导。在明伦堂后会典教授一员，复设训导一员。又阴阳学在府治东；医学在府治西；文庙在府治东南。建自宋初元至正间行省平章廉希宪修、明成化间巡抚马文升、嘉靖间巡抚王尧封、万历癸巳长安令沈听之、咸宁令李得中先后增修。前有坊，内为魁星门、次戟门、次两庑各十七间。中大成殿殿内恭悬本朝康熙二十三年十月御书万世师表额。雍正四年三月御书生民未有额。咸宁学之东，为崇圣祠各州县学，如制不具载。正殿后为碑林，俗称碑洞、碑林经。始于宋元祐庚午，龙图阁学士吕大忠见黎持京兆府学新移石经记。明成化癸巳，中丞马又升修，见商辂重修儒学碑。万历癸巳，首令沈听之李得中复修，见周宇重修儒学碑。本朝康熙庚子候补令徐朱重加辑治。

（清乾隆·《西安府志》卷十九）

盛熙祚重修西安府学碑林记

唐文宗开成二年，宰相郑覃判、国子祭酒勘定九经勒于太学。先是大历间司业张参撰五经文字。岁久传写点昼参差，翰林待诏唐元度依司业旧本复撰九经字样既成表，请附五经之末，兼请于国学创立石经是。石经虽郑覃辈成之，而其议实始于元度。当韩建筑新城石经弃于野矣。朱梁刘鄩守长安，幕吏尹玉羽请辇入城，得置尚书省。宋元祐五年龙图吕大忠领漕陕西始置于此。学官黎持作《新移石经记》曰：分为东西，比次成列，明皇注孝经及建学碑立于中央。颜、褚、欧阳、徐、柳之书下。追偏旁字源之类，则分布于庭之左右。今历考之惟建学碑及褚书不存，然其遗规宛然元祐之旧。是知碑林端自龙图始又曰金石之固，不得其人以护，持之亦难，必其可久。此吕公为有功于圣人之经，又曰使后之君子知古人之用心而不废前功，庶斯人之有寄。推其意欲千百世下好古之士，相与宝此翰墨之渊薮也，嗟乎！关中汉唐碑版不可枚举。

宋天圣间，诏建浮屠，姜遵知永兴军取汉碑之坚好者以代瓦甓，有县尉具言不可遵，以故隔朝命按罢之时，何斯举作诗云：＂长安古碑用乐石，虿尾银钩擅精密。缺讹横道已足哀，况复镌裁代瓦甓。有如天吴与紫凤，颠倒在衣吁可惜。＂则元祐以前碑版之厄亦不知凡几，而九经岿然灵光屡厄不磨，所谓神物呵护洵不诬矣。今名十三经者，在唐惟九经并《孝经》《论语》《尔雅》。康熙七年，中丞贾汉复补刻《孟子》七卷，遂合为＂十三经＂。今上天纵多能精摩古人书法、群工勒石、建御书之亭、琬琰之光、超越今古，此又当代之文明也。自金元以来，好事者又往往重勒旧本，而能书家亦各摹片石于其中，栋宇虽存，元祐之旧而朽于风雨殆不可支。吾里徐君来游于秦，摩挲其侧，仰而叹曰：石经行且委瓦砾，龙图之功。于斯废矣，斯文所寄予，且新之遂倾其橐鸠工焉。三月而告成，故都壮观，复在于目，其有功于圣人之经。龙图之后，又何多让余乐观其成，不可不书也。

君名朱，字孚尹，浙之秀水人，博学好古、负才贝将令县云。乾隆壬辰中，丞毕公复新焉。

西安郡学后，旧有碑林置唐宋以来石刻，岁久未修，墙宇倾圮，兼以俗工日事摧拓，贞珉将有日损之势。余简任封圻莅止斯，土释奠之，始议加改建，不一岁而工毕。为堂五楹恭奉我朝列圣御书贞石。南为敬一亭，又南建庭并左右廊庑数十楹，砌置开成石经及宋元以前碑版，又南置石台孝经，以上屋宇并周以烂楯，其锁钥有司掌之帖，估不得恣意摹榻，庶旧刻得以诸永久。至明代及近人碑刻则汰存其佳者，别建三楹于敬一亭之西，为之安置兼以资揭工口食焉。

（清乾隆·《西安府志》卷十九）

董子祠 在启圣祠后，嘉靖二十一年兵部侍郎兼巡抚都御史赵廷瑞改建于此，有尚书唐龙、侍郎吕柟碑。

（明嘉靖·《陕西通志》）

七贤祠 在府学，祀宋张载、吕大忠、大防、大钧、大临、范育、苏昞。

（明嘉靖·《陕西通志》）

余秦二公遗爱祠 在咸宁县永宁坊，祀西安守余公子俊、秦公纮，事详渔石唐龙记。

（明嘉靖·《陕西通志》）

名宦祠 在文庙二门外，西向，祀元中丞廉公希宪、张公养浩，总管赵公世延，明都御使耿公九畴、王公翱、陈公镒、余公子俊、郑公时、秦公纮，布政李公得成，提学副使戴公珊，都御使陈公寿。

（明嘉靖·《陕西通志》）

乡贤祠 在文庙二门外，东向，祀蓝田吕先生大忠、大防、大钧、大临，武功苏先生昞，奉天范先生育，元中丞董先生立，学士杨先生恭懿、杨先生奂，祭酒萧先生左"奭"右"斗"、同先生恕、明学士马先生巨江，都御使景先生清，尚书张先生左"纟"右"尤"、王先生竑、杨先生鼎、王先生恕，太仆丞姚先生显，府同知李先生锦，太守段先生坚，南京户部尚书雍先生泰。

（明嘉靖·《陕西通志》）

宝庆寺 《贾志》：在安仁坊，俗名华塔寺，仁寿初建。明万历间，冯从吾讲学其中。《冯志》：隋文帝、唐中宗尝临幸焉。文宗感蛤蜊观音像，建五色塔。五代兵燹，惟塔存。《通志》：明景泰二年修，本朝雍正元年，住僧文天重修寺阁。

（清乾隆·《西安府志》）

宝庆寺 在安仁坊，俗名花塔，隋仁寿初建。明万历间，冯从吾讲学于其中。隋文帝、唐中宗尝临幸焉。文宗感蛤蜊观音像，建五色塔。五代，殿宇兵燹，惟塔存。明景泰二年重修，有碑记。本朝雍正元年，住僧文天重修寺阁。

按：今花塔寺为隋、唐皇城内太庙地，不得有寺，塔盖后人所移建者。如府学本由唐国子监移建，见《修大门记》。开元寺亦从城外移入，见《重修行廊功德碑》。而诸志皆以为即唐时故址，失之甚矣。凡诸寺沿革，多不可凭。今姑校旧文录之，不可胜辨也。

（清嘉庆·《咸宁县志》）

乡贤祠 《通志》：在学宫右。州县如制。

（清乾隆·《西安府志》）

文庙 在府治东南，建自宋。元至元中，廉希宪修。明正统间知府孙仁增拓之。正殿七间，两庑各十七间。庑南为厨舍，东西各二间。前为仪门，稍南为碑亭二，两司府县官厅东西相向。又南为宰牲所，前为棂星门，门前为泮池，跨以石桥。万历庚子，巡按李思孝建。桥前为太和元气坊，左右碑亭二建。坊前为屏，东西二坊：曰贤关，曰圣域。庙左为启圣祠。

（清·嘉庆《咸宁县志》）

文昌庙 在县治西南新立坊，元延祐间建。康熙六年，知县黄家鼎重修。

乾隆五十九年，县人李应魁等公修。嘉庆六年，敕建文昌庙，即新立坊旧庙重加葺治。又，文庙东有文昌宫。

（清嘉庆·《咸宁县志》）

名宦祠 《通志》：在学宫左。州县如制。

按：关中名宦，旧祀汉左冯翊守薛公宣，太医令吉公本；唐太子太保柳公公权；宋安抚使韩忠献公琦，范文正公仲淹；元总管学士赵文忠公世延，中丞张文忠公养浩；明总制尚书杨文襄公一清，秦襄毅公铉，兵部尚书督师孙公传庭，总制侍郎汪公乔年，巡抚都御史余肃敏公子俊，马端肃公文升，耿清惠公九畴，王忠肃公翱，项襄毅公忠，陈僖敏公镒，张简肃公敷华，陈简襄公寿，郑公时，顾公其志，巡按监察御史金公毓峒，张公宪翔，钱公守廉，高公弘（一说宏）图，王公琰，范公复粹，龙公遇奇，浦公铉，提学副使许公孚远，李公攀龙，王公云凤，王公世懋，何公景明，李公维祯，娄公谦，洪公翼圣，李公逊学，王襄毅公邦瑞，戴恭简公珊，唐文襄公龙，提学参政兼佥事汪公乔年，布政使朱公炳如、祁公清、李公得成、李公承勋，按察使邓襄敏公棨、沈公自彰、周公铨、黄公绸、师公逵，布政使参政陈公琰、王公士嘉，西安府知府曹公璜、李公经，同知史公邦直，推官金公新祚，长安县知县冀端恪公铢、吴公从义，咸宁县知县满公朝荐、董公汝汉；本朝总制尚书孟公乔芳，川陕总督尚书觉罗、文襄公华显，川陕总督将军博公济，巡抚副都御史杭公爱、白公清额、贾公汉复，巡按监察御史石公维昆，提督陕西学政许公孙荃、俞公陈琛、秘公玉笈、叶公映榴，提学右参议田公厥茂，提学佥事秦公才管，督理粮盐道布政司参议李公时谦，按察使于公时跃，潼商道汤文正公斌，汉兴道胡公昇猷，咸宁县知县杨公佐国、黄公家鼎、余公国柱。

乾隆丁酉岁，中丞毕公复奏：请将大学士、陕甘总督黄文襄公廷桂，陕西巡抚尹文端公继善、陈文恪公宏谋，陕甘总督吴勤毅公达善，增祀名宦，以光盛典。

（清乾隆·《西安府志》）

名宦祠 在府学左。祀汉左冯翊守薛公宣，太医令吉公平；唐太子太保柳公公权；宋安抚使韩忠献公琦，范文正公仲淹；元总管学士赵文忠公世延，中丞张文忠公养浩；明总制尚书杨文襄公一清，秦襄毅公鉱，兵部尚书督师孙公传庭，总制侍郎汪公乔年，巡抚都御史余肃敏公子俊，马端肃公文升，耿清惠公九畴，王忠肃公翱，项襄毅公忠，陈僖敏公镒，张简肃公敷华，陈简襄公寿，郑公时，顾公其志，巡按监察御史金公毓峒，张公宪翔，钱公守廉，高公宏（一说弘）图，王公炎，范公复粹，龙公遇奇，浦公鋐，鸿胪寺少卿邹公应龙，提学副使许公孚远，李公攀龙，王公云凤，王公世懋，何公景明，李公维桢，娄公谦，洪公翼圣，李公逊学，王襄毅公邦瑞，戴恭简公珊，唐文襄公龙，刘公汤，布政使朱公炳如，祁公清，李公得成，李公成勋，按察使邓襄敏公棨，沈公自彰，周公铨，黄公絅，师公逵，布政使参政陈公炎，王公士嘉，西安府知府曹公璜，李公经，同知史公邦直，推官金公新祚，长安县知县冀端恪公錬、吴公从义，咸宁县知县满公朝荐、董公汝汉；本朝总制尚书孟公乔芳，川陕总督尚书觉罗文襄公华成显，川陕总督将军博济公，巡抚副都御史杭公爱、白清额公、贾公汉复，巡按监察御史石公维崑，提督陕西学政许公孙荃、俞公陈琛、秘公玉笈、叶公映榴，提学右参议田公厥茂，提学佥事秦公才管，督理粮盐道布政使参议李公时谦，按察使于公时跃，潼商道汤文正公斌，汉兴道胡公昇猷，咸宁县知县杨公佐国、黄公家鼎、余公国柱。乾隆四十二年增祀大学士、陕甘总督黄文襄公廷桂，陕西巡抚尹文端公继善，陈文恪公宏谋，陕甘总督吴勤毅公达善。

嘉庆二十三年，增祀汉中府知府邓公梦琴。

（清·嘉庆《咸宁县志》）

二公遗爱祠 《县志》：祀知府余肃敏子俊、秦襄毅纮。嘉靖二年，都御史王翊、巡按喻茂坚、清军御史杨秦同建。

（清乾隆·《西安府志》）

道统祠 《县志》：旧在府治，祀伏羲、神农、黄帝、尧、舜、禹、汤、文、武历代圣人，以帝臣王佐配。知府叶承桃移祀关中书院。

（清乾隆·《西安府志》）

道统祠 祀太昊伏羲氏、炎帝神农氏、黄帝轩辕氏、帝尧陶唐氏、帝舜有虞氏、夏禹王、商汤王、周文王、周武王。配祀风后、皋陶、伯夷、莱朱、召公、毕公、泰颠、散宜生、闳夭、荣公、太公、周公、伊尹、伯益、力牧、南宫适。

旧在贡院西，久废。康熙六年，都御史贾公汉复檄西安知府叶承桃、知县黄家鼎创置关中书院。

（清嘉庆·《咸宁县志》）

七贤祠 《贾志》：在文庙戟门左，祀宋张子、吕大忠、大防、大钧、大临、范育、苏晒，皆有绘像。

（清乾隆·《西安府志》）

正学祠 《县志》：旧在正学书院。明弘治间，副使杨一清建。万历间，督学许孚远修。本朝顺治九年，督学田厥茂改建于府学尊经阁下。康熙二年，知府叶承桃移置关中书院，祀宋二程子、张子。东以朱光庭等十四人，西以吕大忠等十八人配。

（清乾隆·《西安府志》）

正学祠 祀宋明道程先生颢，伊川程先生颐，横渠张先生载。

东配祀：宋主簿公掞，朱先生光庭，教授、质夫刘先生绚、校书郎、端伯李先生籲，教授、显道谢先生良佐，洛阳彦明尹先生焞；元提学、鲁斋许先生衡；明提学、克让娄先生谦，提学、遂庵杨先生一清，提学、虎谷王先生云凤，提学、渔石唐先生龙，典史、椒山杨先生继盛，提学、淮海孙先生应鳌，御史、楚侗耿先生定向，提学、敬庵许先生孚远，咸宁介庵李先生锦，皋兰容思段先生坚，朝邑苑洛韩先生邦奇，三原黎田马先生理，渭南阳谷南先生轩，三原亦斋温先生纯，三水少白文先生在中，长安少墟冯先生从吾，三原无知温先生日知。

西配祀：宋蓝田进伯吕先生大忠，和叔吕先生大钧，与叔吕先生大临，武功季明苏先生炳，三水巽之范先生育；元高陵元甫杨先生恭懿，奉元宽甫同先生恕，乾州紫旸杨先生奂，奉元维斗萧先生爽斗；（明）三原平川王先生承裕，高陵泾野吕先生柟，富平解山杨先生爵，高陵玉庵任先生佩，蓝田秦关王先生之士，耀州衷白王先生图，泾阳春宇牛先生应元。

皇清顺治十年，督学田公厥茂因书院倒圮，改祀于府学尊经阁下。康熙六年，都御史贾公汉复檄西安知府叶承桃、知县黄家鼎移置关中书院东胁堂。

（清·嘉庆《咸宁县志》）

养正书院　在卧龙寺巷。

按：咸、长两县城外郭内，于乾隆三十八年各立学舍，东曰春明，西曰青门，专教两县童子。拨当商生息银各六十两，以为岁修，无膏火，年久颓废。嘉庆七年，清军同知叶世倬于卧龙寺购屋，归并两学舍为养正书院，与关中书院分课生童。清军同知、两县共主之。

（清嘉庆·《长安县志》）

西安府学　在六海坊。唐天祐中，韩建筑新城，移太学于此。宋《修大门记》。

按：唐太学在务本坊，今学在安上街东，乃唐太庙地。韩建移改，宋《记》甚明。旧以府学即唐太学者，误。宋、金、元、明，代有修建。皇朝顺治十年，提学田厥茂增修。学制门前有坊，内有泮池，仪门内当道为魁星楼，中为明伦堂，旁为"志道"等四斋及东、西号舍。复为尊经阁，阁后神器库。文庙正殿后为碑林，经始于宋龙图阁学士吕大忠。明成化中巡抚马文升，万历中长安知县沈听之、咸宁知县李得中复修。皇朝康熙五十九年，候补知县徐朱火鼎重加辑治。乾隆三十七年，改建堂五楹，安贮御书石刻。两廊置开成石经及唐、宋、元碑碣。修石台孝经亭，周以阑楯。别建三楹，置近人碑刻。嘉庆十年，西安府知府盛惇崇重修碑林。

按：府学非县所宜志，以地属咸宁，故略具本末。长安学同。

（清嘉庆·《咸宁县志》）

董子祠　《马志》：在学官后，嘉靖二十一年，侍郎赵廷锡建。《贾志》：本朝康熙六年，知县黄家鼎重建。

（清乾隆·《西安府志》）

长安县学　在六海坊。有春风化雨坊、射圃、魁星楼。

（清嘉庆·《咸宁县志》）

咸宁县学　旧在县治西，明成化九年，提学副使伍福奏徙府学东，知府余子俊修。嘉靖十一年，知府李文极、万历十三年，知县李生芳、十八年知县，李得中继修。本朝顺治十二年知县余国柱、康熙三年，知县黄家鼎增修。旁为教谕、训导廨。《会典》：教谕一员，训导一员。

（清乾隆·《西安府志》）

董子祠　在县治东南，即墓下为祠，明正德中建。唐龙有《记》：

"生圣人之时，能谈圣人之道者，不可谓之难也。惟去圣人日远，异端淫说，閧焉于世，至德要道，隐而弗彰，乃奋颜执简，搜绎遗绪，阐明元（一说玄）奥，进而洋洋以告吾君，退则偲偲论难，淑诸门弟子，斯可以为难矣。

"汉儒董仲舒，广川人也，史言其孝景时为博士，下帷发愤，潜心大业，三年不窥于园舍。武帝即位，哀然以贤良对策焉，命为江都相，事易王，中废为大中大夫。廉直，不悦于公孙宏（一说弘），宏（一说弘）反诵其才，使事胶西王。王尤纵恣，数害吏二千石，仲舒病免，徙家茂陵，修学著书，门下弟子皆通显，至于命大夫，为郎、谒者、掌故者殆百数人。后殁，葬于兴庆池之南。而今墓土隆而不陷，宿草蓁蓁然。

"夫仲尼之世，老聃犹倡虚无之宗，孟柯氏日谈仁义，万章、告子乃化而不入，而况圣贤不作，凉凉孑孑，不得其宗者乎？故秦纲既密，鞅、睢之流，鼓其唇吻，以乱黔首。儒士挟《诗》《书》及偶语者则苛其禁，禁之不足则焚之，焚之不足则按而坑诸国中。圣贤之学亡其绪，先王之教竭其泽矣！汉兴，遗习未殄，世典犹郁，仲舒独能推明孔氏，抑黜百家。其论君德，则先正心；论养士，则广太学；论积诚，则尊所闻而行所知；述王道，则任德教而黜刑罚；言仁人，则先道谊而遏功利。譬则《郑》音兴起，《桑间》并奏，吾抚而止之。清庙之瑟，作于堂上，一唱三叹，而有遗音焉。是可不谓至难至难者哉？

"正德中，中侍守兹土者，铢求民货，华其私室。既中侍叱去，室固在也。府学生请于执事君子曰：'仲舒承秦绝学之后，讲论六经，统一学者，即伊、吕圣人之耦，无以加焉。其自胶西还家于斯、葬于斯、长子孙于斯，神濯濯焉而灵也。祠宇不设，则何依焉？中侍私室，实浚民而为之也，乞改为祠。'巡抚中丞大夫王翔、巡按御史喻茂坚曰：'其如议。'乃命有司洒扫涂塈，立像于中，命之曰董子祠。千百年之遗典，兴于一旦矣！尝读《贤良》，卒章曰：'皇皇求仁义，常恐不能化民者，大夫之意也。夫祠翼然而立，则子弟有所矜式，秩秩乎、攸攸乎，可以观焉，可以兴焉，其功有不可胜道者哉！是故君子之意，毋乃皇皇于仁义之教也与！"后尽圮。

皇朝康熙六年，知县黄家鼎重建，自为记："道衰于周末，几泯绝于秦。汉初，稍扶而未正。迄中叶，乃有董子。董子生邻孔孟之封，少力学，研极斯道，著英声于焰瘗之馀，西京诸儒咸退让不及。其原道出子思，分义利、王伯合孟子，策对天人得孔门。体立用行，微显不二之旨；致君三代，比迹伊、吕洵哉。其有具已乃上，遘喜征伐、求神仙之武帝，相任公孙宏（一说弘）辈，又乐谐徘词赋之士，有道如董子者，乌能弃，乃怀来而登之庸哉。斥于江都，俾不获违若所好，讵时数所使然耶？抑斯道斯民之不幸乎？至气概风旨，程、朱先贤同声称为度越诸子，为法后学，正未有艾也。

"明洪武间，杨司副砥请侑食孔庙，宪宗朝又追爵广川伯，由是董子之道益显，而董子之祀益广矣。此无论故里，尸祝社稷且遍天下。兹下马陵，实复真堂故址也。虽昔人是非有辨，而道之所寓怀，因境深政不得彼此岐。观陵在府城内余治东南隅臙脂坡下，按太微《记》，旧有堂庞扩宇、松楸柏柳之属，今惟一碣，镌'汉董仲舒先生墓'，阴书正谊、明道格言数字而已。余莅任初，即瞻拜于兹，便怃焉，有荒烟蔓草之感。洎以治役蝟集，兴复不果。越明年，庀材鸠工，陵前构堂三楹，中厂，东西前后开圆方窗四，环植柏若干株，墙宇、门舍如度，西向设远门一，扁曰'下马陵'，遵旧闻也。堂东西空地数亩，延其后

裔元伯文昌奉时祭焉。其事始于康熙癸卯九月七日，阅越岁，十月告竣。工材所资，余捐俸为之，而力取诸民农之隙。是举也，余非敢以云劳，夫亦曰慨古昔之先哲当绝学之后，独为其难。上绍千圣，下昭来兹。而遗风所存，可令今后之君子一视之为乌衣巷、勋荫坡已乎。余唯不然，将冀今后之君子致力斯道者，履朝则致君民于尧舜，其未达，毋曲学以阿世。舟揖程朱，诞登邹鲁，以仰副国家重道崇儒之盛意，则斯祠之建，宁为美轮奂、光豆登已耶？道谊之仰，由一邑而古海内，谅有不违余心者。因镌之石，以况高山。"

（清·嘉庆《咸宁县志》）

五十六年，谕自汉唐宋以来，皆有石经之刻，所以考定圣贤经传使文字异同归于一是，嘉惠艺林昭垂奕禩甚盛典也。但历年久远，率多残缺，即闲有片石流传，如开成绍兴年间所刊，今尚存贮。西安、杭州等府学者亦均非全经完本，我朝文治光昌，崇

儒重道，朕临御五十余年，稽古表章，孜孜不倦，前曾命所司创建辟雍，以光文教，并重排石鼓文寿诸贞珉，而《十三经》虽有武英殿刊本，未经勒石，因思从前蒋衡所进手书《十三经》，曾命内廷翰林详核舛讹，藏懋勤殿有年。允宜刊之石版，列于太学，用垂永久。着派和珅、王杰为总裁，董诰、刘墉、金简、彭元瑞为副总裁，并派金士松、沈初阮、元瑚图、礼那彦、成随同校勘，但卷帙繁多，恐尚不敷办理，着总裁等再行遴派三人，以足八员之数，为校勘诸臣等，其悉心研辨，务臻完善，以副朕尊经崇文之至意，钦此。遵于辟雍殿，左右恭立钦定十三经石刻碑，共一百九十通于彝伦堂内，左右恭列御制石刻蒋衡书《十三经序》。

文曰：前岁集石鼓文而为之序有曰：凡举大事者，必有其会与其时，而总赖昭明，天贶以成，其功信弗爽也。石鼓不过周宣王之事，列于文庙之门以寓兴文，尚俟其时，其会若夫十三经，则古圣先贤出诸口以传道授教，其重于石鼓文，奚啻倍蓰哉，则今之石刻十三经是矣。盖此经为蒋衡手书，献于乾隆庚申者，其闲不无少舛讹，爰命内翰详核以束之懋勤殿之高阁，至于今五十有余年，亦既忘之矣。昨岁命续集石渠宝笈之书司事者以此经请，乃憬然而悟曰：有是哉？是岂可与寻常墨迹相提并论，以为几暇遣玩之具哉？是宜刊之石版列于辟雍，以为千秋万世，崇文重道之规。夫经者，常也，道也。常故不变，道则恒存，天不变，道亦不变。仲舒之言寅已涉其藩矣。盖石经之昉，自炎刘一字曹魏三字石经之刻，所以考定圣贤经传中文字同异归于一是，使天下万世学者有所师承，遵守□考文为三重之事也。昉自汉时，经籍大出白虎观，讲论之后熹平中，以诸博士试甲乙科争第高下，□相告言至有行赂定□台漆，书经字以合其私文者，乃绍蔡邕等，正其文字□石鸿都一时观，视及摹写者，车乘日千余两，填□衔陌事具，《后汉书·圣魏正始》中更立石经并刻魏文帝《典论》六篇，见戴延之西征记，其一字三字之分宋□，适本朝朱尊俱以□，为隶字一体，魏为古文篆字隶字三体□石经。

自王弥、划曜入洛残坏之后，□晋鼎倾北魏崔光俱□修补讫未完工，迨北齐乃自洛阳□之邺都，隋复自邺迁至长安，屡经移徙散失及营造用为柱碍，十不存一，见《隋书经籍志》。

至唐时，内府偶得一二辽字即钤用开元小印列于法书名画以为珍玩，其流传亦已仅矣，讫不可考。李唐北南宋虽曾有刻，或乖或不全。唐太和七年敕于国子监讲论堂两廊，创立石九经并《孝经》《论语》《尔雅》，至开成二年告成。其地□在务本坊，自天祐中韩建策新城而经石委囊于野。至朱梁时刘□守长安，用幕吏尹玉羽之言迁置唐尚书省之西□。

至宋时，地杂居民，窿下霖潦，随立辄仆，腐坏折缺，吕大忠领漕陕右始移置府学。至明时又补刻《孟子》。嘉靖乙卯地震，石经倒相，西安府学生员王尧惠等按旧文，集其阙字别刻小字立于碑旁，以便□补介。在西安府学划昫，《旧唐书》谓石壁九经字乖师法，本朝顾炎武作《金石文字纪》亦刊其讹误，乃知唐石经未为善本，刘昫之言未经也。其后孟蜀时亦刻石经。北宋刻两体石经，今片石无存。金燕京庙学有九经石刻，见王恽《秋涧集》，明时尚存二碑，今亦无考。南宋绍兴九年刊石六经《论语》《孟子》成岁久残缺，明宣德中巡按御史吴纳收拾碎折补凑，得碑百片，置仁和县学，宋延佐复移之杭州府学，今存然。当时所刻《春秋》仅《左氏传》，《礼记》仅《大学》《中庸》学记经解□行五篇，又无《周礼》《仪礼》《孝经》《尔雅》非其全也，兹则出一人之手，经诸臣之目视，历代为加详矣。

蒋衡，后改名振生，江苏金坛恩贡生，乾隆五年以所书十三经进明以国子监学正衔，其经册贮懋动殿。今以之上石视唐石经所列冲，有书石官书石学生体例殊为不伦，特命太学士懋勤殿翰林校勘，予自六龄入学堂，读易书诗三经，所为易简，而天下之理得二典三谟，为王道始，正变风雅，不知无以言及，长而涉猎。三礼觉与三经，为有闲去□，谓易书。时枕菲麟经慎正统，偏安之必公，春秋大一统，博王黜霸出于天命，人心之公予，读之有年，心契圣人笔削之旨，纂定《通鉴辑览》一书，袪后代櫽笔之自私，示万世守统之。宜慎分注系年，皆取春秋之义，差自谓读书有得耳。孜孜矻矻，耄耋弗衰，虽自愧学之未成，迺今刻诸石列诸辟雍，应时举事以继往圣，开来世，为承学士之标准，岂非厚幸也欤？蒋衡一生苦学之勤，亦因是酬矣，若夫历代注疏入主出奴，纷如聚讼，既冗且繁，衡祇书诸经正文，余概从删，是也。或以为不观注疏何以解经？予则以为，以注疏解经不若以经解经之为愈也。学者潜心会理，因文见道，以六经参互之，必有以取其源而晰其奥者，是在勤舆明而已，且予重刻木版之十三经注疏，颁布世闲者不少也，举辟雍以五十年勒石经又越六载，凡所以待其时而逢其会，八十老人复得成斯大功者，何莫非赖昊天之鸿贶乎。昔着知过论以为其不可已者，仍酌行之斯之谓矣。盖凡物有其成必有其坏，所谓石鼓石经者皆是也，然向不云乎。经者，常也，道也，天不变道亦不变，依圣人之门墙示万世之楷，则孰谓沧桑幻化能移我，夫子不朽之道也是为序。

又奏准后秀贡监录科改归贡院，于七月二十日以前取齐，即于二十三日考试，奏请钦派大臣御史点名入闱，由钦派大臣阅卷录取交国子监衙门照数送场。

六十年，谕本年为朕临御六十年，二月上丁亲诣文庙释奠，礼成阅视辟雍新刊石经，瞻仰宫墙弥深景慕。自维冲龄肄学，服膺圣教，迄今八代，开五犹日孜孜诲学无倦，举凡行政念典悉皆得自心传，今晨临雍展，敬祇肃躬亲，风日暄和，典礼咸备，当兹郅运增隆庆臻耆寿，莫非仰邀锡贶允宜施恩□序加惠士林以光盛典，所有各省入学名数着交部查例，分别广额其大学肄业诸生并着加恩免其坐监一月，用示重道崇儒寿世作人至意。

（清·刘锦藻《清朝续文献通考》，卷九十六学校考三）

名臣祠 《县志》：旧在正学书院，督学田颙茂改建于学官，知府叶承祧移置关中书院。祀汉：朱云、王嘉、苏武、司马迁、窦融、班超、耿弇、孔奋、万修、第五伦、杨震、杨秉、李固，唐：杜如晦、杨绾、杨休、李泌、李晟、段秀实、杜黄裳、柳公权、杜佑，宋：寇准、韩琦、吕大忠、杨砺、范仲淹、吕公著、吕大防、韩世忠，元：董立、张养浩，明：景清、王真、王竑、马文升、秦纮、雍泰、李梦阳、张原、邹应龙、陈镒、杨鼎、王恕、余子俊、彭泽、孙丕扬、浦铉、张铨、曹璜、陈惟芝、汪乔年、金毓峒、毕懋康、黄纲、满朝荐、吴从义、王徵。

（清乾隆·《西安府志》）

名臣祠 祀汉典属国、关内侯苏公武，太史令司马公迁，丞相、新甫侯王公嘉，武都太守孔公奋，旧槐里令朱公云，建威大将军、好畤侯耿公弇，大司空、安丰侯窦公融，定远侯班公超，右将军、槐里侯万公修，司空、高密侯第五公伦，太尉杨公震，太尉杨公秉，太尉录尚书事李公固；唐中书侍郎立简杨公绾，检校吏部尚书、莱国杜公如晦，司徒兼中书令李公晟，司徒、岐国杜公佑，黄门侍郎韩公休，邺县侯李公泌，太尉、忠烈段公秀实，检校司空、仔国杜公黄裳，太子太保柳公公权；宋丞相、莱国、忠愍寇公准，丞相、魏国、忠献韩公琦，翰林学士杨公砺，直学士吕公大忠，参政、文正范公仲淹，太师、蕲国、忠武韩公世忠，丞相、申国、正献吕公公著，左仆射吕公大防；元行中丞、文忠张公养浩，廉访使董公立，金乡侯、忠壮王公真；明都御史景公清，巡抚都御史、僖敏陈公镒，兵部尚书、庄毅王公竑，巡抚都御史、端肃马公文升，户部尚书、庄敏杨公鼎，巡抚都御史、襄毅秦公纮，户部尚书、端惠雍公泰，吏部尚书、端毅王公恕，江西提学副使、景文李公梦阳，巡抚都御史、肃敏余公子俊，兵部尚书彭公泽，巡按监察御史蒲公铉，户科右给事中、赠光禄少卿、玉坡张公原，巡按茶马监察御史、忠烈张公铨，兵部侍郎邹公应龙，吏部尚书、庄介孙公丕扬，西安府知府曹公璜，编修、朝邑程公济，学使、恭简戴公珊，给事中、西安韩公永中，学使、大复何公景明，学使、沧溟李公攀龙，巡按监察御史毕公懋康，大学士、文庄马公自强，少宗伯、文简马公汝骥，巡按监察御史、朝邑高公翔，户部主事、平凉巨公敬，咸宁县知县满公朝荐，洛川县知县陈公惟芝，总制、兵部侍郎汪公乔年，巡按监察御史金公毓峒，按察司按察使黄公绸，长安县知县吴公从义。

皇清顺治十年，督学田公厥茂改祀文庙敬一亭西。康熙六年，都御史贾公汉复檄西安知府叶承祧、知县黄家鼎移置关中书院西胁堂。乾隆七年，长安县知县杨毓芳重修文庙侧旧祠，自为《记》：

"古来仕关中称名臣者有祠焉，建于文庙之侧。有司春秋祭享、捐置品物，同丁祭并祀之，岁以为常。乾隆六年辛酉之夏，余由武功调剧长安，越三月乃秋，偕咸宁大尹主其祭。见其倾颓圮毁，风雨不蔽，覆之席而屏围之，率诸生行礼其间。祭毕，召诸生议之曰：'名宦之得祀于文庙旧矣，其名臣即名宦，祀之日同，建之地又同，礼祭不欲数，数则渎。是祠也，何为而建？'诸生曰：'是历代有功德于民，民不能忘，而私创其祠以祀之者。故其中所祀诸贤，有为祠名宦之所已入，有为祠名宦之所未入，不尽同也。'余曰：'有功德者，当请于朝，大尊贤、宏表章、示鼓励、重祀典。私祭非礼也，何为相延以至于今？'诸生曰：'功大者难忘，德厚者报切。请于朝，不无有待。感生于心，念迫于诚，爰用私祭，民之真也。惟真，故今与古同，历代之名臣咸在。'余曰：'然小民愚而神，私而公，非其功与德实足以系其思。相契者一二人，而众人挠之；邀结者遍众人，而一二人抗之，欲其入是祠而俎豆其间也，知必不能。是祠诚重其建也最宜，奈何任倾颓、听圮毁，遂至若兹。及此不为，久且就湮，古道之无存，是谁之过也？'于是捐俸购物，命工重构。维时，韩城卫君敬生为县司铎，府外翰则长武尚君湄也。雅有同志，乐董其事而告成焉。勒之。非敢矜缔构功，亦欲司是土者知是祠之重，俾不朽，相与先后俎豆于其间也云尔。"

（清嘉庆·《咸宁县志》）

京兆府学新移石经记

《京兆府学新移石经记》一帙乃宋元祐五年黎持为文，安宜之正书，以纪吕公移碑之故者，吕公此举真光明俊伟。有功斯石余尝两观石本慨想蔡中郎遗轨，然后知是记之作所关者大苍润轩帖跋。

《京兆府学新移石经碑记》，宋元祐中京兆黎持纂文，河南安宜之书，镌之者长安石工安民也，其曰汲郡吕公者，宣公大防之兄，以工部郎中陕西转运副使知陕州，以直龙图阁知秦州大忠也。自唐郑覃等勒石壁九经一百六十卷，天祐中筑，新城石为韩建所弃，刘鄩守长安幕吏尹玉羽请辇入城，鄩谓非急务玉羽绐曰一旦敌兵临城，碎为矢石，亦足以助战，鄩然之移置尚书旧省。至大忠领漕日始克尽列于学，载持记甚详，方是时宣公在朝，二三执政罔非正人监司长吏，咸以兴起学校裒集经史为务。至绍圣元符之际，小人柄政，诸君子咸被重罪以去。宣公窜死虔州，未几，大忠亦降官。崇宁初籍党人立石端礼门侧，蔡京复自书碑颁郡县，彼张商英、周秩、杨畏之徒反复附和，恬不知耻，民以一石工独能严邪正之辨，不肯镌名姓于碑，惟恐得罪后世，匹夫之志不可夺，如是夫持为京兆学官，其文辞条达类南，丰曾氏而宜之之书亦称入格，迄今博闻之士或不能举其姓氏，民则后生末学皆能道之，以见立身行己不可不为后世虑，苟是非得其正，虽百工技能之人，反有荣于当时之士大夫者，呜呼，可感也已。玉羽者，京兆长安人，以孝行闻，杜门隐居，鄩辟为保大军节度推官，仕后唐至光禄少卿。晋高祖召之，辞以老退归秦中，尝著《自然经》五卷、《武库集》五十卷，其书散见于《册府元龟》。惜欧阳子不为立传，而其书亦不传于世也，余既慨碑文之出于民，所镌而题，其后余友锺渊映将注五代史记并书玉羽之事告之，俾附注于鄩之传焉。

（清·李光暎《金石文考略》，卷十三）

题首在西安府学

《旧唐书》云：文宗开成二年，宰臣判国子祭酒郑覃进石壁九经一百六十卷案，实共一百五十卷外，文字字样又四卷，旧书总成数言之故不符耳，礼记中月令用明皇删定本列在曲礼前。

《旧唐书》谓石经立后数十年，名儒皆不窥之，以为芜累，其评虽不尽然，然就诸经中最不堪者，推仪礼如捷之为建祖之，为祖奉之，为拳拜之，为败或以形讹或以声误，皆当时书石者，不通礼制于此，书全未寓目，故临时致多谬戾如此，他如论语之脱贫而乐道，道字使后人因循不改，未必非此书之作俑。

今本周礼太宰三曰郊甸之赋，郊应作左传，毛伯卫来锡公命，锡应作赐，晋侯代郑及郻，郻应作延，论语尔爱其羊，尔应作女尔，雅皇华也应作华皇也，杨鸟自驚应作杨白鹰者，皆石本之正而后代俗本之误也，或反据以辩正石本者，非石经内有旁改字，有注字，如书予有乱十人添一臣字，左传昭二十二年辛丑，伐京毁其西南，下子朝奔郊，四字论语阳货篇，子曰巧言令色，鲜矣仁。节诬谬之至，或云即张参孙自牧所改，或云宋晁公武据蜀，石经增入吾乡惠征君栋以为是晁，未知何所据，或以为即明工尧惠等所为然，其中亦有从古本改正极是处，恐尧惠并不能也。

唐时虽云依汉蔡邕刊碑立于太学，创立石壁九经，却不在学中，故黎持记云旧在务本坊。自天祐中，韩建筑新城而委弃于野。朱梁时，刘鄩守长安从幕吏尹玉羽，请辇入城中置唐尚书省之西隅。今龙图吕公又移立于府学而建亭焉。是石经置学之始末。

西安府学大成殿后旧为碑林，今称碑洞经，始于宋元祐庚午，龙图阁学士吕大忠自明迄本朝屡加辑治。余以乾隆壬辰岁政务稍暇进，访古刻见，屋宇倾圮，经石及诸碑率弃榛莽，瞻顾悚息，复议兴修，前后堂庑皆鼎新焉。旋于土中锓得旧刻数十片，遂取石经及宋元以前者编排甲乙，周以阑楯，明代及近人所刻则汰存其佳者，别建三楹以存置，其锁钥则有司掌之，设法保护以冀垂诸永久，壁经贞石顿复旧观，后有好古者举而弗替可也。

（清·毕沅《关中金石记》卷四）

关中书院　在府治东南，明万历三十七年，布政使汪可受、按察使李天麟、参政能应占、闵洪学副使陈宁 叚、猷显为冯从吾讲学建。本朝康熙二年重修，乾隆二十一年秋皇上赐额曰：秦川浴德。

按：西安旧有正学书院，李东阳记云在府治西南方，宋横渠张子倡道之地，吕大钧等皆得其传。元许鲁斋主学事亦多造就，省臣建议为书院，合祀横渠鲁斋及乡贤。杨元甫入明百余年，遗址无存。

弘治九年，提学杨一清卜地重建，贾志宏治中，提学王云凤于正学书院建楼，广收书籍，以资诸生诵览。嘉靖中，士趋诡异，督学唐龙复新书院，选士肄习其中，刬其奇靡而约诸理道，其所登进多为名臣。《关学编·万历乙酉》许孚远督关中，学聘礼三原王之士，多士兴起。本朝巡抚贾汉复重修至关中书院，旧为督学使署。康熙六十一年，督学改驻三原，旧行署此地仍为书院，其正学书院亦并入焉。今中丞毕公，乾隆辛莅任伊始，即念移风易俗，教化为先，因重事修建，延致经师。江宁戴进士祖启，主席其间，复于通省，生徒中选其有德造者，俾潜心教学共观摩，旬有试，日有课，不数载关中乡曾中试膺馆，选者大半皆书院之士，一时称盛事。顾中丞之意，则惟愿诸生讲求经术道达事理，出可以仔肩巨任，处可以佑启后人，于以仰副国家，稽古右文造士，作人之至意焉。昔范文正经略西事时，一见横渠张子即授中庸，其后坐拥皋比，开来继往，自蓝田诸吕后以讫本朝二李，诸君关学之传，希踪濂洛，然其原实文正有以启之故为，详着于卷，俾各属之州牧令长，咸能克广德心，振兴文教，则班固所云，洪化惟神永观厥成者，其在此时欤。

（清乾隆·《西安府志》卷十九）

宝庆寺 在安仁坊，俗名花塔。隋仁寿初建，明万历间冯从吾讲学于其中，隋文帝唐中宗尝临幸焉。文宗感蛤蜊观音像建五色塔，五代殿宇兵燹，惟塔存。冯志明景泰二年重修，有碑记。本朝雍正元年住僧文天重修寺阁县册。

（清雍正·《陕西通志》，卷二十八）

宝庆寺 在城南安仁坊，一名花塔寺。隋仁寿初建，隋文帝唐中宗尝临幸焉，文宗感蛤蜊观音像建塔。明景泰二年修。

（清·《关中胜迹图志》，卷七）

昔汉明帝梦佛入中国，悦之，因建祠南郊而致祭焉，灵帝时敕赐创修为寺，于其中讲《楞严经》，上为国家保平安之福，下为生民致安乐之所，遂题其寺额曰"福应寺"，而神之梗祀至此隆，人之崇奉至此愈多矣。厥后绵延至贞观十一年重修之。有吴道子绘画观世音神像一尊，镌之于石，供之于寺，遂名曰"观音禅院"。又后宋太祖临其寺，寺僧与谈甚相得，后遂数数至，因其僧春秋长眠，太祖改之名"卧龙寺"。由兹以来，神之感应何代不彰？神之礼祀何代不盛哉？至明洪武二十年重修，正统十年又重建之，且置经藏，引金绳而开觉路，示宝筏而渡迷津，甘露慈云，岂独十方覆被乎。万历重修后迄今且数百年矣，金身剥落栋宇飘摇，而乐善好施者乃不复一睹焉。果有善士贺万年、贺万选顾而忧之，慨然捐资，独成盛举，前后殿宇，左右回廊以及窗棂殿阁等靡不革固鼎新。

（清·道光十年《重修卧龙寺记》）

卧龙寺 在陆海。坊四牌，楼南有吴道子画观音像及佛足迹碑。初以像名观音寺，宋有僧惟果长卧其中，人以卧龙呼之，故名寺。在隋为福应禅院，唐名观音寺，宋太宗更名卧龙。

明正德十六年重修秦藩碑记。

（清雍正·《陕西通志》，卷二十八）

广仁寺 在西和园教场傍，康熙四十四年圣祖勅建，西巡时御书"慈云西荫"四字匾额并御制碑县册。

（清雍正·《陕西通志》，卷二十八）

朕存心天下，睠顾西陲，惟兹关陇之区，实切封疆之重。岁当癸未，特举时巡省，方设教训吏宁人，已责除租，行庆布德，引年赐帛，奖学兴贤，所过山川，圣哲祠域，遣修祀事，用殚精禋。凡所以裨邦政厚民生者，靡弗致勤焉。又以运际承平，无忘武备，简稽将士，整饬戎行，发内帑之金钱，普军中之颁给，爰于演武之场，躬亲校阅之典，以建威销萌之义，有观德习礼之风。顾念久安长治务，在因俗宜民，若干竺之传言，虽殊尚而利济之道，指有同归阅武之顷，周览地形，相其爽垲，命创招提，即大赍之余，赀为双林之小筑，厥工匪侈，逾载告竣，斯役也。经营适协乎，舆情铢黍不烦，夫民力将使黄山崖岫，秀比灵山，渭水波涛凝如定水，洪河浪息渡法海之津，梁华岳云开通耆阇之辙，迹五陵六郡之众，回向香城外蕃属国，而遥群游净土贲神光之常护，上以祝慈寿于无涯，助王化之遐宣，下以锡民所于有永，其亦朕绥怀寰宇，顺导蒸黎之至意也欤。于是题广仁之额，标括三乘，书多宝之碑，昭垂奕叶云尔。

（清康熙·《御制广仁寺碑》，《陕西通志》卷八十五）

董仲舒墓 在城内臙脂坡，国史补曰：昔汉武帝幸芙蓉园，至此下马，时人谓下马陵。岁月深远，误传为虾蟆陵。乾隆乙未年修。

（清乾隆·《西安府志》，卷六十三古遗迹下）

董子祠 在县治东南，即墓下为祠。见前志。道光九年，知县李肇庆重建，撰碑自书。略云："昔者孔子述尧、舜、禹、汤、文、武之道,以诏天下后世,其时学校废、道术裂矣,自是老、庄、杨、墨之徒,纷以其学相授。迄于暴秦,洙泗微言或几乎熄。汉初,稍崇儒术,亦未大备。圣教昌明,实自董子始。其'正谊不谋利,明道不计功'云云,上以接尧、舜、禹、汤、文、武、孔子之传,下以开周、程、张、朱,宋、元、明、清诸大儒之学派,故推为汉代纯儒也。"

(中华民国·《咸宁长安两县续志》)

第八编·名人

碑林、三学街作为长安城里有名的儒学和关学圣地,环境清幽,景色宜人,文化底蕴和学术氛围浓厚,历来不缺少人气。曾有众多的文人墨客流连于此,并借景抒情,留下不朽的著作。

第一章

【政治名人】

作为从隋唐至明清时期儒学的发展和思想的交汇地,碑林、三学街在文化界的地位自不必说。儒学作为官方统治的思想学说,与政治存在着十分紧密的联系,与许许多多的政治名人也有着必不可少的联系,曾有数不清的政治人物来此生活、学习、交流。

李斯

? —前208年，秦朝著名的政治家、文学家和书法家，协助秦始皇帝统一天下。秦统一之后，参与制定了法律，统一车轨、文字、度量衡制度。由李斯书写的《泰山刻石》、《琅琊台刻石》、《峄山刻石》和《会稽刻石》等刻石名垂千古。《峄山刻石》为篆书，现藏于西安碑林。

汉明帝和汉灵帝

清道光十年（1830）《重修卧龙寺记》碑载："昔汉明帝梦佛入中国，悦之，因建祠南郊而致祭焉。灵帝时（168—189）敕赐创修为寺，于其中讲《楞严经》，上为国家保平安之福，下为生民致安乐之所，遂题其寺额曰'福应寺'，而神之梗祀至此隆，人之崇奉至此愈多矣。"

汉明帝刘庄

28—75年，初名刘阳，光武帝刘秀第四子，母光烈皇后阴丽华，东汉第二位皇帝，57—75年在位。

刘庄初封东海公，后进封东海王。建武十九年（43），立为皇太子。建武中元二年（57），即皇帝位。汉明帝即位后，一切遵奉光武制度。汉明帝提倡儒学，注重刑名文法，为政苛察，总揽权柄，权不借下。他严令后妃之家不得封侯与政，对贵戚功臣也多方防范。同时，他也致力消除北匈奴的威胁。永平十六年（73），命窦固征伐北匈奴。其后又以班超出使西域，由是西域诸国皆遣子入侍。次年，复置西域都护。此外，随着对外交往的正常发展，佛教已在西汉末年传入中国，汉明帝将佛教引进中国，使佛教开始在中国流行。汉明帝在位期间，吏治清明，社会安定。永平十八年（75），汉明帝去世，时年48岁。庙号显宗，谥号孝明皇帝，葬于显节陵（位于今河南洛阳东南）。

汉灵帝刘宏

157—189年，生于冀州河间国（今河北深州）。汉章帝刘炟的玄孙。世袭解渎亭侯，父刘苌早逝，母董氏。永康元年（167）十二月汉桓帝刘志逝世后，刘宏被外戚窦氏挑选为皇位继承人，于建宁元年（168）正月即位。刘宏在位期间，党锢之祸复起，宦官专政。他设置西园，巧立名目搜刮钱财，甚至卖官鬻爵以用于自己享乐，在位晚期爆发了黄巾起义，而凉州等地也陷入持续动乱之中。中平六年四月十一日（189年5月13日），刘宏去世，谥号孝灵皇帝，葬于文陵。刘宏喜好辞赋，作有《皇羲篇》《追德赋》《令仪颂》《招商歌》等。

司马芳（防）

149—219年，字建公，河南温县人，司马懿之父。汉末至曹魏时，他曾任治书侍御史、洛阳令、司隶校尉、京兆尹，以年老转拜骑都尉。东汉建安二十四年（219）卒，时年71岁。《晋书·宣帝本纪》《三国志·魏志·司马朗传》中载有其官职、事迹。现西安碑林所藏《司马芳残碑》，即记其生平。

曹全

字景完，敦煌效谷人，生卒年不详，东汉灵帝时举孝廉，任郎中，后升任右扶风槐里令。胞弟夭亡,曹全弃官归家。灵帝光和六年(183),再举孝廉。光和七年(184),县民郭家响应黄巾起义,关中时势告急。曹全由酒泉福禄长调任合阳县令,镇压郭家起义,并采取措施缓和阶级矛盾,戢治墙屋,列陈市肆,招抚流亡,存慰老年,出家钱买米面,赈济残疾盲哑。其长女桃斐好制药膏,治愈不少病人。灵帝中平二年(185),门下王敞等人立碑记颂曹全的功德,此碑即素享盛名的汉隶《曹全碑》,现藏西安碑林博物馆。

邓艾

197—264年,字士载,义阳棘阳(今河南南阳)人。三国时期魏国杰出的军事家,官至太尉,《三国志·魏志》中有传。其人文武全才,深谙兵法,对内政也颇有建树。本名邓范,后因与同乡人同名而改名。邓艾长年在曹魏西边战线防备蜀汉姜维。景元四年(263)他与钟会分别率军攻打蜀汉,最后他率先进入成都,使得蜀汉灭亡。后因遭到钟会的污蔑和陷害,被司马昭猜忌而被收

押,最后与其子邓忠一起被卫瓘派遣的武将田续杀害。东晋初年为其建造邓公祠,冯翊护军、建威将军、奉车都尉、城安县侯郑能进修葺此祠时,刊立《邓太尉祠碑》,现藏西安碑林。

吕他

?—402年,略阳(今甘肃天水)氐族人,后凉武懿帝吕光的弟弟。吕光建凉后封他为巴西公,401年投降后秦。后秦弘始四年(402),吕他去世。20世纪70年代,吕他的墓表在咸阳市渭城区密店镇东北塬畔被发现,碑刻现藏于西安碑林。

元桢

446—496年,拓跋晃第十一子,孝文帝元宏之从祖。皇兴二年(468)封南安王,加征南大将军、中都大官,后迁内都大官。孝文帝即位后,任凉州镇都大将,加都督西戎诸军事、征西大将军、领护西域校尉、仪同三司、凉州刺史。征为内都大官,出为使持节、侍中、开府、长安镇都大将、雍州刺史。后因

"不能洁己奉公，助宣皇度，方肆贪欲，殖货私庭，放纵奸囚"等罪，削除封爵，以庶人归第，禁锢终身。后孝文帝南伐，桢从至洛，议定迁都，复封南安王，出为镇北大将军、相州刺史。太和二十年（496）八月二日逝于邺，享年51岁，谥曰惠王，该年十一月二十六日葬于芒山。《魏书》《北史》均有传。其墓志（《元桢墓志》）于1926年出土于河南洛阳高沟村，现藏西安碑林。

元简

460—499年，字叔亮，河南洛阳人，北魏文成帝拓跋濬第四子。太和年间被封为齐郡王，北魏太和二十三年（499）正月薨，谥曰顺王，同年三月葬于河南洛阳。《魏书》有传。其墓志（《元简墓志》）于1926年出土于河南洛阳高沟村，现藏西安碑林。

穆亮

？—502年，字幼辅，本字老生，南北朝时期北魏大臣，宜都丁公穆崇的后代，官至太尉，领司州牧、骠骑大将军。《北史》《魏书》均有传。1925年河南洛阳出土其墓志，现藏西安碑林。

皇甫诞

553—604年，字玄宪，安定朝那人，隋开皇中任兵部、刑部二曹侍郎，后迁治书侍御史、尚书右丞，又拜并州总管司马、总府政事。仁寿四年（604）死于汉王谅之难，享年52岁，谥曰明，《北史》《隋书》有传。其子皇甫无逸为其立碑，颂其功德。此碑原立于陕西西安长安区鸣犊镇附近的皇甫川，明代入藏西安碑林。

李憨

587—649年，字强，陇西成纪人。系豪酋之子，祖上为西南边远州郡之吏，盘踞一方。迨隋统一宇内，扫荡边陲，憨以年幼被俘。大业年中，起家事元德太子。李渊起兵伐隋，憨参与并屡有战功。武德五年（622），蒙授大将军，寻除内侍省寺伯。贞观元年（627），蒙授朝散郎，守内谒者监，后又除内给事，蒙授上柱国。贞观二十三年（649）卒于崇仁坊之第。其嗣子左亲卫道义仁义居怀颂其功德，为其立碑，碑题"大唐上柱国内给事李君之碑"。善感撰文，裴守真书。1954年出土于西安东郊，现藏西安碑林。

裴守真

生卒年不详，绛州稷山人。善书，举进士，永淳初授太常博士，后授司府丞，累转成州刺史，徙宁州。长安年间（701—704），赠户部尚书。新旧《唐书》有传。

李世民

599—649年，祖籍陇西成纪，是唐高祖李渊和窦皇后的次子，唐朝第二位皇帝，杰出的政治家、战略家、军事家、诗人。

李世民少年从军，曾去雁门关营救隋炀帝。唐朝建立后，李世民官居尚书令、右武侯大将军，受封为秦国公，后晋封为秦王，先后率部平定了薛仁杲、刘武周、窦建德、王世充等军阀，在唐朝的建立与统一过程中立下赫赫战功。武德九年六月初四（626年7月2日），李世民发动玄武门之变，杀死自己的兄长太子李建成、弟弟齐王李元吉及二人诸子，被立为太子。唐高祖李渊不久退位，李世民即位，改元贞观。李世民为帝之后，积极听取群臣的意见，对内以文治天下，虚心纳谏，厉行节约，劝课农桑，使百姓能够休养生息，国泰民安，开创了中国历史上著名的贞观之治；对外开疆拓土，攻灭东突厥与薛延陀，征服高昌、龟兹、吐谷浑，重创高句丽，设立安西四镇，各民族融洽相处，被各族人民尊称为"天可汗"，为后来唐朝一百多年的盛世奠定重要基础。贞观二十三年五月己巳日（649年7月10日），李世民因病驾崩于含风殿，在位23年，庙号太宗，葬于昭陵。李世民爱好文学与书法，有墨宝传世。他曾撰写了著名的《大唐三藏圣教序》简称《圣教序》。

李治

628—683年，字为善，唐太宗李世民第九子，唐朝第三任皇帝（649—

683年在位），其母为长孙皇后，为嫡三子。贞观五年（631）封为晋王，后因唐太宗的嫡长子皇太子李承乾与嫡次子魏王李泰相继被废，他才于贞观十七年（643）被册立为皇太子，贞观二十三年（649）即位于长安太极殿，开创了有贞观遗风的永徽之治。高宗在位34年，弘道元年（683）逝世，武后令上金、素节二王，义阳、宣城二公主听赴哀。葬于乾陵，谥号天皇大帝。唐高宗曾为太宗所撰《大唐三藏圣教序》作记，全称《大唐皇帝述三藏圣教记》。永徽四年（653）立《雁塔圣教序》碑，分刻二石，一石刻序，一石刻记。龙朔三年（663）据《雁塔圣教序》刻《同州圣教序》碑，序、记共刊一石。碑刻现藏西安碑林。

李寿

577—630年，字神通，太祖景皇帝之孙，郑孝王李亮之子，唐高祖李渊之从弟，太宗李世民之从叔，官封开府仪同三司、上柱国、淮安靖王，卒于长安延福里第，享年54岁，死后诏赠司空。新旧《唐书》有传。其墓志于贞观四年（630）立，1973年出土于陕西三原，现藏西安碑林。

李旦

662—716年，初名李旭轮，唐高宗李治第八子，武则天幼子，唐中宗李显同母弟。初封殷王，领冀州大都督。他一生两度登基，三让天下，在位时间为文明元年至载初元年（684—690）和景云元年至延和元年（710—712），共在位8年。690年让位于母后武则天，被封为皇嗣。710年再度即位。712年禅位于李隆基（唐玄宗），称太上皇，居五年去世，享年55岁，庙号唐睿宗，谥号玄真大圣大兴孝皇帝，葬于桥陵。碑林所藏《孔子庙堂碑》于唐武德九年由虞世南撰并书，时为相王的李旦篆额。

李凤

唐虢庄王，字季成，高祖李渊子。始王豳，为邓州刺史。俄徙王，历虢、豫、青三州刺史，实封千户。喜畋游，遇官属尤嫚。使奴蒙虎皮，怖其参军陆英俊几死，因大笑为乐。薨，赠司徒、扬州大都督，陪葬献陵。唐显庆三年（658）封其为宋州刺史的碑文于1974年出土于富平县吕村公社北吕村。

武则天

624—705年，名曌，并州文水（今山西文水县东）人。中国历史上唯一的正统的女皇帝，也是即位年龄最大（67岁即位）、寿命最长的皇帝之一（终年82岁）。为荆州都督武士彠次女，母亲杨氏。

武则天14岁入后宫，为唐太宗的才人，获赐号"武媚"。唐高宗时封昭仪，后为皇后，尊号"天后"，与高宗李治并称"二圣"。高宗驾崩后，作为中宗、睿宗朝的皇太后临朝称制。其间，改名为曌。

天授元年（690），武则天宣布改唐为周，自立为帝，定洛阳为都，称"神都"，建立武周王朝。武则天在位时，杀唐宗室，任用酷吏；但她多权略，能用人，改革吏治，重视选拔人才，所以贤才辈出；又奖励农桑，薄赋敛，息干戈，增殖人口，晚年逐渐豪奢专断，颇多弊政。

神龙元年（705），武则天病笃，宰相张柬之发动兵变，拥立唐中宗复辟，迫使其退位，史称"神龙革命"。中宗恢复唐朝后，上尊号"则天大圣皇帝"。同年十一月，武则天于上阳宫崩逝。中宗遵其遗命，改称"大圣则天皇后"，以皇后身份入葬乾陵。开元四年（716），改谥则天皇后。天宝八载（749），加谥则天顺圣皇后。

武则天多智略，兼涉文史，颇有诗才。她在取代唐朝建立周朝后，于长安三年（703）在长安城光宅寺内建立七宝台。其后，这里的石像群被迁移至安仁坊的宝庆寺，收纳在该寺的砖塔、佛殿内。

臧怀恪

668—724年，字贞节，唐莒州北乡（今山东省安丘市）人。雅善骑射，尤工尺牍。唐玄宗开元年间，以智勇名闻于当时，后官累至右武卫将军、上蔡县开国侯。怀恪有七子皆是当时名将。肃宗时，以其子臧希让之功，追赠怀恪为太常卿工部尚书。

唐大历五年（770）为其立神道之碑，原立于三原县长坳乡墓前，1980年移入西安碑林。

李隆基

685—762年，685年出生在神都洛阳，712—756年在位，唐朝在位最久的皇帝，唐睿宗李旦第三子，母窦德妃。庙号"玄宗"，又因其谥号为"至道大圣大明孝皇帝"，故亦称为唐明皇。李隆基工书，尤善八分、章草，是中国书法史上著名的帝王书家之一。以《石台孝经》《鹡鸰颂》《纪泰山铭》等最为有名。《石台孝经》唐天宝四载（745）由李隆基注释并书，唐末与国子监一同迁至尚书省西隅，后一直立于文庙。

严郢

生卒年不详，字叔敖，华州华阴（今陕西华阴市）人，唐代大臣。唐玄宗天宝初年考中进士，补授太常协律郎，在东都洛阳为唐宗室守太庙。撰《不空和尚碑》，徐浩书，宋初由原靖善坊大兴善寺移入文庙。

郭子仪

697—781年，陕西华县人，祖籍山西太原，唐代政治家、军事家。

郭子仪早年以武举高第入仕从军，积功至九原太守，一直未受重用。安史之乱爆发后，郭子仪任朔方节度使，率军勤王，收复河北、河东，拜兵部尚书、同中书门下平章事。757年，郭子仪与广平王李俶收复西京长安、东都洛阳，以功加司徒，封代国公。758年，进位中书令。759年，因承担相州兵败之责被解除兵权，处于闲官。762年，太原、绛州兵变，郭子仪被封为汾阳王，出镇绛州，不久又被解除兵权。763年，仆固怀恩勾结吐蕃、回纥入侵，长安失陷。郭子仪被再度起用，任关内副元帅，再次收复长安。765年，吐蕃、回纥再度联兵内侵，郭子仪在泾阳单骑说退回纥，并击溃吐蕃，稳住关中。

779年，郭子仪被尊为"尚父"，进位太尉、中书令。781年，郭子仪去世，追赠太师，谥号忠武。

唐广德二年（764），郭子仪为其父郭敬之立家庙碑，现藏西安碑林。

李亨

711—762年，唐玄宗第三子，756年8月12日—762年5月19日在位。睿宗景云二年（711）九月三日出生在东宫之别殿，开元二十六年（738）被立为太子。安史之乱爆发后，与玄宗、杨贵妃仓皇逃往成都，行经马嵬驿，军士哗变杀杨国忠，并逼迫玄宗赐死杨贵妃。马嵬民众拦阻玄宗请留，玄宗不从，李亨留下，同年七月十二日即位，尊玄宗为太上皇。唐肃宗在位仅6年，死于762年5月19日，享年52岁。庙号肃宗，谥号"文明武德大圣大宣孝皇帝"，葬建陵。《石台孝经》为唐玄宗八分书，时为太子的李亨篆额，今在碑林。

李夷简

754—821年，字易之，德宗时擢进士第，调蓝田尉，迁监察御史。宪宗元和时至御史中丞，不久又迁检校礼部尚书、山南东道节度使。元和十三年（818）召为御史大夫、同中书门下平章事、淮南节度使。长庆元年（821）卒，享年67岁，赠太子太保。新旧《唐书》有传。元和十五年（820）立家庙碑，裴度撰，萧祐书，1974年西安市南郊出土，现藏西安碑林。

冯宿

767—836年，字拱之，冀州长乐人（一说婺州东阳人）。贞元中进士，长庆中累转太常少卿。敬宗立，除左散骑常侍兼集贤殿学士。大和中历工、刑、兵三部侍郎，拜东川节度使，封长乐公。开成元年（836）卒，享年70岁，赠吏部尚书，谥曰懿。翌年葬于京兆万年县崇道乡白鹿原。新旧《唐书》有传。现藏于西安碑林的《冯宿神道碑》记其生平事迹，颂其功德，开成二年（837）由王起撰，柳公权书并篆额。

裴度

765—839年,字中立。河东闻喜(今山西闻喜)人。唐代文学家、政治家。贞元五年(789)进士。宪宗元和时拜相,率兵讨平淮西割据者吴元济,封晋国公,世称"裴晋公"。后又以拥立文宗有功,进位至中书令。死后赠太傅。元和十五年(820)为李夷简撰家庙碑,现藏于碑林。

梁守谦

779—827年,字虚巳,安定(今甘肃)人。唐代著名宦官。官至右神策军护军中尉,开府仪同三司行右卫上将军知内侍省事,上柱国邠国公。大和元年(827)病暴卒,时年49岁。杨承和撰并书《梁守谦功德碑》,陆邳篆额,宋初由原大宁坊兴唐寺旧址移入文庙,今藏于碑林。

裴休

791—846年,字公美,河东闻喜(今山西闻喜)人,但《唐书本传》作孟州济源人。官至吏部尚书,封河东县子,赠太尉。善文章,工书,以欧、柳为宗。寺刹多请其题额,河南鲁山亦多题铭。为晚唐著名书家,然存世书迹仅一件。藏于碑林的《大达法师玄秘塔铭》由裴休于会昌元年撰,柳公权书并篆额。

韩建

855—912年,字佐时,许州长社(今河南许昌)人,唐末及五代将领,以勤政爱民留名后世。初为蔡州小校,后随杨复光与黄巢起义军战于长安。黄巢起义军退出长安,韩建随所部赴蜀迎僖宗,后补神策都校、金吾将军。僖宗还长安后,以韩建为潼关防御使、华州刺史。韩劝课农桑,访贫问苦,使华州"流亡毕复,军民充实"。又勤于学习,渐通文字,迁华商节度、潼关守捉等使,累加检校太尉、平章事。后与王行瑜、李茂贞等率兵攻入长安,杀宰相韦昭度等,后谋废昭宗,因晋军所迫作罢。乾宁三年(896),昭宗为李茂贞所败,欲投奔太原,被韩建接到华州,并亲自督工,为其修治大明宫。

韩建欲挟天子以令诸侯，遂遣散昭宗护卫军，杀死李筠与十一王及昭宗亲信大臣。光化元年（898），昭宗还长安，封韩建为太傅、许国公，并赐铁券。天复元年（901），韩建与宦官韩全诲将昭宗胁迫至凤翔，后朱温率兵攻韩建，韩建败降。昭宗迁都后，朱温奏请以长安为佑国军城，徙洛阳佑国军驻长安，以韩建为佑国军节度使、京兆尹。韩建率军抵达长安，为了驻军和防守方便，他重新修筑了一座规模与范围大大缩小的长安城，"去宫城，又去外郭城，重修子城。南闭朱雀门，又闭延禧、安福门，北开玄武门，是为新城"。在缩建新城的过程中，他将武德元年（618）时在长安城务本坊（今文昌门外仁义村一带）设立的太学移至新城内"尚书省之西隅"，其后来成为京兆文庙，即今日之碑林。

朱温称帝后，以韩建为司徒、平章事，充诸道盐铁转运使。后梁开平三年（909）拜太保，罢知政事，四年（910）除匡国军节度使、陈许蔡观察使，后被部将所杀。

陶谷

903—970年，本姓唐，字秀实，邠州新平（今陕西彬县）人，北宋大臣。陶谷早年历仕后晋、后汉、后周，曾先后担任单州军事判官、著作佐郎、监察御史、知制诰、仓部郎中、中书舍人、给事中、户部侍郎、兵部侍郎、吏部侍郎、翰林学士承旨等官职。北宋建立后，陶谷出任礼部尚书，后又历任刑部尚书、户部尚书。开宝三年（970）病逝，追赠右仆射。曾为宋太祖起草禅位诏书。宋乾德五年（967）为释梦英《篆书千字文》作序，皇甫俨楷书，当时立于文庙。

王彦超

914—986年，字德升，大名临清（今河北临西）人，五代至北宋初年著名将领。王彦超少时从军，隶属后唐魏王李继岌麾下，后入凤翔重云山，投晖道人为徒。此后历仕后晋、后汉、后周三朝，官武宁军节度使，曾击败来犯的北汉主刘崇。周世宗征淮南时，王彦超败淮南军于寿州城下。周恭帝时，加检校太师、西北缘边副都部署。北宋建立后，加中书令，还朝。不久，复为永兴军节度使。乾德二年（964），复镇凤翔。开宝三年（970），改为右金吾卫上将军、判街仗事。太平兴国六年（981），封邠国公。太平兴国八年（983），以右金吾卫上将军、太子太师致仕。雍熙三年（986），王彦超去世，年73岁，获赠尚书令。曾有重修文庙、石经之善举，事见西安碑林藏建隆三年《重修文宣王庙记》。宋建隆、乾德间（960—968）重刻《孔子庙堂碑》，立于文庙。

孙仅

969—1017年，字邻几，生于宋太祖开宝二年，卒于真宗天禧元年，年49岁。宋代汝州（今河南汝州）人，少勤学，与兄何俱有名于时。咸平元年（998），第进士甲科。兄弟连冠贡籍，时人荣之。起家舒州团练推官。举贤良方正之士，仅策入第四等。擢光禄寺丞，直集贤院。累迁右谏议大夫，改左谏议大夫，出知河中府。后进给事中，卒。仅性端懿，中立无竞，笃于儒学，士大夫推其履尚。仅著有文集50卷，《宋史本传》传于世。书《大宋永兴军新修玄圣文宣王庙大门记》，阎宗闵书，当时刻立于文庙。

范雍

981—1046年，字伯纯（清康熙《建宁府志》卷五作伯淳），世家太原（今属山西），祖葬河南（今河南洛阳），遂为河南人。真宗咸平初进士，咸平三年（1000）补洛阳主簿。后迁殿中丞，知端州。宋仁宗即位，历兵部员外郎、户部副使、度支副使、工部郎中、龙图阁待制、陕西转运使。

北宋景祐元年（1034），知永兴军事，范雍向朝廷奏准在京兆文庙创办了京兆府学。元丰三年（1080），将京兆府学迁至"府城之坤维"。崇宁二年（1103），又迁至"府城之东南隅"，即今府学巷处。其后，金京兆府学、元奉元路学、明清西安府学皆沿设于此。

石苍舒

字才美,京兆(今西安)人。《玉照新志》作字才叔,雍州(今西安)人。官为承事郎通判保安库。善行草,有骨气。弄笔日久,至堆墙败笔如山。经营在心,舒卷随手,人谓得"草圣三昧"。其所书《宋京兆府移文宣王庙记》元丰三年(1080)由吕大防撰,当时刻立于文庙,今已佚。

安宜之

长安(今西安)人。工楷书,元祐五年(1090)黎持所撰《宋京兆府新移石经记》为其所书。所刻怀素法帖,当时刻立于府学,今藏陕西历史博物馆。

吕大忠

字进(或作晋)伯,京兆蓝田(今西安蓝田县)人,北宋年间关学著名人物。仁宗皇祐五年(1053)进士,历知陕州、秦州、渭州、同州,绍圣四年(1097)致仕。吕大忠兄弟五人,四人登科及第,其中吕大忠、吕大防、吕大钧和吕大临都被《宋史》立有传记,称"蓝田吕氏四贤"。

元祐二年(1087),担任陕西运转副使期间,他将《石台孝经》《开成石经》《十三经》以及长安一带遭受破坏的历代碑石细心收集,移置到城墙内南侧、府学北面(今陕西碑林博物馆所在地),选择了坚固、干燥的地基排放,并修建了房屋、廊、亭,编排了放置顺序,使珍贵文物得以保存,形成了西安碑林的雏形。西安碑林是收藏我国古代碑石时间最早、名碑最多的一座文化艺术宝库。吕大忠作为其创始者,居功甚伟!

虞策

字经臣,杭州钱塘人。登进士第,调台州推官、知乌程县、通判蕲州。通判蒋之奇以江、淮发运上计,神宗访东南人才,以策对。王安礼、李常咸荐之,擢提举利州路常平、湖南转运判官。

元祐五年(1090),召为监察御史,进右正言。数上书论事,谓人主纳谏乃有福,治道以清静为本。西夏未顺命，策言："今边备解弛，戎备不修。古之人，善镇静者警备甚密，务持重者谋在其中，未有卤莽阔疏，而曰吾镇静、吾持重者。"又乞诏内而省曹、寺监，外而监司、守令，各得以其职陈朝政阙失、百姓疾苦。星文有变，乞顺天爱民，警戒万事，思治心修身之道，勿以宴安为乐。哲宗纳后，上《正始要言》。迁左司谏。曾历刑部、户部尚书，拜枢密直学士，知永兴军、成都府。

崇宁元年（1102），尚书右仆射兼门下侍郎蔡京奏请兴学贡士，朝廷随之发布一系列诏令，即崇宁兴学。崇宁二年（1103），知永兴军的虞策将府学、文庙及《唐石经》一并迁至"府城之东南隅"即碑林现址，"庙学之成，总五百楹，宏模廓度，伟冠一时"。

赵佶

1082—1135 年，宋神宗第十一子，宋朝第八位皇帝。即位之后启用新法，在位初期颇有明君之气，后经蔡京等大臣的诱导，政治情形一落千丈。金军兵临城下，受李纲之言，匆匆禅位给太子赵桓，其在位 25 年（1100—1125），国亡被俘受折磨而死，终年 54 岁，葬于都城绍兴永佑陵。

他在位期间，穷奢极侈，崇奉道教，民贫国弱，然其极有艺术天赋，工书画，善画花鸟，尤其是他的书法自成一格，世称"瘦金体"。曾召文臣将御府所藏历代书画敕编成《宣和书谱》《宣和画谱》《宣和博古图》，对后世书画艺术极有影响。

刻于北宋大观二年（1108）的《大观圣作碑》由徽宗撰文并书，李时雍摹写，蔡京题额。原在乾县文庙，1962 年移藏西安碑林。

年富

1395—1464 年，字大有，安徽省怀远县梅桥乡（现属淮上区）人。本来姓严，讹成"年"。年富历事明成祖、明仁宗、明宣宗、明代宗和明宪宗五朝，先后在地方和中央部门任职，历官吏科给事中、陕西左参政、河南右布政使、河南左布政使、右副都御史兼大同巡抚、兵部右侍郎兼山东巡抚、户部尚书。不论在哪里，他都能清廉刚正，始终不渝，从而成为一代名臣。

其撰《居官箴言》，后于弘治十四年（1501）由泰安知州顾景祥（贞庵主人）摹刻于州署。但此顾氏刊石一直晦迹不显，直到清代方广泛传播，其功劳应归于清代名臣颜希深祖孙三代。先是颜希深任泰安知府，将此石由科房破壁中捡出，移置府署西侧，并撰写跋文。之后其子颜检任浙江巡抚，又将此箴"重摹上石，嵌诸厅壁"，是为浙江刻本。而被称为西安本的刻石，则是颜检之子颜伯焘在任陕西延榆绥道时托付长安知县张聪贤重加摹刻，"置碑洞（即碑林）以广其传"。如今山东、浙江二石已亡，唯有碑林刻石独存，实为珍贵。

马文升

1426—1510年，字负图，别号约斋，又号三峰居士、友松道人。钧州（今河南禹州市）人。明代重臣、诗人。

长安县学原在西安府城西门外，明洪武三年（1370）移于府城内西门大街县治西，成化九年（1473），巡抚马文升再徙于府城门东府学西侧。长安县学之布局及规模于修造之役可约略看出："为大门、仪门各三楹，博文、约礼二斋，旁为号舍，敬一亭三楹，筑天梯于面城垣，曰云路。"同时，他还重修了西安碑林。

姚继可

字光父，号又轩，河南襄城人。嘉靖进士，后官授知县。隆庆二年（1568），姚继可擢四川道御史。万历年间姚继可历陕西参议、右副都御史、宰相等职。嘉靖三十四年（1555）十二月，华县大地震，碑林遭受巨大破坏。万历十六年（1588）陕西左布政使姚继可对遭地震破坏的《开成石经》进行整理，并辑石经字样，刻石经补字97石114面。

余子俊

1428—1489年，字士英，明代大臣，青神（今属四川）人。景泰时进士，历户部主事、员外郎，任职户部十年，"以廉干称"。后出任西安知府，任内多有善政。曾积极调配，发官仓粮十万石赈贷饥民，"官不损而民济"。成化初，各地上报政绩显著官员，知府十名，他为首位。连擢陕西右参政、右布政使。后历陕西左布政使、浙江左布政使，迁右副都御史，巡抚延绥。针对西北边防紧张的形势，屡次上疏要求修建长城。弘治二年（1489）卒，赠太保，谥肃敏。

西安碑林藏有余子俊刻石数通，其中的《怀素草书千字文》为其于明成化六年（1470）刻置碑林，其书写者为怀素。

朱惟焯

约1500—1544年，安徽凤阳人。明太祖七世孙，秦昭王朱秉榉庶长子。弘治十四年（1501）昭王薨，此时惟焯大约两岁，至正德四年（1509），惟焯才得嗣秦王，在位36年。嘉靖十九年（1540），敕表以绰楔。献金助太庙工，益岁禄二百石，赐玉带袭衣。惟焯尝奏请潼关以西、凤翔以东河堧地，曰："皇祖所赐先臣楱也。"户部尚书梁材执奏："陕西外供三镇，内给四王，民困已极。岂得复夺堧地，滥给宗藩。"诏如材言。明武宗正德十六年（1521），朱惟焯主持修缮了卧龙寺殿宇。嘉靖二十三年薨，谥号定王。惟焯无子，由从子宣王朱怀埢嗣封。

诸葛羲

生卒年不详。字基画，号沪水，晋江（今属福建）人。天启四年（1624）中举人，崇祯元年（1628）中进士，授户部四川司主事，所到之处，以民生为念，"除陋规""开示诚信"，扶持教育。崇祯中，奉使入陕西，他追查大户、豪族积欠，拒绝馈送。在陕西时，遍游名胜，涉华阴，作《游华记》，还著有《化石居新旧稿》《笔諏目录》《游台记》《临庚草》《度支条议》《诗文集》等。他对西安碑林进行整修，请工匠"洗刷宿墨"，对颓仆碑石进行扶植，修补残缺，使"千百年碑碛，重开生面"。

杨爵

1493—1549年，字伯修，号斛山，今富平县老庙镇笃祜村人。生于明孝宗弘治六年，卒于世宗嘉靖二十八年，年57岁。以学行有名。嘉靖八年（1529）进士，授行人。擢御史，以母老乞归。服阕，起故职。时年岁频旱，帝日夕建斋醮，经年不朝；爵上疏极谏，立下诏狱，历五年得释。抵家甫十日，又被逮系狱，三年始还。卒，谥忠介。爵所作诗文，多直抒胸襟。有《杨忠介集》十三卷、《周易辨录》四卷并传于世。

西安碑林藏有杨斛山行书条幅，纸本，为明嘉靖二十六年（1547）所书。

张居正

1525—1582年，字叔大，号太岳，幼名张白圭。明代湖广江陵（今湖北荆州市荆州区）人，时人又称张江陵。少颖敏，15岁为诸生，嘉靖二十六年（1547）进士，改庶吉士，授翰林院修撰，累官太师、吏部尚书、中极殿大学士、宰相等职。58岁卒，赠上柱国，谥文忠。《明史》《明人小传》《明诗综》有传。张居正是明朝中后期政治家、改革家，万历时期的内阁首辅，辅佐万历皇帝开创了"万历新政"。

西安碑林藏有张居正明万历元年（1573）所书行书手卷，纸本。

黄家鼎

清代人，生卒年月不详，字升耳，号一庵，安徽颍上县人。清顺治十一年（1654）拔贡，授咸宁县令。知县期间，以清廉耿介自守，勤于政事，兴利除弊，筑堤治水，劝农耕织，严行法制，县境太平，吏民无不悦服。在他的主持下，对关中书院进行了修葺扩建，扩建牌坊一座、大门一楹；东设东廊为主讲寓所；西设西圃；北竖小坊及二门、三门各三楹，匾题"继往开来"；中建精一堂五楹，置道统祠，祀黄帝、炎帝，左右堂祀正学、理学名臣。

贾汉复

1605—1677年，清初名臣、名

将。字胶侯，号静庵，山西曲沃安吉人。他注重文事，巡抚陕西时，除组织宿儒重修《陕西通志》、补刻《孟子》石经外，还多处修办书院，培育人才；重修被破坏的关中书院，恢复书院旧观，并将学政衙门设在其中。这是清朝第一次较大规模的修建，时为康熙三年（1664）。承建工程的是西安知府叶承祧，督学是田厥茂，二人将原在正学书院的名臣祠移建到关中书院，其中包括元朝中丞张养浩的牌位。

爱新觉罗·玄烨

1654—1722年，即清圣祖，年号康熙。1661至1722年在位，清世祖第三子，顺治十八年（1661）嗣位，时年8岁。康熙六年（1667）亲政。其亲政后，用近三十年时间，由内到外，逐步实现了全国统一。在致力于统一全国的同时，他还重视发展生产、增加收入、巩固政权，采取了一系列措施，形成了"康熙盛世"。

他一生苦研儒学，倡导程朱理学，开博学鸿词科，设馆纂修《明史》。他对自然科学如数学、水利测量等亦多涉猎，在书法上造诣颇高。

西安碑林藏有其行书条幅，质地为绫本，作于康熙三十九年（1700）夏。

孙景烈

1706—1782年，字孟阳，号酉峰，清代学者，武功（今属陕西）人。乾隆初进士，授翰林院检讨，后以议论国事免官。返乡后，曾主持关中书院、兰山书院、明道书院等，专心讲学，以在关中书院讲学时间最长。学生颇多，其中韩城王杰为乾嘉时名臣。孙氏讲学之余，对明康海《武功县志》详加评注，并应聘纂修《邠阳县志》及《鄠县新志》。另著有《关中书院课解》《兰山书院课解》《西麓山启稿》《滋树堂文集》《酉麓山房存稿》《性理讲义》《邠风见闻录》《孙氏族谱》等书。故被称为关西夫子、海内大儒。

王杰

1725—1805年，字伟人，号惺园，陕西韩城人，清朝状元、名臣。在朝

40余年，历任吏、礼、兵、刑、工五部侍郎。后来，王杰迁左都御史，授兵部尚书。乾隆五十一年（1786），他被任命为军机大臣、上书房总师傅，次年拜东阁大学士，管理礼部，成为当朝宰相。关中之乡试、府试的考举之士，多为关中书院的生员，清代陕西唯一的状元王杰也是关中书院培养出来的。王杰"初从武功孙景烈游，讲濂、洛、关、闽之学；……学益进，自谓生平行己居官得力于此"。

毕沅

1730—1797年，镇洋（今江苏太仓市）人，清代官吏、学者。曾任陕西按察使、布政使、陕西巡抚、陕甘总督等，前后在陕西任职达14年之久。任职期间，奉行"足民之要，农田为上"的原则，重视农田水利；关心陕西历史文化遗产的保护和利用；提倡办学兴教，对陕西乃至西北地区最重要的学校——关中书院重新扩建，使关中书院成为全国最著名的书院之一。著有《关中胜迹图志》《关中金石记》，并监修《西安府志》等。乾隆三十六年（1771）主持重修关中书院，延进士汪祖启主讲，"不数载，关中乡会试中膺馆选者大半皆书院之士"。乾隆三十七年（1772），他赴碑林欣赏刻石，见栋宇倾圮，众碑弃之榛莽，十分痛惜，遂吩咐陪同的官员尽快整修。他们重新规划和改建了碑林建筑，对藏石进行整理，并派员专司管理，限制拓碑，是有清一代对碑林最全面、最重要的一次整修，遂使碑林大成其格。他在《关中金石记》中载："前后堂庑，皆鼎新焉，旋于土中，搜得旧刻数十片，遂取《石经》及宋元以前都，编排甲乙，周以栏盾。明代及近人所，则汰存其佳者，别建三楹以存置。其锁钥则有司掌之，设法保护，以冀垂永久。"

林则徐

1785—1850年，福建省侯官（今福州市区）人，字元抚，又字少穆、石麟，晚号俟村老人、俟村退叟、七十二峰退叟、瓶泉居士、栎社散人等。林则徐是中国近代杰出的政治家、思想家、诗人和民族英雄。官至一品，曾任湖广总督、陕甘总督和云贵总督，两次受命钦差大臣。

林则徐曾三次来西安，一次是在被流放伊犁的途中路过留居，另有两度在西安任职。西安碑林还留有他的两处墨宝：一处是《石台孝经》碑亭所悬的稳健凝重的"碑林"匾额；另一处是碑林六室中镶嵌在碑墙上的《游华山诗碑》，系他流放新疆伊犁途经华山而作的一首七言诗，当年（1842）即被李文翰刻石立于碑林。

路德

1785—1851 年，清代学者。字闰生，号鹭洲，盩厔（今陕西周至）人。嘉庆十四年（1809）举进士，历任翰林院庶吉士、户部湖广司主事、军机章京。《续修盩厔县志》载："生平学以汉宋诸儒为根柢，专主自反身心，不分门户，不事标榜……文艺以经训传注为宗，力挽剽窃空疏之学。"后辞官不出，先后在乾阳、象峰、对峰及关中书院、宏道书院二十余年，"一时全秦三晋吴楚人士多从之，游掇甲科，任京外各职者以数百计，列胶庠食廪饩及再传弟子以数千计，列清班者强半出其门下"。

左宗棠

1812—1885 年，字季高，一字朴存，号湘上农人，湖南湘阴人。晚清重臣，军事家、政治家，湘军著名将领，洋务派首领。左宗棠曾就读于长沙城南书院，20 岁乡试中举，但此后在会试中屡试不第。

他留意农事，遍读群书，钻研舆地、兵法。一生经历了湘军平定太平天国运动、洋务运动、平叛同治陕甘回乱、收复新疆以及新疆建省等重要历史事件。官至东阁大学士、军机大臣，封二等恪靖侯。中法战争时，自请赴福建督师，光绪十一年（1885）在福州病逝，享年74岁。追赠太傅，谥号文襄，并入祀昭忠祠、贤良祠。

西安碑林藏其同治十二年（1873）篆书对联刻石，共二石，张曜撰联。对联云:"负郭无田,几亩荒园都种竹;传家有宝,数间茅屋半藏书。"词意清雅,对句工稳。

冯誉骥

1822—1884年,字仲良,号展云,广东高要县(今肇庆市端州区)人。道光二十年(1840)举人,道光二十四年(1844)甲辰科进士。选庶吉士,散馆授翰林院编修。曾督学山东、湖北、江西,告假归里,受聘掌教于应元书院。继而复出,历官内阁学士、福建学政,累擢刑部左侍郎,授陕西巡抚,被议弃职,客居扬州终老。冯誉骥工诗文书画,精于鉴别,著作有《录伽南馆诗钞》。光绪七年(1881)巡抚陕西时,在关中书院东附设志学斋,购置图书并增加膏火。住院诸生讲习,日有札记。

黄彭年

1824—1890年,字子寿,号陶楼,晚号更生,贵州贵筑(今贵阳市)人,祖籍湖南醴陵。进士出身。其好绘事,喜画花卉,嗜饮茶,著有《陶楼文钞》《陶楼诗钞》。后由陕西巡抚刘蓉聘其主讲关中书院,光绪八年(1882)调陕西,升按察使。与布政使曾龢扩建关中书院,立斋舍,并购书赠书院。时考课以诗、古文、词、八股试帖、策论等。每月官课1次,获超等、特等诸生奖赏膏火,一等以下无奖赏;每月堂课2～3次,院长主之。获超等、特等诸生可得膏火,无奖赏,一等以下无膏火。

慈禧

1835—1908年,即孝钦显皇后,叶赫那拉氏,咸丰帝的妃嫔,同治帝的生母。晚清重要政治人物,清朝晚期的实际统治者。

光绪二十七年(1901),慈禧太后在西安避难时,曾施银千两维修卧龙寺,并在山门前建石牌坊一座,宏大精美。慈禧还亲书"慈云悲日""三乘迭耀"匾额赐寺,并为山门书额"敕建十方卧龙禅林"。当时西藏、蒙古的喇嘛、王公们千里迢迢送来各类贡品、佛像，其中佛像均诏令送卧龙寺供养，一时所供经像居西安诸寺之首。

多罗特·升允

1858—1931年，姓多罗特氏，字吉甫，号素庵，八旗蒙古镶黄旗人。宣统元年（1909），升允因上疏反对立宪，以妨碍新政之过失被革职，之后寓居西安满城。武昌起义爆发后，他重新被起用，任陕西巡抚，总理陕西军务。升允率甘军东进，连下十余城，逼近西安。1912年2月，清帝溥仪退位，甘军得知消息，拒不与革命军作战，升允西退。此后往来于天津、大连、青岛之间，结纳宗社党人，图谋复辟。1931年7月23日病逝于天津租界，逊帝溥仪赠谥曰文忠。纵观升允一生，除了对清王朝愚忠外，为官比较清廉，也曾做过一些造福桑梓的好事。教育方面，他首倡开办陕西大学堂（西北大学前身），光绪二十九年（1903）将关中书院改为优级选科及初级完全科两级师范学堂。

第二章

【书画名人】

三学街作为以文庙、关中书院为核心的历史街区,千百年来,从这里走出的书法、绘画艺术家不计其数,同时也吸引着众多文人墨客来此交游、求学、切磋艺术技巧。这里是古代艺术的圣地,也是书画名人古来留名的文墨之乡。

陆机

261—303年,字士衡,吴郡吴县华亭(今上海松江)人,三国吴大司马陆杭之子。官至平原内史,世称"陆平原"。擅文能书,与其弟陆云合称"二陆",名重一时。所作《文赋》为我国古代著名文学论著。其诗文辞藻宏丽,讲求排偶,开六朝文风之先。有《陆士衡集》,《晋书》有传。清道光二年(1822),邓廷桢书其所撰《文赋》,李天全刻字,现藏西安碑林。

王羲之

303—361年,字逸少,琅邪临沂(今属山东)人。东晋时期著名书法家,官至右军将军、会稽内史。东晋升平五年卒,享年59岁。《晋书》有传。其书法兼善隶、草、楷、行各体,极有书名,后人称"王右军""王逸少",书法不仅名重当时,后世更尊之为"书圣"。代表作《兰亭序》被誉为"天下第一行书"。

现藏于西安碑林的《集王羲之圣教序》,是由僧人怀仁集藏于唐皇宫里的王羲之行书真迹而成,右军真迹多赖此以传。

虞世南

558—638年，字伯施，唐朝政治人物、文学家、诗人、书法家，越州余姚（今属浙江）人。善书法，与欧阳询、褚遂良、薛稷合称"初唐四大家"。日本学界称欧阳询、褚遂良、虞世南为"初唐三大家"。其所编的《北堂书钞》被誉为唐代四大类书之一，是中国现存最早的类书之一。唐贞观初撰并刻《孔子庙堂碑》，书《孟法师碑》。

欧阳询

557—641年，字信本，楷书四大家之一。南朝梁太平二年（557）出生于衡州（今湖南衡阳），祖籍潭州临湘（今湖南长沙）。

欧阳询与同代的虞世南、褚遂良、薛稷并称"初唐四大家"。因其子欧阳通亦善书法，故其又称"大欧"。他与虞世南俱以书法驰名初唐，并称"欧虞"，后人以其书于平正中见险绝，最便初学，号为"欧体"。代表作楷书有《九成宫醴泉铭》《皇甫诞碑》《化度寺碑》，行书有《仲尼梦奠帖》《行书千字文》。对书法有独到的见解，有书法论著《八诀》《传授诀》《用笔论》《三十六法》。所写《化度寺邕禅师舍利塔铭》《虞恭公温彦博碑》《皇甫诞碑》被称为"唐人楷书第一"。书《唐金兰帖》，宋元祐元年摹，元时嵌在文庙成德堂西，今原碑已佚。

欧阳通

625—691年，唐代大臣、书法家。字通师，汉族，潭州临湘（今湖南长沙）人。欧阳询子。新旧《唐书》有传。早孤，母徐教以父书。初拜兰台郎；仪凤中累迁中书舍人，封渤海公；天授初转司礼卿，判纳言事，二年为相，因反武承嗣为太子被害。欧阳通师承父法，工于楷，刻意临摹，锐志钻研，后与父齐名，得父法而险峻过之，世称他们父子的书体为"大小欧阳体"。传世作品有《道因法师碑》《泉男生墓志》等。《道因法师碑》全名为《大唐故翻经大德益州多宝寺道因法师碑》，唐龙朔三年（663）

镌立，宋初由原修德坊宏福寺旧址移入文庙，现存陕西西安碑林。

徐浩

703—782年，字季海，在唐代时降生在越州（今浙江绍兴）。善楷书，圆劲厚重。现藏于西安碑林的《道因法师碑》《多宝塔感应碑》皆由其题额。

史惟则

生卒年不详，名浩，字惟则。广陵（今江苏扬州）人。玄宗时官至殿中侍御史，人称"史御史"。宋陈思《书小史》称其隶书"迫近钟书，发笔方广，字形俊美亦为时重。又善篆籀、飞白"。传世有隶书《大智禅师碑》，现存西安碑林。

张旭

生卒年不详，字伯高，苏州吴县（今江苏苏州）人，是唐代杰出的书法家。官至金吾长史，也称"张长史"。能诗，长七绝。工书，精通楷法，尤擅草书，其势颓然天放，意态自足，号称神逸。往往喜欢酒后呼喊狂走，然后落笔，时人谓之"张颠"。怀素继承和发展了他的草书，以狂草得名，世有"颠张狂素"之称。《断千字文》存石六块，现藏西安碑林。仅存二百余字，为张旭草书存字最多者。《肚痛帖》是张旭的代表作，为宋嘉祐三年（1058）摹刻上石，现藏西安碑林。

吴道子

约680—759年，又名道玄。唐代著名画家，画史尊称"画圣"，阳翟（今河南禹州）人。少孤贫，年轻时即有画名，曾任兖州瑕丘（今山东兖州）县尉，不久即辞职。后流落洛阳，从事壁画创作。开元年间以善画被召入宫廷，历任供奉、内教博士、宁王友。曾随张旭、贺知章学习书法，通过观赏公孙大娘舞剑，体会用笔之道。擅佛道、神鬼人物及山水草木、鸟兽、楼阁等，尤精于佛道人物，长于壁画创作。他曾在现在的卧龙寺画观音像，故此寺又称"观音寺"。据寺内碑刻载，此寺创建于汉灵帝时（168—189），隋朝时称"福应禅院"。

颜真卿

708—784年，字清臣，小名羡门子，别号应方，京兆万年（今陕西西安）人，祖籍琅邪临沂（今山东临沂）。颜师古五世从孙、颜杲卿从弟，唐代名臣，杰出的书法家。

开元二十二年（734），颜真卿登进士第，四任监察御史，迁殿中侍御史。因受权臣杨国忠排斥，被贬为平原太守，世称"颜平原"。安史之乱时，颜真卿率义军对抗叛军。后因孤立无援，只得放弃平原至凤翔，被授为宪部尚书，后迁御史大夫。唐代宗时官至吏部尚书、太子太师，封鲁郡公，人称"颜鲁公"。兴元元年（784），遭宰相卢杞陷害，被派遣劝谕叛将李希烈，凛然拒贼，终被缢杀。颜真卿遇害后，嗣曹王李皋及三军将士皆为之痛哭。追赠司徒，谥号"文忠"。颜真卿书法精妙，擅长行、楷，创"颜体"楷书，与赵孟頫、柳公权、欧阳询并称为"楷书四大家"。与柳公权并称"颜柳"，二人书法被称为"颜筋柳骨"。善诗文，均佚。宋人辑有《颜鲁公集》。

颜真卿有《争座位稿》《多宝塔感应碑》《颜氏家庙碑》等藏于西安碑林。

怀素

725—785年，字藏真，俗姓钱，湖南长沙人，迁居京兆。幼年出家为僧，曾为玄奘弟子，法号"怀素"，人称"怀素和尚"。善书，尤好草书。曾于故里种芭蕉叶为纸作书，因名所居"绿天庵"。又传其弃笔埋于山下，堆积如冢，曰"笔冢"。其书学张芝、真卿，草书"援毫掣电，随手万变"。

《宣和书谱》卷十九有《唐释怀素》，并评论道："怀素精于翰墨，当时名流，如李白、戴叔伦、钱起等人，举皆有诗美之，状其势以谓若惊蛇走虺，骤雨狂风，人不以为过论。"

著名书作有《东陵圣母帖》，宋元祐三年（1088）摹刻，元时存于府廨，明代入藏西安碑林。

萧祐

字祐之，兰陵人。以处士征，拜拾遗。元和初，历御史中丞、桂管防御观察使。为人闲澹贞退，游心林壑，善鼓琴赋诗，精妙书画，名人高士多与之游。元和十五年（820）为李夷简撰家庙碑，现藏于碑林。

李阳冰

生卒年不详，约生于唐玄宗开元年间。唐代文学家、书法家。字少温，汉族，谯郡（今安徽亳州）人。李白族叔，为李白作《草堂集序》。初为缙云令、当涂令，后官至国子监丞、集贤院学士，世称"少监"。兄弟五人皆富文词、工篆书。他善词章，工书法，尤精小篆。初师李斯《峄山碑》，以瘦劲取胜。自诩"斯翁之后，直至小生，曹喜、蔡邕不足也"。他所书写的篆书，"劲利豪爽，风行而集，识者谓之苍颉后身"，甚至被后人称为"李斯之后的千古一人"。李阳冰所书的石刻很多。篆书碑刻《栖先茔记》《三坟记》，宋大中祥符三年（1010）姚宗萼等重刻于文庙，今藏于碑林。

柳公权

778—865年，字诚悬，汉族，京兆华原（今陕西铜川市耀州区）人。唐代著名书法家、诗人，兵部尚书柳公绰之弟。咸通六年（865），柳公权去世，享年88岁，追赠太子太师。柳公权书法以楷书著称，与颜真卿齐名，人称"颜柳"，又与欧阳询、颜真卿、赵孟頫并称"楷书四大家"。他自创独树一帜的"柳体"，以骨力劲健见长，后世有"颜筋柳骨"的美誉。传世碑刻有《金刚经刻石》《玄秘塔碑》《冯宿碑》等，行草书有《伏审帖》《十六日帖》《辱向帖》等，另有墨迹《蒙诏帖》、《王献之送梨帖跋》。唐会昌元年（841）书《玄秘塔碑》，宋初由原兴宁坊安国寺旧址移入文庙，今在碑林。

吴通微

生卒年均不详，约唐德宗建中（780—783）前后在世，字不详，海州人,吴通玄之弟,中书舍人、翰林学士。与兄通玄均有文名。德宗时,官职方郎中,与通玄并知制诰。通玄死,通微白友待罪于门,帝赦之,然竟不敢为丧服。其贞元二十一年(805)所书《楚金禅师碑》由沙门飞锡撰,宋初由原安定坊千福寺旧址移入文庙。

郭忠恕

？—977年,五代末期至宋代初期的画家,字恕先,又字国宝,洛阳(今属河南)人。7岁能诵书属文,举童子及第。后周广顺二年(952)召为宗正丞兼国子监书学博士。由于争忿朝政,不久被贬为崖州司户,秩满去官,不复仕,纵放岐雍、陕洛间。入宋,官国子监主簿,益纵酒肆言,因讥讽时政,又遭流配登州,死于临邑途中。工画山水尤擅界画,楼观舟楫皆极精妙。所画重楼复阁建筑颇合规矩,"上折下算,一斜百随,咸取砖木诸匠本法,略不相背",比例十分准确精细。工书,诸体皆能。曾有人得鸟迹篆,忠恕一见辄诵如宿习。传有《三体阴符经》《汗简》《佩觿》等书。其画风画技在当时和后世有较大影响。《隆阐法师碑》碑阴附刻其以古文、篆、隶字体写的《阴符经》,此碑现藏于西安碑林。

苏轼

1037—1101年,字子瞻,号东坡居士,世称苏东坡、苏仙。汉族,北宋眉州眉山(今属四川眉山)人,祖籍河北栾城,北宋著名文学家、书法家、画家。

嘉祐二年(1057),苏轼进士及第。宋神宗时曾在凤翔、杭州、密州、徐州、湖州等地任职。元丰三年(1080),因"乌台诗案"受诬陷被贬黄州任团练副使。宋哲宗即位后,曾任翰林学士、侍读学士、礼部尚书等职,并出知杭州、颍州、扬州、定州等地,晚年因新党执政被贬惠州、儋州。宋徽宗时获大赦北还,途中于常州病逝。宋高宗时追赠太师,谥号"文忠"。

苏轼在诗、词、散文、书、画等方面都取得了很高的成就。其诗题材广阔,清新豪健,善用夸张比喻,独具风格,与黄庭坚并称"苏黄";其词开豪放一派,与辛弃疾同是豪放派代表,并称"苏辛";其散文著述宏富,豪放自如,与欧阳修并称"欧苏",为"唐宋八大家"之一。苏轼亦善书,为"宋四家"之一;工于画,尤擅墨竹、怪石、枯木等。有《东坡七集》《东坡易传》《东坡乐府》等传世。

《东坡集归去来兮辞诗》由苏轼诗并书,1964年由西安三学街小学移藏西安碑林。

黄庭坚

1045—1105年,字鲁直,号山谷道人,晚号涪翁,洪州分宁(今江西九江市修水县)人,北宋著名诗人、书法家,为盛极一时的江西诗派开山之祖,与杜甫、陈师道和陈与义素有"一祖三宗"(黄庭坚为其中一宗)之称。与张耒、晁补之、秦观游学于苏轼门下,合称为"苏门四学士"。生前与苏轼齐名,世称"苏黄"。著有《山谷词》。黄庭坚书法亦能独树一格,为"宋四家"之一,有《出宫赋》诗帖藏于西安碑林。

米芾

1052—1108年,初名黻,字元章,时人号襄阳漫士、海岳外史,自号鹿门居士。北宋著名书法家、画家、鉴定家、收藏家。米芾世居太原(今属山西)、襄阳(今属湖北),后定居润州(今江苏镇江)。徽宗召为书画学博士,擢礼部员外郎。为"宋四家"之一,著有《书史》《宝章待访录》《砚史》等。

西安碑林藏《米芾四条屏诗碑》,米芾行书,郑庆崧上石,共四石。文末署"襄阳米芾",第四石左下方有"楚国米芾""臣庆崧""郑氏退谷"篆印三方,刊立年代不详。

张弼

1425—1487年,华亭(今上海松江)人。字汝弼,晚年号东海翁。成化进士,官南海知府,治绩甚著。善诗文,工草书。著有《鹤城》《东海》诸稿。《明史》《明史稿》《明人小传》《明诗综》中均有录入。

西安碑林现藏张弼草书条幅,纸本。

文徵明

1470—1559年，原名壁，字徵明，后以字行，更字徵仲。祖籍衡山，故号"衡山居士"，世称"文衡山"，明代画家、书法家、文学家。出身仕宦，少时学文于吴宽，学书法于李应祯，学画于沈周，与吴中名士祝允明、唐寅、徐祯卿并称"吴中四才子"，与沈周、唐寅、仇英合称"明四家"，因官至翰林待诏，私谥贞献先生，故称"文待诏""文贞献"。为人谦和而耿介，宁王朱宸濠慕名相聘，托病不赴。正德末年以岁贡生荐试吏部，授翰林待诏。他不事权贵，尤不肯为藩王、中官作画，旋即便致仕归乡。四方人士求诗文书画者，络绎道路。留有《甫田集》。

西安碑林藏有文徵明行书《新燕篇》长卷，书体行书，纸本装裱，卷尾钤名章三枚，另有陆师道跋并篆章两枚。

莫是龙

？—1587年，又名世龙、士龙。明代文学家、书画家、藏书家。得米芾石刻"云卿"二字，因以为字，后以字行，更字廷韩，号秋水，又号后明、玉关山人、虚舟子等。南直隶松江府华亭（今上海松江）人，莫如忠长子。8岁读书，10岁属文，14岁补郡诸生，人称"圣童"。皇甫汸、王世贞辈亟称之。不喜科举业而攻古文辞及书法、绘画，后补博士弟子，以贡生终。

西安碑林现藏莫是龙行书手卷，纸本。

董其昌

1555—1636年，华亭（今上海松江）人，字玄宰，号思白、香光居士。明代书画家。万历十七年（1589）进士，授翰林院编修，官至南京礼部尚书，卒后谥"文敏"。

董其昌擅画山水，师法董源、巨然、黄公望、倪瓒，笔致清秀中和，恬静疏旷；用墨明洁隽朗，温敦淡荡；青绿设色，古朴典雅。以佛家禅宗喻画，倡"南北宗"论，为"华亭画派"杰出代表，兼有"颜骨赵姿"之美。其画及画论对明末清初画坛影响甚大。

书法出入晋唐,自成一格,能诗文。其存世作品有《岩居图》《秋兴八景图》《昼锦堂图》《白居易琵琶行》《三世诰命》《草书诗册》《烟江叠嶂图跋》等。著有《画禅室随笔》、《容台文集》、《戏鸿堂帖》(刻帖)等。

西安碑林藏有董其昌题冯从吾像赞手卷、临米芾行书手卷。

赵崡

1564—1618年,明代著名金石学家、藏书家。字子函,一字屏国,自号中南敦物山人,陕西周至人。万历间,赵崡常和家人与拓工出入荒野丛中访拓碑文,并向经常游览四方的朋友索求。"时跨一驴,挂偏提,拓工挟楮墨以从。每遇片石阙文,必坐卧其下,手剔苔藓,椎拓装潢,援据考证。"每获一名碑,必摩弄累日,不忍释去,片石文字,辄疏记之。苦心孤诣30余年,在家乡广拓碑刻,又托友人四处搜求,积存碑文253种,一一撰写跋尾,收集大量旧碑,一一考证,仿照欧阳修、赵明诚金石著作体例,编著《石墨镌华》八卷,万历四十六年(1618)成书。因无力全文刻印,收录碑目并附跋尾。其在《石墨镌华》序中有"碑林"之称,这是目前所见资料中将西安碑林称为"碑林"的最早记载。西安碑林现藏有其所书草书条幅,质地为纸本。

来复

生卒年不详,明代陕西三原人,字阳伯,或作阳仲。万历四十四年(1616)进士,官至江西右布政使。聪敏绝颖,多才多艺,琴棋书画无所不通,诗文援笔立就。有诗集十余卷。

西安碑林1956年10月入藏其所书行书条幅,绢本。

黄道周

1585—1646年,明末学者、书画家、文学家、儒学大师、抗清名臣。字幼玄,一作幼平或幼元,又字螭若、螭平,号石斋,福建漳浦铜山(现东山县铜陵镇)人。天启二年(1622)进士,深得考官袁可立赏识,历官翰林院修撰、詹事府少詹事。南明隆武时,任吏部兼兵部尚书、武英殿大学士（首辅）。抗清失败，被俘殉国，谥忠烈。

西安碑林藏有黄道周行书册页，是黄道周为张封夫妇祝寿所书，书体为行草。

倪元璐

1593—1644年，字汝玉，一作玉汝，号鸿宝，浙江上虞（今绍兴市上虞区）人，明末官员、书法家。明天启二年（1622）进士，官至户、礼两部尚书，书、画俱工。崇祯十七年（1644），李自成攻陷京师，元璐自缢殉节，卒年52岁。弘光时，追赠少保、吏部尚书，谥文正，清廷赐谥文贞。著有《倪文贞集》。

其书法灵秀神妙，行草尤极超逸，最得王右军、颜鲁公和苏东坡三人翰墨之助，用笔锋棱四露中见苍浑，并时杂有渴笔，与浓墨相映成趣，结字奇巧多变，书风奇伟。后人对他有"笔奇、字奇、格奇"之"三奇"，"势足、意足、韵足"之"三足"的称誉。他突破了明末柔媚的书风，创造了具有强烈个性的书法，与黄道周、王铎鼎足而立，并称"明末书坛三株树"，又与王铎、傅山、黄道周、张瑞图并称"晚明五大书家"，成为明末书风的代表。

西安碑林藏有倪元璐行书条幅，绢本。

王铎

1592—1652年，字觉斯，号嵩樵、石樵、十樵、凝樵、雪山、痴仙道人等，别署烟潭渔叟。河南孟津人，因此又称"王孟津"。他生于明万历二十年（1592），天启年间进士，累擢礼部尚书，福王在南京称帝后为东阁大学士。死于清顺治九年（1652），享年61岁。王铎是明末遗民，居清初书坛代表人物之首。他在明末清初的社会大动荡时期把中国的行草书法推向了高潮。

西安碑林藏有王铎行书条幅，作于清顺治七年（1650）。

八大山人

1626—1705年，原名朱耷，江西南昌人，明末清初画家、书法家，清初画坛"四僧"之一，明太祖朱元璋第十六子宁献王朱权九世孙。明亡后，心情悲愤，落发为僧，法名传綮，字刃庵。又用过雪个、个山、个山驴、驴屋、人屋、道朗等号，后又入青云谱为道。他一生对明朝忠心耿耿，以明朝遗民自居，不肯与清朝合作。他的作品往往以象征手法抒写心意，如画鱼、鸭、鸟等，皆以白眼向天，充满倔强之气。笔墨特点以放任恣纵见长，苍劲圆秀，清逸横生，不论大幅或小品，都有浑朴酣畅又明朗秀健的风神。章法结构不落俗套，在不完整中求完整。

西安碑林藏其草书条幅，质地为纸本立轴。

傅山

1607—1684年，明清之际思想家、书法家、医学家。初名鼎臣，字青竹，后改字青主，又有真山、浊翁、石道人等别名，汉族，山西太原人。傅山推崇老庄之学，尤重庄学。后加入道教，自称为老庄之徒，自觉继承道家学派的思想文化传统。他对老庄的"道法自然""无为而治""泰初有无""隐而不隐"等命题都做了认真的研究与阐发，推进了道家传统思想的发展。傅山自谓："癸巳之冬，自汾洲移寓土堂，行李只有《南华经》，时时在目。"他曾以颜体小楷书写《庄子》一书中的《逍遥游》《人间世》《外物》《则阳》等篇。顾炎武极服其志节。于学无所不通，经史之外，兼通先秦诸子，又长于书画医学。著有《霜红龛集》等。他被认为是明末清初保持民族气节的典范人物。他与顾炎武、黄宗羲、王夫之、李颙、颜元一起被梁启超称为"清初六大师"。

西安碑林藏有傅山篆书条幅，质地为绫本。

王世镗

1868—1933年，字鲁生，天津人。中年号积铁子，晚年号积铁老人。中国近代著名书法家。幼习经史、辞章，资秉高迈，幼眈坟籍，后任陕西镇巴、西乡县知事。平生精研书法，治学严谨，对章草、今草的演变及不同特点有独到研究。罢官后隐居汉中,书艺为于右任所欣赏,于右任称其书法"古之张芝,今之索靖,三百年来,世无与并"。著有《书诀》《论草书今章之故》《王世镗先生翰墨》等。

西安碑林所藏《于母房太夫人行述》,1933年由于右任撰文,王世镗书,共六石。1955年由陕西文物管理委员会移交西安碑林。

于右任

1879—1964年,陕西三原人,中国近现代政治家、教育家、书法家、诗人。原名伯循,字诱人,尔后以"诱人"谐音"右任"为名;别署骚心、髯翁,晚年自号太平老人。曾在三原宏道书院、泾阳味经书院和西安关中书院求学,受教于刘古愚,与吴宓、张季鸾并称为"关学余脉"。他算是从关中书院走出的最为知名的学生了。

清光绪二十九年(1903)举人,后加入同盟会,追随孙中山积极从事民主革命活动。曾致力于反袁斗争,为国民党元老之一。晚年羁留台湾,殷切怀念大陆故乡。于氏工诗、词、曲诸体,兼善书法,尤精草书,晚年诗名几为书名所掩。他学识渊博,收藏宏富,曾将其鸳鸯七志斋中苦心收藏的汉魏六朝墓志刻石390余方捐献给西安碑林。西安碑林藏有于右任草书《正气歌》共六石,郭西安刻于1938年。

第三章

【文化名人】

碑林文庙在历史上曾经举行过多次文化活动，关中书院更是明清「关学」的发源地和核心场所。这里以冯从吾为代表举办了多次讲学活动，使得碑林三学街街区成为可供文人论道作诗、交流学术的绝佳之地，历史上也曾有众多文人骚客相会于此，题诗作赋，开展学术活动。

严挺之

673—742年，唐代华阴人，名凌，字挺之，以字行。少年好学，气质高雅清秀。举进士，并擢制科，曾任右拾遗。玄宗开元中任给事中，典掌贡举，时号平允。因冒犯宰相李元纮出为濮、汴二州刺史，后累迁至太府卿。张九龄用为尚书左丞，知吏部选，被李林甫排挤，贬洛州刺史。后又诏归东京（今洛阳）以为员外郎詹事。郁郁而卒于洛阳，年70岁。

唐开元二十四年（736）为《大智禅师碑》撰文，史惟则隶书并篆额，史子华旋字。此碑大部分保存完好，现存西安碑林。

韩愈

768—824年，字退之，河南河阳（今河南孟州南）人，汉族，自称"郡望昌黎"，世称"韩昌黎""昌黎先生"。唐代杰出的文学家、思想家、哲学家、政治家。

贞元八年（792），韩愈登进士第，两任节度推官，累官监察御史。贞元十九年（803），因论事而被贬阳山，后历都官员外郎、史馆修撰、中书舍人等职。元和十二年（817），出任宰相裴度的行军司马，参与讨平"淮西之乱"。元和十四年（819），又因谏迎佛骨一事被贬至潮州。晚年官至吏部侍郎，人称"韩吏部"。长庆四年（824），韩愈病逝，年57岁，追赠礼部尚书，谥号"文"，故称"韩文公"。元丰元年（1078），追封昌黎伯，并从祀孔庙。

韩愈是唐代古文运动的倡导者，被后人尊为"唐宋八大家"之首，与柳宗元并称"韩柳"，有"文章巨公"和"百代文宗"之名。后人将其与柳宗元、欧阳修和苏轼合称"千古文章四大家"。在旧《广东通志》中被称为"广东古八贤"之一。他提出的"文道合一""气盛言宜""务去陈言""文从字顺"等散文的写作理论，对后人很有指导意义。著有《韩昌黎集》四十卷、《外集》十卷、《师说》等。所著《五箴》刻石，宋宣和五年（1123）摹，李寂篆书，李珍摹勒上石，今在西安碑林。

岑勋

唐朝诗人李白的好友，生平不详，多次出现在李白的诗作当中，与著名的隐士元丹丘也素有往来，后来隐居鸣皋山。他是颜真卿《多宝塔感应碑》的撰文者。

令狐楚

766—837年，字壳士，自号白云孺子，宜州华原（今陕西铜川耀州区）人，祖籍敦煌，唐朝政治家、文学家、诗人，初唐名臣令狐德棻后代。贞元七年（791）进士。初为太原府从事，自掌书记迁至节度判官。宪宗时，累擢职方员外郎，知制诰，又诏为翰林学士，进中书舍人。元和十四年（819），升任宰相，翌年罢为宣歙观察使。敬宗时，为宣武军节度使。大和三年（829），任太平军节度使。后入朝为吏部尚书，累迁尚书左仆射，进封彭阳郡开国公。死于山南西道节度使任内。名诗人李商隐出其门下，与刘禹锡、白居易等有诗文来往。楚擅长笺奏制令，又工诗，长于乐府。《全唐文》录存其文六卷，《全唐诗》录存其诗五十九首。西安碑林所藏《大唐迴元观钟楼铭碑》即由其撰写。

宋敏求

1019—1079年，北宋文学家、史地学家、藏书家。字次道，赵州平棘（今河北赵县）人。著述甚丰，尤以北宋神宗熙宁九年（1076）成书的《长安志》二十卷为要。该书考订详备，对唐代长安城郭、宫殿、坊市记载颇详，是一部重要的有关西安历史、地理的地方文献。

骆天骧

元代学者，长安（今陕西西安）人，字飞卿，号藏斋。曾任京兆路总管府府学教授。元世祖至元十三年（1276）建安西王府时，骆天骧曾引导主持营造安西王府的安西王相赵炳遍访长安周秦汉唐宫苑遗址。次年，骆天骧与孟文昌充西安府教官，请灞桥堂邑刘斌将碑林中倒地碑石复立。元成宗元贞二年（1296）撰《类编长安志》十卷，该著作是现存最早著录了碑林藏石的文献。

冯从吾

1557—1627年，字仲好，号少墟，西安府长安（今陕西西安）人。明代著名学者、思想家、教育家，学者称少墟先生。万历十七年（1589）进士。改翰林院庶吉士，授御史。他为官正直不阿，敢于犯颜直谏，毕生仕进艰难。

万历二十七年（1599），名儒冯从吾罢官归乡，"身退里居，掩关九载，精研挈悟"，与友人在长安城南门内西侧的宝庆寺讲学，宣传他的学术观点和政治主张，影响日深；万历三十七年（1609），在地方官员的支持下，将宝庆寺东侧的小悉园改建为关中书院。冯从吾在《关中书院记》中云："书院名关中，而匾其堂为允执，盖借关中'中'字，阐允执厥中之秘耳。"

冯从吾主持书院，并与周淑远（进士，西安府人，曾任湖广左布政使）、龙遇奇（进士，江西吉安人，曾任陕西巡按）、萧辉之（长安县人）等学界名流共执教席，终使关中书院成为全国闻名的学术传播中心和人才培养机构之一，享有"北方东林"之美誉。由于朝政腐败，天启六年（1626），关中书院同东林、江右、徽州等书院一起被拆毁，孔子像也被掷到了西安城角。冯从吾见状，静坐于宝庆寺华塔之下，咯血而病。翌年二月饮恨辞世，终年71岁。崇祯元年（1628）关中书院重新开办，为纪念冯从吾，书院由冯门弟子继掌其学。有明一代，冯从吾声望甚隆，被誉为"关西夫子""理学大师"，后世称"关中自杨伯起、张横渠、吕泾野先生之后惟少墟先生一人"。

周淑远

名传诵，西安府（今陕西西安）人，万历年间进士，官至湖广左布政使。他在职期间，宦官以税收坑害良民，地方官却因上疏弹劾而被诬陷下狱。周淑远不畏强权，据理力争，使江、汉之民稍稍得到安宁。晚年致仕后，与冯从吾同在关中书院讲学，深受士人崇敬，其功绩可以与冯从吾并论。传世作品有《西游漫言草》。

龙遇奇

江西吉安人，字才卿，号紫海，万历年间进士，官至监察御史，因其博学，被士林称为"理学真儒"。他在任陕西巡按时，被延聘于关中书院进行讲学。据记载：万历四十二年（1614）五月二日这天是龙公讲学的日子，时值久雨不晴。但到是日却云开日霁，人皆以为天公"有意斯文"。其著有《圣学启关臆说》，冯从吾在所写的序文中称其是"以性为宗"的"指南"。

萧辉之

西安府长安（今陕西西安）人，名耀。与冯从吾关系甚密，被延聘于关中书院讲理学，并能躬行实践，人皆服之。年四十二病故。

王尧典

明代西安府学生员。明嘉靖三十四年（1555）关中大地震，碑林碑石受到严重破坏，《开成石经》有40块被折断，未折断的也多有伤痕。明神宗万历十六年（1588），王尧典等对残损石经做了补修，按众碑旧文集其缺字和残字，别刻于小石之上，立于碑旁，以便摹补；有的字因反复拓印而变浅，遂加深其笔画。

李颙

1627—1705 年，字中孚，号二曲，又号土室病夫，周至二曲镇二曲堡人。明清之际哲学家，因在理学上颇具造诣，与浙江余姚黄宗羲、直隶蓉城孙奇逢并称为"海内三大鸿儒"。李的著作，康熙、雍正年间均有刻本，光绪时补入《四书反身录》等篇，刻成《二曲集》四十六卷。康熙十二年（1673），主讲于关中书院，又在富平等地讲学。李颙大力提倡自由讲学之风，制定《会约》十条、《学程》八条，对书院讲学的时间、内容、方法、目的以及士子日常生活所须遵守的礼仪规范都做了较为详尽的阐明。"不数载，关中乡会试中膺馆选者大半皆书院之士"，关中书院影响大增。雍正、乾隆、嘉庆、道光、同治时期历经整修。书院"重躬行、讲经义、稽史事、通时务、严课程"的准则历代传承，因此学术研究与教学质量都进步很快，声誉也随之日高。

史复斋

陕西华阴县（今华阴市）人，名调，字自五，号复斋。少年时期严谨好学，长大后致力于经史研究。康熙五十九年（1720）中举，乃恍悟"读书非为科名，将以求其在我"，于是定志以圣贤为师，衣冠居处，应事接物，恭谨而有法度。居华山云台观二十余载，教授生徒，四方从学者甚众。后被聘为关中书院讲学，教人以存心立品、辨明义利为大端。著有《从政名言》《志学要言》《语录》《杂书》《镜古篇》等。

戴祖启

安徽人，字效诚，又字东田，号未堂，乾隆年间进士。立志于经籍研究，崇尚宋儒，官至国子监学正。经陕西巡抚毕沅推荐，聘于关中书院主讲，从学者甚众。著有《尚书涉经》《春秋测义》《史记协议》《师华山房文集》等。

朱集义

清代画家、文人、诗人。西安碑林现有《关中八景图》《松鹤图》石刻，其中，《关中八景图》石刻刻于清康熙十九年（1680），由时任河东盐使的朱集义咏诗作画，描述了关中八景。这八景是：华岳仙掌、骊山晚照、灞柳风雪、曲江流饮、雁塔晨钟、咸阳古渡、草堂烟雾、太白积雪。关中地区还流传着一首八景佚名诗：华岳仙掌首一景，骊山晚照光明显。灞柳风雪扑满面，草堂烟雾紧相连。雁塔晨钟响城南，曲江流饮团团转。太白积雪六月天，咸阳古渡几千年。

邓廷桢

1775—1846年，字维周，又字嶰筠，晚号妙吉祥室老人、刚木老人。江苏南京人，祖籍苏州洞庭西山明月湾。嘉庆六年（1801）进士，工书法，擅诗文，授编修，官至云贵、闽浙、两广总督，与林则徐协力查禁鸦片，击退英舰挑衅。后调闽浙，后因在粤治理不善，戍伊犁。释还，迁至陕西巡抚、陕甘总督。有《石砚斋诗抄》等多部著作传世。

其所书陆机《文赋》碑，现藏西安碑林。

柏景伟

1830—1891年，字子俊，号忍庵，晚号沣西老农，西安市长安区人。晚清学者、关中教育界名人，一生献身教育、发展教育。他自幼发奋苦读，学识渊博，性直爽、好义。咸丰五年（1855）中举。

光绪三年（1877），关中发生饥荒，柏辞职回乡，专办教育，曾出面请巡抚发放仓存粮食救济灾民。他在本乡创办私塾"学稼园"，对有志读书而家境贫寒的学生免费收教；后主讲于关中、泾干、味经各书院，致力于振兴关学；主持各书院分设了经史、道学、政事、天文、地理、数学等课程，为社会培养人才，关中士风为之一变。他非常尊重明代长安学者、教育家冯从吾，刊印了冯从吾的关学著作和其他许多实用书籍，建立了味经书院的刊书处。经他倡导，在陕西设立了官办书局。他还发起建立少墟书院、崇化文会等，为发展陕西文化事业鞠躬尽瘁。光绪十七年（1891），因病而卒。

牛兆濂

1867—1937年，字梦周，号蓝川。陕西蓝田人，清末关中大儒。光绪八年（1882）参加县考，名列榜首。十二年（1886）补廪膳生员，并被聘为塾师。十五年（1889）应乡试，中第28名举人，后因无意功名不进京参加会试。

次年，任白水书院院长，始治程朱之学。光绪二十四年（1898），管理蓝田县厘衙局，并主持县赈恤局工作。后因厌恶官场应酬辞职，于芸阁学社讲学，弘扬儒学。光绪二十八年（1902），受聘为陕西师范学堂总教习。光绪三十三年（1907），任蓝田劝学总董兼高等小学堂长。是年秋，任陕西省咨议局议长。宣统二年（1910），任省咨议局常驻议员。次年，赴关中西府一带密查烟苗，推行禁烟。秋，辞常驻议员职务，讲学于鲁斋书院。他与关中书院结下了不解之缘。光绪十年（1884）肄业于关中书院，后入志学斋，专攻儒家经学。十四年（1888）又听柏景伟讲学于关中书院。

李仪祉

1882—1938年，陕西省蒲城县人，原名协，字宜之，著名水利学家和教育家，我国现代水利建设的先驱。16岁考取同州府秀才第一名。后在关中书院学习。22岁考入京师大学堂，1909年去德国皇家工程大学学习。曾考察欧洲各国水利事业，深感我国水利落后，决心发展我国水利灌溉。他曾任教于我国第一所水利工程高等学府——南京河海工程专门学校及其他多所院校，为国家培养了一大批水利人才。他倡导和修建了陕西的泾惠渠等水利工程，树立起现代灌溉工程样板，使陕西百万亩农田旱涝保收，造福后代。他主张治理黄河要上中下游并重，把我国治理黄河的理论和方略向前推进了一大步，治黄导淮、整治运河，贡献卓著，被誉为"一代水圣"。

第四章

【佛教名人】

碑林三学街历史文化街区有广仁寺、卧龙寺、宝庆寺等佛教名寺，曾有不少名僧在此修行，其中玄奘法师对大唐的佛法弘扬乃至中国千年的宗教文化发展影响深远。除此之外，还有不少僧人的生平、神迹被历史文献记载下来，例如书圣王羲之的七世孙「永禅师」智永、「开元三大士」之一的不空法师等。

智永

生卒年不详,南朝人,本名王法极,字智永,会稽山阴(今浙江绍兴)人,书圣王羲之七世孙,第五子王徽之后代,号"永禅师"。智永善书,书有家法。他将王羲之作为传家之宝的《兰亭序》带到云门寺(原名永欣寺)保存。云门寺有书阁,智永禅师居阁上临书20年,留下了"退笔冢""铁门限"等传说。

智永对后世书法影响深远。他创"永字八法",为后代楷书立下典范。所临《真草千字文》八百多份,广为分发,几可视为教科书,影响远及日本。即使现在,依然是书法学习的经典教材。智永《真草千字文》墨迹本现存日本;而《智永真草千字文》碑为依据长安崔氏所藏智永真迹摹刻上石,称"关中本",现藏西安碑林。

尼那提

552—604年,俗姓丁,吴郡晋陵(今江苏常州一带)人。15岁时入真化道场,"可谓内教之纲维,道门之领袖者矣"。隋仁寿四年(604)五月二十一日终于真化道场,终年53岁。隋大业九年(613)十月归窆于京兆郡大兴县高平乡之杜原。

其墓志 1952 年出土于长安韦曲，现藏西安碑林。

道因

586—658 年，隋唐之际高僧，俗姓侯氏，濮阳人。大业三年（607）落发为僧，拜于靖嵩门下，学习《摄大乘论》。隋末为避战乱，居成都多宝寺。晚年奉唐太宗诏赴长安协助玄奘法师翻译佛经。显庆三年（658）圆寂于长安慧日寺，享年 73 岁。次年归葬益州，窆于彭门光化寺石经之侧。《宋高僧传》有传。

唐龙朔三年（663），其弟子立《道因法师碑》于长安怀德坊慧日寺，宋初移入文庙，后入藏西安碑林。

孟法师

名静素，江夏安陆（今属湖北）人也。少而好道，誓志不嫁，隋文帝时居京师至德宫，至唐太宗贞观十二年（638）卒，年 97 岁。岑文本撰、褚遂良书《孟法师碑》记其生平。

玄奘

602—664 年，唐代著名高僧，唯识宗创始人，洛州缑氏（今河南偃师缑氏镇）人，俗家姓名陈祎，法名玄奘，被尊称为"三藏法师"，后世俗称"唐僧"，与鸠摩罗什、真谛并称"中国佛教三大翻译家"。

阿罗本

已知的第一个到中国传教的基督教聂斯托利派教士。唐贞观九年（635）从波斯到唐帝国京城长安，是大秦僧侣入中国的第一人。除译经之外，还建立大秦寺，唐高宗封其为"镇国大法主"。所传聂斯托利派基督教称为"景教"。其事记在唐建中二年（781）所立的《大秦景教流行中国碑》，此碑现藏西安碑林。

怀仁

唐代书法家，僧人。住长安弘福寺，有《释门自镜录》。唐咸亨三年（672）集王羲之字成《怀仁集大唐三藏圣教序》。集字为碑，始自怀仁。

怀恽

640—701年，唐代净土宗僧。高宗时，求天下贤能，于总章元年（668）梦见师，乃降诏召请，师固辞，请出家。于西明寺剃发，未久，入实际寺善导之门，就学十余年，遂承真乘付嘱，与怀感俱为善导之高足。善导入寂，师收其遗骨，筑墓于神禾原，并于其旁造一伽蓝，后称香积寺。则天武后永昌元年（689），师奉敕为实际寺主，广劝有缘，建净土堂。复继怀感之志，完成《释净土群疑论》。大足元年（701）十月入寂，世寿六十二。神龙元年（705）敕谥"隆阐大法师"。其弟子温国寺（原名实际寺）主思庄为其立《隆阐法师碑》，现藏西安碑林。

楚金禅师

697—759年，俗姓程，本广平人，后为京兆鄠屋（今周至）人，是唐代长安的一位高僧。9岁时在西京龙兴寺落发，曾在玄宗皇帝等资助下于开元中在长安千福寺建多宝塔一座。以后每年春秋二季集合同行大德，于塔下诵经祈福。法师曾血书《法华经》《菩萨戒经》，共为皇帝和苍生书写千部《法华经》。乾元二年（759）七月卒，八月在骠骑大将军朱光晖监护下葬于长安城西龙首原。贞元十三年（797），在左街功德使开府邠国公窦文场请奏下，楚金禅师被敕谥"大圆禅师"。弟子为显扬此事，追忆法师功德，于贞元二十一年（805）刊立《楚金禅师碑》，现藏西安碑林。

不空法师

705—774年，全名不空金刚，是他受灌顶的号，名智藏，或称不空智。不空是佛教密宗创始人之一，与善无畏、金刚智并称"开元三大士"。幼至东土，年十五师事金刚智三藏。后附昆仑舶至狮子国。天宝五载(746年)，携密藏还京师，赐号"智藏"。在大兴善寺内弘扬佛法，曾译密宗经典77部共120卷。历玄宗、肃宗、代宗三朝，皆为灌顶国师，永泰元年（765）诏特进试鸿胪卿加号大广智三藏，后敕加开府仪同三司，封肃国公。大历九年

（774）卒，敕赠司空，追谥大辨正广智三藏和尚，次年九月起塔于大兴善寺内。建中二年（781），德宗敕准不空弟子慧朗在大兴善寺为不空立碑，宋初移至文庙，现藏西安碑林。

大达法师

769—836年，俗姓赵，甘肃天水人，是唐朝继玄奘法师后又一位有名的高僧，一生历经德宗、顺宗、宪宗、穆宗、敬宗、文宗六朝。10岁即随崇福寺道悟禅师学习佛法，17岁正式剃度为僧。后入安国寺为上座，大力弘扬佛法。在唐德宗、顺宗、宪宗三朝，极受恩遇，曾任左街僧录。开成元年（836）六月卒，享年68岁，同年七月葬于长乐之南原。玄秘塔为法师埋骨之所，《玄秘塔碑》是其弟子正言、义均等人为纪念先师而刊立的，此碑现藏西安碑林。

慧坚

718—792年，俗姓朱，陈州淮阳（今属河南周口市）人，为禅宗第八代弟子，是曹溪南宗一派之高僧。他弱冠时即离家求佛，遇禅宗七祖神会大师付以心要。虢王李巨曾请住持洛阳圣善寺。后西至长安，至化度、慧日二寺，大历年间，代宗诏命移居招圣寺，尊为宗师。贞元初，诏译新经，曾入禁中为宫中太子等讲禅，贞元八年（792）正月卒。新旧《唐书》有传。

弟子普济等为纪念他，建塔于长安龙首西原。唐元和元年（806）立《慧坚禅师碑》，1945年出土于西安西关，现藏西安碑林。

惠果

唐初高僧，或称惟果，曾在当时的龙泉院做住持，终日大卧，时人呼为"卧龙和尚"。宋太宗时（976—997），该寺更名为"卧龙寺"。

正蒙

宋代僧人，咸平元年（998）书《赠梦英诗》于《道因法师碑》碑阴，当时刻立于文庙。

风颠和尚

1651—1690年,原籍凉州府庄浪卫苦水驿(今甘肃永登县苦水镇),原名李福。其生于四月八日,即浴佛日。18岁出家,自取法号"无情"。后遇高人点化,为其取道号"风颠"。西安碑林所藏明代刻的《达摩面壁图》系他所绘,另有《风颠禅师言行实录》传世,但系手抄本,今已残缺不全。

第九编·学术研究

作为距今千年多的孔庙和府学遗迹，碑林和三学街区域必然受到众多学者瞩目。本部分以地点和文化类型为视角，对碑林、关中书院、城墙以及明清长安文化进行了学术研究和梳理。选文注重学术权威性，收录了相关著作及其简介。

第一章

【碑林、关中书院、城墙研究】

碑林、关中书院、城墙研究更偏重于权威、经典，力求将科学严谨的学术资料整理呈现。

路远：明代西安碑林、文庙及府县三学整修述要（节选）

元末农民大起义的风暴，彻底摧毁了元朝蒙古贵族统治的基础。至正二十八年（1368）正月，朱元璋在平定南方群雄之后，于应天府（今南京）称帝，建立明朝，年号洪武。当年八月，徐达统率北伐明军攻占大都（今北京），元顺帝北逃。洪武二年（1369）二月，徐达派常遇春等渡河入陕。三月，徐达亲率明军进占奉元城，遂改奉元路为西安府。四月，置陕西行省，以西安为其治所。自此，西安碑林在经历了金、元两代240余年少数民族统治之后，又迎来一个新的历史时期。

在此之前，碑林一直作为文庙、府学的组成部分而存在。元人骆天骧《类编长安志·石刻》在著录碑林藏石时，均云"在文庙"。直到明人赵崡《石墨镌华》著录碑林藏石时，仍称"在西安府学"。但从明代开始，碑林似乎逐渐形成自己独立的"人格"，万历年间则出现了"碑洞""碑林"这样的称谓。不过，碑林仍旧附属于文庙、府学，我们研究明代碑林史，仍须将它们作为一个有机的整体加以考察。

……明成化年间，咸宁、长安二县学迁建于文庙东西两侧，也成为这一整体的组成部分和研究碑林史时必须加以考察的对象。

……明代有关碑林史的资料，仍以当时留下的记事碑刻为主。碑林现藏明代整修碑林、文庙及府县三学的记事碑刻应有8块，除成化十一年《重修西安府学文庙记》碑和万历十七年《重修孔庙石经记》碑因内容涉及碑林而仍旧陈列外，其余6块1955年已由原陕西省博物馆掩埋于碑林院内。此亦可见当时对文庙和府县三学历史的忽视，更谈不上将它们与碑林作为一个有机整体加以研究。幸而有拓本资料留存，碑石本身亦未毁坏，只是埋入地下，仍可算作一种方式独特的"收藏"，所以文中说到这些碑刻时，仍称"碑林现藏"。除这些碑刻资料外，在地方史志中也有一些关于明代碑林及庙学的可资参考的记述。本文不准备对明代西安碑林的历史做全面考察，限于篇幅，仅依据上述资料，将明代对碑林、文庙及府县三学的整修情况，以年代先后为序，述其概要。

一、正统年间（1436—1449）的整修

明初近60年间，未见有整修碑林、文庙和府学的记载，碑林现藏明成化十一年（1475）《重修西安府学文庙记》碑，在追述庙学历史时提到明正统年间曾有过整修。这是目前所知入明以来最早见于记载的整修。碑文说："我朝正统间，都御史陈镒、王文相继出镇，以庙庑岁久颓敝，尝命有司重加修葺。然规制卑窄依旧，春秋祭享，乐具既设，或风雨间作，几至废礼。"碑文未说明修葺的具体时间，也未说明陈、王二人是分别修了两次还是合修一次。

碑文所说的陈镒，字有戒，吴县人，正统四年至六年、七年至十年、景泰二年至三年，先后三次巡抚陕西；王文，字千之，束鹿人，正统十年接替陈镒抚陕，任职至正统十四年。如

果陈、王二人是各修一次，那么陈镒之整修当在其任职的正统四年至十年间……如果是二人合修一次，那么时间当在二人交接的正统十年前后。整修的范围，从碑文所述推断，大概仅涉及文庙；而整修的具体情况，除上引碑文一笔带过的追述外，再无任何资料，已无从考证。不过，既然整修后"规制卑窄仍旧"，肯定不会是大规模整修，应是一般的维修工程。

二、成化年间（1465—1487）的整修

1. 成化九年（1473）整修碑林、文庙

前引之明成化十一年（1475）《重修西安府学文庙记》碑，主要记述的是成化九年（1473）对文庙和碑林的一次整修。此碑商辂撰文，项忠书丹，马文升篆额。

碑文称："成化戊子，副都御史马君文升巡抚是邦，祗谒庙下，顾瞻咨嗟，意图恢拓。时属边方多事，未果。越壬辰秋仲，举释奠礼，适大风雨，殿庑益倾圮。乃谋诸巡按御史苏盛、左布政使朱英、按察使宋有文辈，撤而新之，众议克合。遂令西安知府孙仁出公帑羡余之积，以市材木，集在官民夫匠口，以供诸役。扩其旧址，首建大成殿七间，崇四丈有五，深五丈，袤九丈有二。两庑各三十间，崇深视殿半之，袤且数倍。次作戟门，又次棂星门，又次文昌祠、七贤祠、神厨、斋宿房、泮池。及殿后汉唐石刻之属，旧覆亭宇，咸增新之，饰以丹漆，加以藻绘，高卑大小举以法，无复昔时之陋。经始于癸巳春正月，至秋八月讫工。"

以上碑文对这次整修的前因、起止时间、整修范围和规模，以及整修后文庙和碑林的建筑情况均做了说明。成化戊子（成化四年，即1468年），马文升刚出任陕西巡抚时，曾有重修庙学的意图，因"边方多事"未能实现。这是指成化四年满俊在开城县（今宁夏固原）起事称王，大学士商辂、总督项忠、巡抚马文升均参与进剿之事。马文升，字负图，钧州人，

成化四年至十一年任陕西巡抚。成化壬辰（成化八年，即1472年）仲秋，马文升又以释奠之礼适逢大风雨为契机，重提整修之议，得到诸位地方大员支持，便命西安知府孙仁出面，具体实施。工程始于癸巳年（成化九年，即1473年）春正月，当年八月完工，历时8个月。整修分两个方面，一是对文庙旧有建筑"撤而新之"并"扩其旧址"，即重建和扩建；二是对"殿后汉唐石刻"所覆之"亭宇"等保护性建筑"咸增新之"，重加漆绘，并"高卑大小举以法"，即对碑石位次做了适当调整。这是入明以来第一次有相当规模的整修，其对象是文庙和碑林。除整修记事碑外，乾隆本《西安府志》、嘉庆本《咸宁县志》和《长安县志》均有记载。

……　……

整修后碑林的建筑情况，记事碑只言"旧覆亭宇，咸增新之"，所记太略。大概仍然因元代之旧，是以孝经亭和石经廊庑为主的一组建筑。

2. 成化之初余子俊重修府学

上述成化九年的整修，并不包括府学。而且入明以来至此时已有百年，却不见重修府学的记载。其实，明代学校之盛远超于前代。洪武二年（1369）朱元璋已令全国各府、州、县建学，而作为西北重镇的西安，府学百年未修似乎不可能，只因缺乏有关资料，无以考证。不过，府学在成化年间曾有过整修却有线索可寻。这是碑林现藏嘉靖十一年（1532）康海所撰《西安府重修学庙之碑》给我们的提示：碑文中有"庙学，成化初修于余公"一句。"庙学"据碑文判断应指府学；"余公"系余子俊，字士英，青神人，天顺初出任西安知府，成化六年调浙江任左布政使，七年任延绥巡抚，十一年至十三年又移抚陕西。此公在陕十余年，颇有政绩。康海碑文中言其成化初修庙学，想必不会凭空杜撰。康海，字德涵，号对山，武功人，为明代"前七子"之一，所著《武功县志》对后世方志影响很大。他在碑文中的记载应该是可靠的。

此外，嘉庆本《咸宁县志》卷十三

"县学"条下记曰:"县学在文庙左,启圣祠右,旧在县治西,成化七年提学佥事伍福奏徙文庙东,知府青神余子俊修葺。"这里又说余子俊修咸宁县学。不过这条记载有可疑之处:咸宁、长安二县学是成化七年迁至文庙东西的,而此时他已不在西安知府任上,成化六年已调任浙江,不可能在成化七年以西安知府修咸宁县学。尽管如此,这条记载仍可证明余子俊在任西安知府时曾有过修学之举。

总之,我们仍应以当代人康海所记为据,即成化初余子俊在西安知府任上重修过府学。成化九年马文升、孙仁的整修不包括府学,原因正在于此。这样,成化年间的整修情况便清楚了:成化初(成化六年之前)余子俊重修府学;成化七年咸宁、长安二县学迁建于文庙东西两侧;成化九年马文升、孙仁整修文庙、碑林。

3. 成化七年(1471)咸宁、长安二县学之迁建

咸宁、长安二县学的迁建,上面已经提到,最早记载此事的是成化十一年《重修西安府学文庙记》碑。碑文在叙述了成化九年的整修后说:"先是,君(指马文升——笔者)以附郭长安、咸宁二学僻从县治,去庙远甚,师生朔望艰于行礼,乃命所司徙长安学于庙之东(应为西——笔者),咸宁学于庙之北(应为东——笔者),而府学旧在庙西,是庙岿然居中。"嘉靖十五年《陕西西安府县儒学先圣庙重修记》碑亦称:"郡学自宋已在兹矣,二邑学成化辛卯(即成化七年——笔者)始□□治之西迁于今庙学左右。"结合前引《咸宁县志》所记,二县学迁建的史实应该是:成化七年巡抚马文升根据提学佥事伍福建议,以二县学"去庙远甚,师生朔望艰于行礼"为由,下令将它们从其县治迁来庙学左右,形成一庙三学的局面。今日碑林所在的三学街,其名称便由此而来。

三、嘉靖年间(1522—1566)的整修

1. 嘉靖九年(1530)整修文庙、府学

碑林、文庙及府县三学经成化年

间整修之后，弘治、正德两朝未见有修葺之记载。过了近60年，至嘉靖九年才有重修之举。此次整修的记事碑，便是上文提到的康海所撰嘉靖十一年（1532）《西安府重修学庙之碑》，由刘储秀书写，田登篆额。

康海不愧是大手笔，其碑文脱开一般碑文的写作程式，首先叙述他嘉靖六年（丁亥）东游华山路过西安时，谒宣圣庙，观碑洞古刻，"见庙瓦渐坏，台陛倾圮，斋堂学舍敝漏弗治"，而嘉靖十一年春他再度过庙私望时，庙学已整修一新，"比昔加壮矣"，并知是西安知府李文极所为。接着他引当年十月李文极给他的书信，交代了庙学整修的经过：

"庙学，成化初修于余公，今六十年。往岁戊子，府尝请于巡抚榆次寇公，将举行矣，值岁灾不果。去年庚寅，巡抚麻城刘公、巡按昆山朱公，与藩、臬诸公亟命举行。檐牙榱桷增数尺，覆瓦易以琉璃，阶陛围以石槛，两庑与戟门、棂星，更用新木，改以石柱，坚致工好，大异往观。而牲房、斋宿所，乡贤、名宦祠，及府学圣制箴亭与明伦堂、斋号、膳房，新者创之，谬者正之，敝者理之，罔不焕然即绪。所作止于半载，所费未及千金，夫匠一摹于官，财力弗扰于下。同知衡水李君梅，实承委专事者。"

短短一段碑文，把事情说得清清楚楚。整修时间是"去年庚寅"，即嘉靖九年，"所作止于半载"，应是当年完成。倡修之地方官除李文极外，还提到"巡抚麻城刘公"，即刘天和，此人嘉靖九年至十一年任陕西巡抚。"承委专事者"即具体实施工程者，是西安府同知李梅。整修对象为文庙和府学，未提碑林和咸宁、长安二县学。此役是在原有基础之上的一次维修，不见有新建扩建项目。值得注意的是，文庙大殿换覆琉璃瓦，阶陛加围石槛，这是与以往不同的。另处棂星门"改以石柱"，也是从这次整修开始。

碑文列举文庙建筑时，未提文昌、七贤二祠，以后的整修碑文亦不见提及。而新出现的是"乡贤、名宦祠"，碑文未明确说此二祠是否新建，或许是因文昌、七贤二祠之旧改建而成。此后明清两代，文庙中乡贤祠、名宦祠一直存在。府学中之"圣制箴亭"，是为奉明世宗朱厚熜御制"敬一箴"碑而建，碑刻于嘉靖五年，建亭亦应在此时。"明伦堂"是明清时府学的重要建筑，据乾隆本《西安府志·学校志》："成德堂元末毁，明宣德中建为明伦堂。"成德堂是元代府学中最大建筑，由此可知，明伦堂是宣德年间在元末已毁的成德堂旧址上新建的。它还向我们提示：早在明宣德年间府学曾有过修葺，可惜只有此一条孤证，再无其他资料，不足以填补明代早期府学整修上的空白。

2. 嘉靖十二年（1533）整修文庙、府县三学

嘉靖九年庙学刚刚修过，何以两三年后又要重修？细读记事碑——嘉靖十五年（1536）《陕西西安府县儒学先圣庙重修记》，原来这次整修重点不在文庙，而在府县三学，此碑李时撰文，管楫书写，苏民篆额。

碑文说："嘉靖壬辰，巡抚陕西都御史庙谒孔子，遂诣三学而周视之，见庙学未备而亭弗新也，乃蹶然进学，□诸生于堂下而问故，则对曰：郡学自宋已在兹矣，二邑学成化辛卯始□□治之西迁于今庙学左右，载尘肆倾而圮。今三学唯有庙，有庑，有门，有堂，学官赁舍而栖，诸同差寂而肆，盖不适以兹为蘧庐而畴克惊之。都御史曰：嗟，敉一方者，予责也，其士之不能敉，而况民乎哉？是诚在予也。……越明年癸巳岁，登乃□□陕西左布政使曰：庙学之修，以君职之，百用悉取若司羡财之在藏者，勿烦于郡邑。"于是，"左布政使遂承都御史意"，主持整修事宜。

"嘉靖壬辰"为嘉靖十一年，此年王尧封接替刘天和任陕西巡抚，整修实施的"越明年癸巳岁"为嘉靖十二年。看来，嘉靖九年刘天和、李文极之修庙学，重点在庙而不在学，所以刚上任的王尧封来到"三学"，仍然"见庙学未备而亭弗新也"。就是说，自成化年以来府县三学尚未经

过认真整修，以致学舍倾圮，连学官都要"赁舍而栖"，何况诸生。对此次整修的项目，碑文列出一份相当详备的清单：

"□□□孔子庙者，为侠垣堵廿，树墉一，疏槛四。修于郡学者，为敬一亭、明伦堂各五栋，正门、次门各三栋，斋室有四，教授、训导廨五区，粟廪、吏屋九栋，横舍为八栋者十有二，嶚墉为堵四百有九。修于二邑学者，为敬一亭、明伦堂、正门、次门各举三栋，教谕、训导廨各举三区，斋室、粟廪、吏室各举六栋。横舍在咸宁者为栋四十六，在长安者为栋六十一。嶚墉在咸宁者为堵百十有奇，在长安者为堵百十有二。表三坊于外，而各有颜。盖历旬未十，而昔之缺者尽备，故者尽新矣。"

碑文罗列得很清楚：这次文庙中除增建夹墙("侠垣")二十堵，照壁("树墉")一堵和窗槛("疏槛")四面外，其殿、祠、门、庑因三年前刚刚修过而均未涉及，对府学和二县学则进行了全面修整。除重修了亭、堂、书斋、仓廪及学官、教官办公用房外，三学均新建大量学舍，并重修了围墙（"嶚墉"）。整修工期不长，"历旬未十"，即不足百天。这里的"敬一亭"即前文之"圣制箴亭"，而且碑文告诉我们，府县三学均建有此亭和明伦堂，只是规格有别。倡修之王尧封，直隶定兴人，任陕西巡抚至嘉靖十三年。这次整修未"烦于郡邑"，由左布政使黄臣直接出面主持。黄臣为山东济阳人，嘉靖十三年至十五年继王尧封任陕西巡抚。

……………

明朝277年中，见于文献记载的对西安碑林、文庙和府县三学的整修即上述11次。其中明确涉及碑林者三次，即成化九年（1473）同修文庙、碑林，万历十六年（1588）专修碑林，万历二十二年（1594）同修文庙、碑林和府县三学。

……………

《文博》1996年01期

路远：宋金时期京兆文庙"七贤堂"考（节选）

西安碑林藏金正隆五年（1160）《重修碑院七贤堂记》残碑，记述金朝确立了对关中的统治之后，在耶律隆、周维甫主持下，对碑林（当时称作"碑院"）所进行的一次较大规模的整修，是研究碑林史的重要参考资料。可惜的是，此碑残损太甚，碑名中提到的"七贤堂"，残存碑文中竟无一字述及。碑林还藏有一块北宋（刻立时间不详）《京兆府学新建七贤堂记》残碑，此碑从上至下中裂，只存前半截，撰、书人姓名和立碑年月已不可考。现存的前半部分碑文，讲的是儒学大道理，也丝毫未谈到当时府学新建"七贤堂"的情况。据此我们只能知道：在北宋和金代，京兆府学文庙中有"七贤堂"存在，它始建于北宋，金正隆五年（1160）曾经重修。至于此"七贤堂"所祀何人，两篇碑文中都找不到答案。可以推断的一点是，既然已知京兆府学、文庙是北宋崇宁二年（1103）由虞策迁建于碑林现址，那么"七贤堂"之建，当然只能在此后，即北宋末年。

在元代，京兆府文庙中有"七贤祠"。元至元十三年（1276）《大元国京兆府重修宣圣庙记》碑，在记述至元七年至八年由赛典赤·赡思丁和严忠范主持的整修时提到："又作二堂于大门□内，东□先正七贤之祠……"需要注意的是，这里的"七贤之祠"前面加了"先正"一词予以限定。"先正"亦作"先政"，意为前代贤臣。它向我们提示：此"七贤祠"所祀者很可能是前朝名宦。而"堂"和"祠"在这里应是同义，刚引的那句碑文就是"堂""祠"混用。所以，元代的"七贤祠"很可能就是宋、金时之"七贤堂"。另外，元至正二十六年（1366）《大元重修宣圣庙记》碑也记有："正殿、两庑、仪门、神库、七贤及二处衣堂、石经廊、孝经亭，梁栋榱桷，门窗堦陛，灿然改观。"这时距元朝灭亡只剩下两年，也就是说，终元一代，"七贤祠"一直存在。

最后一次提到"七贤祠"的，是明成化十一年（1475）《重修西安府学文庙记》碑。碑文记述成化九年马文升、孙仁对府学、文庙和碑林的整修，在罗列整修项目时提到："次作戟门，又次棂星门，又次文昌祠、七贤祠、神厨、斋宿房、泮池。"此后嘉靖十一年（1532）《西安府重修学庙之碑》（康海撰文）所列整修项目中，便只有"乡贤""名宦"二祠，不再提及"七贤祠"。这起码说明，直到明成化年间，西安文庙中仍有"七贤祠"。但元、明两代的整修记事碑文只是一笔带过，该祠所祀何人，依旧不知其详。好在自明代以后，能够保留下来的地方史志资料多了起来，既然"七贤祠"存在至明代中期，应在方志中有迹可循。

查乾隆本《西安府志·古迹志下·祠宇》，果然在明代部分有"七贤祠"条，其文曰："七贤祠在文庙戟门左，祀宋张子、吕大忠、大防、大钧、大临、范育、苏昞，皆有绘像。"并注明出自贾汉复康熙本《陕西通志》。嘉庆本《长安县志》也有相同的记载。"张子"即张载，此七人皆宋时人，且都是陕籍名儒名宦，这与元至元十三年整修碑文中"先正"一词相合，元代"七贤祠"所祀者为此七人无疑。再向上追溯，北宋末年京兆府学以此七位当地名儒、名宦入祀文庙，"新建七贤堂"，亦在情理之中。

综上所述，结论应该是：北宋末年，京兆府学始建"七贤堂"，以张载、吕大忠等七位同时代的当地名儒、名宦入祀文庙；金代因宋时旧制，京兆府学文庙中仍设"七贤堂"，并于正隆五年重加修葺；入元后改称"七贤堂"为"七贤祠"，自此直至明成化年间，它一直存在于文庙中，位于"戟门之左"，并几度重修。"七贤祠"的废止，当在成化九年重修之后不久，此时距其始建已近400年，历经宋、金、元、明四朝，文庙中仅仅入祀宋代名儒、名宦，显然已不合适；加之到明代中期，理学没落，心学兴起，何谓贤者，取舍标准已有变化，所以嘉靖十一年重修庙学之时，出现"乡贤""名宦"二祠，取代"七贤祠"，入祀者范围就更加宽泛。

最后，将有幸被尊为"七贤"并入祀文庙近400年的七位宋代地方名人，分别加以简要介绍：

张载（1020—1077），字子厚，原籍大梁（今开封），生于长安，随父迁居眉县横渠镇，成名后亦在横渠讲学，世称横渠先生，是北宋著名思想家、理学创始人之一。张载于仕途上无大的作为，举进士，当过县令、崇文院校书。后辞官屏居南山下，终日危坐一室，"俯而读，仰而思，有得则识之"，并收徒讲学，因其弟子多为陕西关中人，其学派被称为"关学"。他以元气本体论为基础的哲学体系，包含朴素的唯物主义和辩证法思想，对当代及后世影响很大。著作有《正蒙》《张子语录》等。《宋史》卷427有传。

吕大忠，字进伯，其先为汲郡（今河南汲县）人，祖父吕通葬于京兆蓝田，遂家居于此。在吕氏四兄弟中，大忠为长。举进士，元丰年间曾任河北转运判官，元祐初，历工部郎中、陕西转运副使，知陕州，以直龙图阁知秦州。元祐二年于陕西转运副使任上主持迁置唐石经及诸多唐宋碑刻于"府学之北墉"，为碑林的形成和发展奠定了基础，是西安碑林史上的重要人物。《宋史》卷340有传。

吕大防（1027—1097），字微中。仁宗时进士，历任知县、知州，元丰三年至五年知永兴军（今西安），元祐年间官至尚书左仆射，在吕氏兄弟中官位最高，是当时反对王安石变法的著名保守派。其知永兴军期间，有迁移文庙、府学之举。《宋史》卷340有传。

吕大钧，字和叔。登进士，他做官不如二位兄长，只做到知县，但他拜张载为师，"能守其师说而践履之"，后居家进道，颇得张载赞赏。《宋史》卷340有传。

吕大临（1042—1092），字兴叔。一生未曾应举，初学于张载，后从二程（颢、颐），为程门四大弟子之一，在吕氏兄弟中学术成就最大。元祐中曾任太学博士,是北宋著名学者和金石学家。所著《考古图》10卷,是中国现存最早而较有系统的古器物图录,还有《礼记传》16卷、《论语解》10卷、《玉溪先生集》28卷等。《宋史》卷340有传。

范育,字巽之,邠州三水(今陕西旬邑县)人。举进士,为泾阳令,以养亲谒归,从学于张载。后被荐复出,神宗时曾知河中府,加直集贤院、徙凤翔,以直龙图阁镇秦州。《宋史》卷303有传。

苏昞,字季明,武功人。始学于张载,而事二程卒业。元祐年间经吕大忠举荐,由布衣而为太常博士。《宋史》卷428有传。

《文博》1996年02期

吴宏岐,史红帅:关于清代西安城内满城和南城的若干问题

在大城之内构筑小城使整个城市形成重城形态以加强其军事防御职能,这是古都西安城市建设发展史上的一个显著特点。西汉长安城有内外两重城垣,外城呈不规则的正方形(俗称"斗城"),城内还建筑有未央宫、长乐宫、北宫和明光宫等多座宫城。隋唐长安城的城市形态更为复杂,共建筑有三道城垣,从北至南依次为宫城、皇城和外郭城。在汉唐之间的十六国和南北朝时期,长安城虽然不是全国性的都城,但各割据霸主为了自身的安全,也在所据的长安城内兴筑小城、子城和皇城。自唐朝末年迁都洛阳以来,曾辉煌一时的长安城失去了全国性政治中心的地位,但其镇扼西北的军事作用并未有太大的削弱,所以城市形态仍然以重城为其基本特征,唐末五代时期的长安城、宋金时期的京兆府城和元代的奉元路城均是外郭城与子

城（衙城）并存的"内外二重"形制，明代西安府城之东北隅也有一座秦王府城。可见自西汉以迄明代，西安城一直都是重城形制。

清代的西安府城亦是重城形态，外城是西安府大城，在大城之内，不仅因用明代秦王府城旧基在城东北部改筑满城以驻扎八旗兵甲，还在城东南隅紧临满城另建南城以驻守汉军。这样，整个西安城实际上是由三个部分组成，即汉城、满城和南城。这种城市形态的形成，虽然在一定程度上可以说是汉唐以至明季各朝代重城制度的流风余韵，但更主要还是当时特殊的政治形势的产物。清代在西安城内修筑满城和南城，是作为少数民族的满族统治者在入主中原后为控制军事重镇而实施的相关政策的重要一环。也正是因为这个缘故，清代西安城的重城形态虽然与前代略有相仿之处，但其大城内的小城在具体功用上却与前代又有些不同，前代长安（西安）城内的小城有的是帝王或藩王宫城（如西汉长安未央宫、长乐宫、北宫和明

光宫诸座宫城、隋唐长安宫城以及明西安秦王府城），有的是官署所在的衙城（如隋唐长安皇城、唐末五代长安衙城、宋金京兆府衙城和元代奉元路衙城），而清代西安城内的满城和南城既非帝王或藩王宫城又非官署衙城，乃是专门为供八旗兵甲（满军）和汉军驻扎而修筑的驻防城。可见虽然同为重城结构，但清代西安城内小城的性质已由以往政治中枢或行政中心转变为单纯的军事堡垒。从全国的情况来看，当时一些在军事上比较重要的城市如太原城、宁夏城等的城内也都修筑有满城，但像西安城一样同时修筑有满城和汉军驻防城这两座小城的情况似乎并不多见，这说明清代西安城的军事地位确实非同一般。

清代西安城内的满城和汉城虽然都是驻防城，但因为满军与汉军进驻西安城的时间不同，所以二城的修筑时间也有所差异。

关于满城的修筑时间，主要有以下两种说法：（1）顺治二年（1645）说。嘉庆《咸宁县志》云："自顺治二年

分城内东北隅地，自钟楼东至长乐门南，北至安远门东，因明秦府旧基筑八旗驻防城。"民国《咸宁长安两县续志》云："（咸宁县）东南〔北之讹〕隅八旗驻防城，街七，巷九十四，旧亦县地，顺治二年归旗属。"民国《续修陕西通志稿》云："满城，顺治二年设西安驻防，围城东北隅居之，号曰满城。"今人著述中有一些是持这种观点。（2）顺治六年（1649）说。雍正《陕西通志》云："满城在府城内东北隅，西界钟楼，本朝顺治六年即故明秦府城改筑。"乾隆《西安府志》云："本朝顺治六年即故明秦府基改筑以居八旗官军。"《大清一统志》云："本朝顺治六年改建，居八旗驻防。乾隆五十一年修。"今人大多数都信从这种说法。另外，还有论著认为"顺治元年（1644），以明秦王府城改筑为满城"。此一说法于史无稽，可置而不论。然而顺治二年说与六年说皆有史料依据，究竟何种说法正确，尚需要进一步研究探讨。

如果比较顺治二年说与六年说的史料来源，就不难看出，记载顺治二年说的多为清后期及民国时期的文献，而记载顺治六年说的则主要是清前期的文献，应当说后一种说法可信度要大一些。不过清军确实是在顺治二年正月攻入西安城的，当年清世祖福临也曾晓谕陕西说"会城根本之地，应留满洲重臣重兵镇守"，所以这一年将明秦王府故城所在地的西安城东北隅划归八旗兵驻防并开始修筑满城也是很有可能的。核实而论，清初修筑满城并不是完全占用明秦王府城的旧基，原来的明秦王府城（砖城）只是满城的一部分并且后来被辟为八旗教场，满城新筑了两道城墙，占地范围也比明秦王府城大得多，所以工程量是相当大的。顺治二年西安初定，人力物力有限，当年恐怕不易完工。这样，比较接近历史事实的情况估计是，在顺治二年清政府将西安城东北隅划为八旗驻防区，并开始满城的规划设计与修筑工程，修城之事历时约近四年，一直到顺治六年才完成满城的修筑，顺治二年说与顺治六年可能分别是满城的规划建筑与最终建成时间。另外，前引《大清一统志》又曾提到"乾隆五十一年修"，这说明在顺治六年修成满城之后，也还有续修的举措。

清初西安城内虽已修建了满城，但后来清政府为了应付日益高涨的反清浪潮和农民起义活动，又向西安增驻左翼八旗汉军，并在城内修筑南城以居之。由于汉军进驻西安城的时间稍晚于八旗满军，所以西安南城的修筑比满城就要稍迟一些时间。南城之得名，当与位于满城之南有关。同时又因为南城主要驻扎的是八旗汉军，所以有的史料也称之为汉军城。关于起筑南城的时间，据嘉庆《咸宁县志》记载："康熙二十二年添驻汉军，复于端履门至东城中间筑墙，抵城南垣为南城。"民国《咸宁长安两县续志》亦载："康熙二十二年复于端履门东另筑新区为南城，添驻汉军。"可见，西安南城始筑于康熙二十二年（1683），当了无疑义。左翼八旗汉军驻扎在南城的时间约有98年左右。乾隆四十五年（1780），"汉军出旗，奏明南城仍归汉城，隶咸宁县"。从此，南城沦为一座废城。

《中国历史地理论丛》2000年03期

樊波：西安碑林藏隋《赵芬残碑》考（节选）

隋《赵芬残碑》，久湮，清初出土，1965年入藏西安碑林。《雍州金石记》云："今在西安府城東二十里中兆村。碑上半已亡，其下半裂而為三，僅存前後二塊。土人砌於堡門內，碑銜已亡，僅存一碑字，其下已無書撰人姓名，存字三百餘……"〔清〕朱楓、李錫齡《雍州金石記》，《石刻史料新編》第一輯第二十三冊，（臺灣）新文豐出版公司1982年影印本]這段記載清晰地描述了當時《趙芬殘碑》的損毀情況，即清初碑已斷為四段，上下兩截當時已佚，所以王昶《金石萃編》雖有錄文，但僅是殘存的兩石部分。〔〔清〕王昶《金石萃編》，北京市中國書店1985年版〕尤其需要注意的是，由於《趙芬殘碑》在初出土時，未能盡除石面上的土鏽，拓字不全，故《金石萃編》有關兩石的錄文并不完整。筆者曾就國家圖書館所藏《趙芬殘碑》的早期拓本和1995年西安碑林捶拓的新拓本進行過比較，發現碑石現存文字較《金石萃編》所錄文字已多出209字。〔拙作《隋〈趙芬殘碑〉及其拓本》，《收藏》2005年第2期〕趙芬其人，《北史》《隋書》有傳，一般而言，以碑校史，彼此詳略，多可互證。然碑石已殘，今存內容不全，以碑校史的作用也就顯得十分有限。此外原碑殘損，原碑的尺寸、行數、行字數似不可考。

筆者就職於西安碑林，有現場觀摩和測量此碑的便利條件，加之羅振玉先生《雪堂金石文字跋尾》曾云："碑久斷損，書撰人名已不可考。日本殘刻本《文館詞林》全錄其文，知為薛道衡所撰，頗有資於考證，《北史》本傳父諒，《隋書·芬傳》作演，

《詞林》則作修演，當以《詞林》為得。又以《詞林》與碑互校，互有是非……"〔羅振玉《雪堂金石文字跋尾》丙三頁二○，《石刻史料新編》第三輯第三十八冊，（臺灣）新文豐出版公司1982年影印本〕知《文館詞林》中收錄有《趙芬殘碑》全文。故今以1995年拓本（以下簡稱"碑林本"）為底本〔《西安碑林全集》，廣東經濟出版社、海天出版社1999年12月〕，以中華書局出版《日藏弘仁本文館詞林校跋》所錄《趙芬殘碑》錄文（以下簡稱"詞林本"）〔〔唐〕許敬宗編，羅國威整理《日藏弘仁本文館詞林校正》，中華書局2001年10月，第150頁〕、《金石萃編》錄文（以下簡稱"萃編本"）為主要參校本，間或校以國家圖書館藏早期拓本〔北京圖書館金石組編《北京圖書館藏中國歷代石刻拓片彙編》第九冊，中州古籍出版社1989年11月〕，以期恢復碑石的原貌。

《趙芬碑》全文的披露，為研究趙芬及其家族世系提供了豐富的研究

第九编·学术研究

391

資料。趙芬，《隋書》《北史》[《隋書》卷四六，《北史》卷三二]均言其為天水西人，而碑載為天水上邽人，據碑可訂正。碑載趙芬十一世祖趙融、高祖趙逸、曾祖趙琰、祖趙賓育、父趙修演，五人史籍均載，見《魏書》《北史》《隋書》等。趙融，見《魏書·趙逸傳》，稱："十世祖融，漢光祿大夫。"[《魏書》卷五二]王昶對此已有詳細考證，稱："碑稱融為芬之十一世祖，則當為逸之七世祖，不知史傳何以稱融為十世祖也。芬為周隋時人，琰在北魏之世，溫在魏初，史但稱融為漢光祿大夫，不詳何年即由魏初上推漢末。不過二百餘年，其為七世似屬可據，則系史誤七為十，當以碑為正也。"[《金石萃編》卷三十八，頁六]趙逸，《魏書》《北史》均有本傳，並附有趙琰事蹟，稱趙琰為趙逸兄趙溫之子[《魏書》卷五二《趙逸傳》，《北史》卷三四《趙逸傳》]，《魏書·趙琰傳》亦云為趙溫子[《魏書》卷八六《趙琰傳》]，今據碑載知趙琰為趙逸子，可糾史籍

之誤。《魏書·趙琰傳》亦載："應弟煦，字賓育，好音律，以善歌聞於世，位秦州刺史。"[《魏書》卷八六《趙琰傳》]知賓育為趙煦之字。父趙修演，在早期拓本存字有限的條件下，曾是王昶考證時的一大難點。其稱："《隋書·趙芬傳》則云父演，周秦州刺史，與《北史》之言父諒者異。蓋《北史》於逸傳不及賓育之子，碑又不及芬之父，不能定其諒與演之孰是矣。"[《金石萃編》卷三十八，頁六]今據《文館詞林》可知父修演，修演可能是趙演的表字。至於趙芬本人，碑與史籍相比較，內容比較類似，但碑敘歷官經歷，無論從時間還是職位的變更都要詳於史，可補史籍簡略之缺。

今天碑林的殘石為兩石，均厚23.5釐米，當為《雍州金石記》所云殘石。一石殘高83釐米，上殘寬38釐米，下殘寬37釐米；另一石殘高79釐米，上殘寬37.5釐米，下殘寬41釐米。兩石各存13行，行字數不等。前文已推測全文共計27行，行52字，如果此番推論正確的話，

那麼現以較為清晰的第二塊殘石為例，以一行存整字28字77釐米算，一字占格2.75釐米，52字共計143釐米左右。以存11整行33.5釐米算，一字寬3.3釐米，27行共計89釐米左右，即《趙芬碑》碑高143釐米，寬89釐米，27行、行52字。西安碑林第三展室陳列的隋《孟顯達碑》，碑身高130釐米，寬66釐米，26行，行46字，我們推斷的資料與之相比，還是比較符合常理的。此外，有關《趙芬殘碑》的記載多見於清人的著述，推測其在宋以前可能就已埋入地下。經現場認真觀摩，筆者發現現存兩石大小相當，十分規整。第一石右側、第二石左側均已至碑邊，而第一石左側、第二石右側以及兩石上下邊則都有明顯的人工鑿過的痕跡，且十分整齊，似曾被挪作他用過。根據上文的推測資料，我們可以推出上下已佚兩石的大概尺寸。根據《雍州金石記》的記載，已知原碑斷為四塊，以現存兩石為原碑中段左右部分可以肯定佚失應該是原碑的上下部分，其形狀當為橫石，其寬當為碑寬，即89釐米；第一石之上最少還應有約16字，現存第二石下最少還應有6字，以行一字約2.75釐米為據，最上石高44釐米，最下石高應為16.5釐米。這樣我們會發現，最上石的尺寸與第一、第二石的尺寸差不多，均為規整的長方形石，這就增加了他用的可能性。隋碑被挪作他用，最典型的例子莫過於《孟顯達碑》，此碑1910年出土於長安區南里王村，在唐晚期就已被改造成石槨蓋來使用。從《趙芬碑》自宋以降未見著錄這點看，瘞埋或被挪作他用的可能性都比較大。當然，兩石的人工鑿痕也有可能是《雍州金石記》所云"土人砌於堡門內"時所為。

第二章 明清长安文化研究

吴冰：明清西安城街巷命名的一些特点

明清时期西安城尽管早已不作为首都，但仍是西北重镇，因此这一时期西安城得到了进一步发展。它肇基于隋代大兴城和唐代长安城的皇城。唐末佑国军节度使韩建放弃原长安城的外郭城与宫城，仅以皇城为基础改筑新城。明初重建西安城，以唐末韩建所筑新城为基础，西、南两面仍依原城位置，东、北两面墙垣各向外延伸约三分之一。清代沿用明代西安城，城垣范围与形制因袭明代之旧。明清西安城市的发展，从城内街巷名称就可体现出来。街巷名称丰富多样，比五代至元代有了很大扩充，其中许多都沿用至今。根据街巷名产生的原因，其命名特点可分为以下几种：

一、因明清西安府城而产生的街巷名

1. 因西安城城门及与钟楼位置而得名

明清时期，有不少街巷是以西安城的城门以及与钟楼的位置而命名。如：东门大街、西门大街、南门大街、北门大街，是指从钟楼至东西南北四个城门之间的大街，今简称东大街、西大街、南大街、北大街。

2. 因郭城位置而命名的街巷

明代修西安城时,在其东、西、南、北四城门外又各修筑了郭城,亦称关城,以守护城门。因郭城位置而命名的街巷有:东郭西大街、东郭中大街、东郭东大街,这几条大街街址在今西安东关正街;东郭南大街,位于东郭城南部,街址在今西安东关南街;此外还有东郭新郭门街、南郭正街、西郭正街、北郭正街等。

3. 因秦王府城及满城位置而产生的街巷名

由明秦王府及清满城而产生的街巷名有:端履门大街,因直对明秦王府外城正南门棂星门与内城正南门端履门,地方官员进入王府前到此必先端履整衣,故名;顺城巷,因其沿顺于清代西安满城南城墙外而得名;西华门大街,以在满城西华门内而得名;新城门大街,东西横街,因西起满城西面偏北门新城门而得名。

二、因处于十字交会口而命名的街巷

明清时期西安城不少街巷的名称因为十字交会处而得名,如:羊市什字、五味什字、桑柳巷什字、四甲巷什字、撞倒墙什字、夏家什字、柴家什字、麦营什字等等。

三、因民宅聚居以及达官贵人宅第而产生的街巷名

此类街巷名在明清西安城时极多,如:戴家巷、白家巷、八家巷、周家巷、二十家巷、铁家巷、马家巷、六十家巷、王家巷、曹家巷、陈家巷、孟家巷、管家巷、康家巷、蔡家巷等等。

四、因行政官署及驿站而命名的街巷

作为西北重镇,明清时期的西安城内也有相当多官署、驿站的驻地,因此不少街巷得名于此。如:东厅门,明代至清代,因此街设有西安府清军厅同知署,又因其在府城东城地区,故得名东厅门;县坡巷,位于东门大街中段南侧,明清时咸宁县署在此巷北,以巷东侧有坡,故名;库巷,位于府城北门大街中段路东,以巷西设有马价库得名;南、北都统巷,因清

代时巷内有驻防八旗长官都统衙门官署，故名；右翼巷，以巷内有清代驻防八旗军右翼署而得名；驿马巷，明代时此巷为南面京兆驿的驿马饲养地，故名；红旗什字，位于府城东北隅大差市北街与新城门大街东段什字街交叉口处，由于此处为清代八旗驻防军红旗汛地，故取名为红旗什字；南院门大街，位于府城西门大街中段路南，因街北有总督署，与鼓楼北巡抚署"北院"相对，俗称"南院"，因以为街名，今简称南院门；火药局巷，位于府城西南隅甜水井横街之西，清代时此巷因设有西火药局而得名，今仍沿称；所巷，位于府城钟楼西北隅，此巷因在元代行省理问所及明清陕西布政使司理问所处而得名，今仍沿称；粮道巷，因巷北有督粮道署而得名；古京兆巷，此巷以地处长安县领京兆里（坊）而得名；举院门，因北临明清西安府贡院（俗称举院）正门而得名。

五、因教育机构所在位置命名的街巷

明清时期，西安城内教育机构组织也有多处，有府学、县学、书院等，一些街巷也因此而得名。如：书院门大街、府学巷、咸宁学巷、长安学巷、社学巷；还有三学街，位于府城南门内东侧，因此街北临府学巷、咸宁学巷、长安学巷，三学并依，故此得名，今仍沿称。

六、因寺庙道观等宗教因素而产生的街巷名

明清时期西安城内寺庙道观众多，以此而得名的街巷也有很多，如：黄龙寺巷、卧龙寺巷、兴隆巷、帝君庙巷、三官庙巷、太子庙巷、开福寺巷、慈福巷、湘子庙街、庙巷、太阳庙门、土地庙什字、报恩寺街、八卦巷、雷神庙街、火神庙巷、甘露巷、迎祥观巷、协天庙巷等等。

七、因社会经济因素而产生的街巷名

明清西安城内有各种物资生产与交易集散地，许多街巷因此而得名；如：东、西木头市，明清时期这里因为是府城木头市、枋板市而得名。印

花园，相传明清时期此巷以多印染花布而得名；骡马市大街，因此街为骡马交易市，故名；东羊市，明清时这里为羊交易市场，因与西羊市对称，故名东羊市；案板街，此街因出售案板得名；大菜市，亦称大差市，明清时为蔬菜交易市场，清代并向满城提供差役，故名；竹笆市，明清时这里商市集中，有瓷器市、鞭子市、竹笆市、书店、金店等，而以竹笆市最具规模和有名，故名；盐店街，据传街因设有官盐店而得名；五味什字，元明清时，因这里药店集中，遂以中药之甘、辛、酸、苦、咸五味而得名五味什字；糖坊巷，相传此街因有糖坊而得名；麦营什字，以多经营麦草店铺而得名；大皮院，以街上多经营皮业而得名；小皮院巷，因多经营皮业而巷道又窄小于大皮院街而得名；炮房街，相传明代此街因多开纸炮作坊而得名；面王巷，据传此巷有王姓人开设面坊而得名；粉巷，明末清初，因此街面粉作坊较多，故名。

八、因少数民族因素而产生的街巷名

明清时期西安城内居住着众多少数民族，其中回族人口最多，多呈聚居形式，因此而有了回回巷。一说位于府城东南隅小庙巷次南，此巷为回民聚居区而得名；一说位于西郭城正街中段路南，在八家巷之西，因回民聚居而得名，今称南小巷。

九、因历史典故及民间传说而产生的街巷名

此类街巷名也相当多，如：下马陵，此地原有董仲舒墓，相传昔汉武帝幸宜春苑，每至董仲舒墓则下马，又说其门人与儒士过其墓皆下马，俗称下马陵，故名此街为下马陵，今仍沿称；卧龙巷，此巷东临原唐兴庆宫，而兴庆宫原为唐玄宗李隆基登基前王宅"龙潜"之地，兴庆池又称为黄龙出现的"龙池"，故得名卧龙巷。

十、采用数字命名方式

清代西安城内有许多街巷直接以数字命名。如：以东门大街大差市为

界向南依次有头道巷、二道巷直到九道巷；以府城东北隅明秦王府内城外东侧为界，向北依次有西一巷至西十巷、东一巷至东九巷；以府城东北隅明秦王府外城东墙外侧为界，向北依次有一条巷至六条巷。此外，还有府城北门大街路东处的头条街、二条街、三条街等等。

十一、因地理地形因素及景观因素而产生的街巷名

1.因地理地形因素而产生的街巷名。如：辘轳把巷，以巷道弯曲形似辘轳把而得名；鸭子坑巷，因巷东地势低洼积水俗称鸭子坑而得名；涝巷，此地因地势低洼，常积水成涝，故名；十三拐，因巷多拐，故名；甜水井街，明清时期因此街有甜水井而得名；骆驼巷，此巷北短南长、中段斜曲，状如骆驼，故名骆驼巷；等等。

2.因景观因素而产生的街巷名。如：东柳巷、西柳巷、南柳巷、北柳巷、中柳巷，因其巷多植柳树而得名；柏树林，因明正统年间（1436—1449），西安知府孙仁在文庙四周广植柏树而得名；龙渠湾，因其巷临通济渠弯道处而曲斜，蜿蜒如龙，故名；大莲花池街，因其西临明秦王府莲花池而得名；枣园巷，因巷内有枣园而得名；柿园巷，因巷内有柿园，并在柿园坊而得名；东枣刺巷，明清时因西傍贡院，而贡院围墙皆插枣刺而得名，与东枣刺巷对称有西枣刺巷。

十二、因讹传而演变的街巷名

由于语言的地方性差异大，人们的理解也不尽相同，许多街巷名就被讹传下来，让人们几乎不晓得它们的本名。如：索罗巷，该巷原在唐兴庆宫遗址内，传说此处广植娑罗树，系宫中娑罗园，故后世称娑罗巷。娑与索同音，逐渐被后来人传为索罗巷。大麦市街，明代称北桥梓口，清代在东侧为绿营回族士兵礼拜而建营里寺，此街改称大门口，亦称大门寺口。后因西安回族居民"门"近"麦"音，改名大麦口，后演变为大麦市。香米园，北宋时此地有寇准花园，因轩门上刻有"香墨"二字，后演变为香米园。

综上所述，从明清时期西安城内街巷的命名似乎可以发现这样的规律：首先，街巷的命名呈多样化，而并不是单一方式，这从上面所列名称就可看出；其次，街巷的命名经常以突出的标志性场所或文化景观而来，如官署、寺庙、市场、风景区等，让人们一看就明白那些街道的主要特色；再次，街巷的命名具有一定程度的稳定性，上述许多街巷名是从前代沿袭下来并且大多沿用至今。由于历史的积淀与传承，西安城内的街巷名称有着丰富的历史文化内涵，反映与见证了城市发展的多方面内容，也是古城西安的一份重要的文化遗产。

《华夏文化》2007（3）

附录（本书其他参考文献）：
（与三学街及碑林相关的著作、学位论文主要内容简介）

1. 路远：《西安碑林史》，主要讲述碑林的历史沿革和碑刻文物的流传、保护情况。西安出版社，1998年。

2. 路远：《发现陕西：走进西安碑林》，未来出版社，2014年。本书从历史的客观角度对碑林从古至今的形成演变、破坏重建做了比较详细的描写和大胆的推测，特别是对在历史上对碑林的重建起到关键作用的人物做了客观评价。

3. 赵力光：《西安碑林博物馆新藏墓志续编》（全二册），陕西师范大学出版总社，2014年。收录2007年至2012年间西安碑林博物馆新入藏的墓志231方，时代涉及西魏、北周、隋、唐、后梁、后唐、宋、元，其中唐代墓志占绝大多数，如《萧璿墓志》，字数多达2000余字。

4. 李志夫编著：《宝庆讲寺丛书：中西丝路文化史（中国佛教学者文

集)》，以宝庆寺为传播佛法的阵地，该丛书具体包括《长安佛教史论》《佛法真实论》《中国佛教与唐代禅宗》等书目。宗教文化出版社，2014年。

5. 武伯纶编：《西安历史述略》，陕西人民出版社，1984年。

6. 朱文杰：《西安文博丛书·西安城墙》，陕西人民出版社，2002年。

7. 姬乃军，石八民：《西安事变旧址研究》，以空间为支点，以时间为序，将人物、事件娓娓道来。从陕西境内的18处西安事变旧址研究出发，通过对各旧址历史沿革、周边环境变迁的详尽表述，运用翔实的史料、准确的考证和对历史人物的把握，从时间、空间上展示了这一震惊中外的历史事件发生的突发性、必然性和全过程。陕西人民出版社，2008年。

8. 高峡：《中华国宝：陕西珍贵文物集成（碑刻书法卷）》，以图文的形式介绍西安碑林的藏品碑刻的概况、艺术价值、历史地位等。陕西人民教育出版社，1998年。

9. 蔡蕾：《西安碑林文化遗产价值及其保护初探》，西安建筑科技大学硕士论文，2004年。

10. 任春祎：《西安碑林博物馆入口空间研究》，以碑林博物馆入口空间为研究对象，结合历史空间的保护与城市功能的要求，通过对博物馆入口空间环境现状和功能状况的调研和分析，指出碑林博物馆入口空间存在的诸多问题。西安建筑科技大学硕士论文，2006年。

11. 吴崇山：《碑林历史街区再研究》，针对碑林街区及其典型性民居院落十年间物质空间环境的转变，选取具有代表性意义的关键数据展开分析比较，并以2003年与2013年作为时间起讫，对历史发展进程中的碑林街区的价值观念流变进行研究。西安建筑科技大学硕士论文，2014年。

12. 刘春凯：《历史文化街区保护研究探析——以西安市三学街历史文化街区为例》，依据历史文化街区保护框架，选取三学街历史文化街区这一最早在西安被提出保护的历史文化街区，进行保护与研究。长安大学硕士论文，2009年。

13. 贾玥：《城市遗产视角下的西安书院门研究》，以书院门为研究对象，通过全面的调研记录，分析书院门的历史演进、生存现状及其所承载的文化与生活。西安建筑科技大学硕士论文，2015年。

14. 侯立新：《关中唐代碑刻研究》，对关中唐代碑刻的内涵外延、主要形式、基本内容、史料价值、艺术价值、保护利用等问题进行深入考察，全面、系统地对关中唐代碑刻进行深入解读和综合研究。陕西师范大学博士论文，2014年。

15. 李柏欣：《大都市中的藏传佛教寺庙——以西安广仁寺为例》，对广仁寺的历史沿革、现代发展及社会功能进行实地考察，通过宗教学、社会学等理论加以分析阐述，尝试探究藏传佛教寺庙广仁寺在当代都市中的发展模式以及其所产生的社会影响。西北民族大学硕士论文，2014年。

16. 郭姣姣：《西安广仁慈善功德会研究》，探讨广仁功德会的现代意义和慈善影响力。西北大学硕士论文，2015年。

17. 苏义鼎：《西安地区佛寺建筑研究》，对西安地区佛寺分布特点、布局现状、建筑遗存特点与当代西安地区佛寺发展建设问题以及相应的发展建设方式、策略进行探讨。西安建筑科技大学博士论文，2003年。

18. 张兰惠：《西安老城区宗教建筑修复与保护研究》，以西安市卧龙寺和东岳庙为研究对象，重点研究了卧龙寺整体布局和建筑细部的不当之处以及东岳庙大殿壁画保护应采取的措施。陕西师范大学硕士论文，2011年。

第十编·保护

碑林三学街作为西安古城墙内拥有众多文物古迹和传统民居、见证千年古都辉煌发展的历史文化街区，具有重大的保护价值。当前碑林区对于碑林三学街历史文化街区的保护和开发，正是时代所需、城市发展所急，是人民怀旧情怀和文化反思的彰显。

第一章 历代整修情况

自唐代六次石经迁移，"一庙三学"的碑林三学街街区初具规模之后，先后经过金、元、明、清几代整修。本节参考路远的《西安碑林史》及有关文献资料对西安碑林和三学街历史文化街区的古代整修情况做一总结。

金代对这一区域共有四次大的整修。贞元三年（1155）重修府学、文庙；正隆五年（1160）重修碑院、七贤堂；贞祐二年（1214）重修府学；正大二年（1225）重修府学、文庙、碑林。其中专门整修碑林一次，整修府学、文庙一次，整修府学、文庙兼修碑林一次；另有一次因记事碑毁佚，具体整修情况不详。

根据碑林现藏金正隆二年（1157）所立《京兆府重修府学记》碑记载："谨按尚书省揽送礼部节文，应有宣圣庙去处，即便整修。今此庙貌倾圮，黉宇颓弊，何以仰副明天子作成之意。"第一次整修只是对文庙和府学中损毁的建筑进行了重建和修复，另添置了祭器和圣贤画像等相关建置。"拾堕瓦于废基，抡坚材于坏屋。新寝祠而重俨像，创修廊而绘列贤。师儒讲诵之有堂，生员居处之有庐。以至斋祭之室、庖湢之所，各有其序。"根据《重修碑院七贤堂记》可知第二次整修在正隆五年，此次整修的重点在于重修石经的保护性建筑，并较前有所增建，"踰越旧制者一百三十有六椽"。第三次整修主要针对长安府学为之，因其碑已毁佚，也不见其他金石著作录此碑，此次整修的具体情况不详。第四次整修只是在维持原貌的基础上进行小规模修补。《大金重修府学教养之碑》记载："于是檄有司督工役，支倾补缺，联断洗昏，植踣碑于芇草，基废址于鞠蔬。殿宇翚飞，狮精堵立，斋厨廊庑，焕然一新。"

根据现有碑刻资料和地方志，元代对文庙、府学、碑林的整修约有八次。前三次整修据碑林所藏《大元国京兆府重修圣庙记》碑，记述蒙古族初占陕西时期对府学、文庙、碑林的整修情况。第四次整修时间为至元七年至八年，对文庙进行了"以新易旧，以崇易卑"的重建，新建了大成殿，改作内外二门，重塑先圣贤师孔子之像和十哲之像。至元十三年（1276）《府学公据》碑，记录了府学的整修情况并指出了府学的确切位置："府学成德堂书院地土四至：东至庙，西至泮濠，南至城巷，北至王通判宅。"即府学在文庙之西，紧临文庙，向南则抵城墙附近，但其中"泮濠""王通判宅"已不可考。直到清末，府学一直在这个位置。后面几次整修可见碑林现存的至正六年（1346）刻立的《奉元路重修庙学记》碑，记叙了惠宗至元二年至五年对文庙、府学、碑林的一次整修。"是年二月，官又给费修石经廊庑。五年夏，御史李中又计学廪之赢，修神厨、仓屋、更衣之室及提学官廨。冬，御史蔡明、安达尔更建棂星门。"元朝最后一次整修为至正二十六年（1366），此时离元朝覆灭只有两年，整修规模不大，有现存碑林的《大元重修宣圣庙记》碑记之。

明代对碑林、文庙、府学、县学有明确史料记录的整修始于明正统年间，碑林现藏的成化十一年（1475）《重修西安府学文庙记》碑记载，整修之后的文庙建筑有大成殿、东西两庑、戟门、棂星门、文昌祠、七贤祠、神厨、斋宿房、泮池等。据嘉靖十一年（1532）康海所撰《西安府重修学庙之碑》（已埋）可考证，碑文中有"庙学，成化初修于余公"，此处"庙学"可据碑文判断为"府学"。据此可知，成化年间府学曾有过整修。成化七年巡抚马文升根据提学佥事伍福的建议，以二县学"去庙甚远，师生艰于行礼"为由，下令将它们从其县治迁来庙学左右，形成"一庙三学"的局面，今日碑林所在的三学街即由此得名。此后又有嘉靖九年重修文庙、府学，嘉靖十二年（1533）重修文庙、府学、县学，万历十三年（1585）、二十二年（1594）、二十三年（1595）对碑林、府学、县学等的重修或整修。其中万历二十二年的整修是嘉靖年间陕西大地震之后最全面、最重要的一次整修，在碑林史上占据着重要的地位，具体资料可见《咸宁县志》《重修儒学碑》《重修正学书院碑》等。崇祯九年也曾有过一次整修，据当年所立《重修文庙碑记》，此次整修规模不大，范围仅限于文庙，其经费出于地方官之捐献。

清代对碑林、文庙和府县三学的整修次数最多、规模最大，其特点是不再跟前朝一样"一庙三学"统一进行整修，而多是分开进行。整修文庙和府学为总督、巡抚等地方高层官员的责任，咸宁、长安二县学的整修则由二县长吏负责。清代的整修次数较多，据统计，清代对碑林、文庙和府县三学的整修有文字记载的共有十四次。关于碑林的整修有四次，多见于现存碑林博物馆的记事碑，但是关于文庙和府县三学的整修只能从现存地方志资料中寻找到一二。顺治朝对三学街附近的整修有六次，具体可见《陕西通志》《长安县志》以及现存碑林博物馆的顺治七年（1650）《重修文庙碑记》。康熙年间对碑林、文庙、长安府学整修各一次，对咸宁县学的整修有两次。可见于康熙十一年（1672）的《重修文庙记》碑："自大成殿、两庑东西序、厨库，以棂星门、木石坊、泮池，皆易檐改栋，变芘申筵。"康熙五十九年（1720）《重修碑亭碑记》也记载了对碑林的一次整修情况："起工于四月初旬，先修十二经碑亭四十五楹,次孟子碑亭十三楹,次杂碑一十三楹,以御书孝经殿其后。围以墙垣,固以栅栏,饰以丹臒,至七月终而次第告成焉。"康熙本《西安府志·学校志》"府学"条下述及碑林时称:"本朝康熙庚子,候补令徐朱燨重加辑治。"康熙年间对咸宁县学的修葺共有两次:一在康熙三年,据嘉庆本《咸宁县志·学校志》记述:"康熙三年(1664),知县黄家鼎捐奉重修,营建亭舍。"二在康熙五十五年,据1936年《咸宁长安县续志·金石志》所录碑目中,有一块《咸宁县重修儒学记》碑,上面辑录了具体整修情况,但如今已无从稽考。此外据乾隆本《西安府志·学校志》"府学"条记载:"乾隆壬辰,中丞毕公复鼎新焉。"可知乾隆三十七年(1772)毕沅对碑林、文庙、府学、县学有过较大规模的整修,直到嘉庆十年(1805)、道光二十一年(1841)仍进行了部分整修工作。

第二章 当代保护开发

碑林三学街文史宝典

西安碑林三学街历史文化街区是目前西安市内重要的历史街区之一，它见证了千年古都西安的辉煌，沉积了古城发展过程中遗留的历史痕迹，至今仍集中保存着许多文物古迹和传统民居，具有十分丰富的历史文化内涵。碑林三学街历史文化街区内拥有众多文物，是西安市旅游产业的重要组成部分。全国重点文物保护单位、世界闻名的碑林博物馆，陕西省重点文物保护单位关中书院位于其中；街区东侧还有陕西省重点文物保护单位卧龙寺。由于历史原因，该地区的发展长期处于停滞阶段，使得该地区的更新改造一度面临着既不能将现状封存保护又不能一律推倒重建的两难境地。

西安碑林文化街区改造提升项目于2015年启动，相关部门制定了《西安市碑林区特色街区建设管理办法（试行）》和《书院门·三学街历史文化街区管理暂行办法》。在开发建设上，充分运用"政府购买服务"、鼓励社会资本投入、争取上级财政专项资金等方式，为特色街区建设提供有力的资金保障。

2016年2月省委书记娄勤俭专题调研碑林文化街区，省长胡和平、省委常委刘小燕、王永康等人同行。王永康从政策层面提出要求："国内没有一个城市有西安的历史文化底蕴，西安的定位是要建设具有历史文化特色的国际化大都市，文化带动旅游发展潜力巨大。西安将通过'碑林区块+曲江团队'合作建设，形成文化带动旅游发展的新模式，在古城特色文化街区改造上做出新实践、新探索。同时还要规划好立体交通体系，利用好地下空间，提升区域公共基础设施水平，使碑林文化街区的改造成为西安这座千年古都综合改造提升的新亮点。"

自2015年起，该街区的规划将整个街区划分为五个功能分区，分别为文物保护区、旅游商业区、民居保护区、教育文化区和停车场。其中，碑林博物馆、关中书院和卧龙寺范围内的区域为文化保护区，以保护为主，主要对现有建筑物进行修复，拆除局部不协调的建筑，为碑林开辟一定的广场、停车场等配套服务设施。同时，对关中书院、卧龙寺周围的环境进行改造，对卧龙寺入口进行城市设计。三学街以及安居巷、书院门两侧的旅游商业区，主要服务对象为游客，在该区域内形成一条与传统文化有关的、有文化特色的、与书院门连成一体的商业步行街，两侧建筑形式采用明清风格，在柏树林、木头市、卧龙寺周边等区域设置一定的商业区，既为本区域旅游者服务，又为城市居民服务。将三学街以北、碑林以西的区域，关中书院南侧和卧龙寺南侧的区域划定为民居保护区。以古街道为骨架，采用传统民居的"街—巷—院"布局形式，沿用关中传统民居建筑风格，形成一个有传统特色、环境优美的居住区，为碑林打造一个相对安静且有文化内涵的背景。

规划范围内以居住、文物、公共设施用地为主，居住用地所占比例较高。根据《西安市历史文化名城保护条例》，古城墙以内区域的城市功能应以商贸、旅游为主。因此，规划增加了商业用地与道路广场用地，使规划区域的商贸、旅游得到更好的发展。

第十一编·大事记

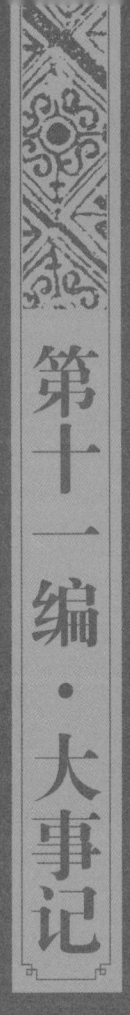

回望历史,碑林三学街文化街区饱经沧桑,发生在这里的一些重要事件清晰地勾勒出碑林三学街文化街区的前世今生。历史的书写使今日的碑林三学街文化街区闻名遐迩,思想遗产丰厚。

○唐贞观十四年（640）二月，唐太宗李世民到国子学祭奠孔子，命祭酒孔颖达讲《孝经》，并撰定《五经正义》为教材。

○唐景云二年（711）为长安城崇仁坊（今碑林区和平门里）景龙观铸铜钟一口，重1.2万斤，唐睿宗李旦手书铭文，是为景云钟（现藏西安碑林）。

○唐天宝四年（745）刻唐玄宗李隆基亲注并书《石台孝经》（现藏西安碑林）。

○唐永泰二年（766）二月京兆尹黎干从长安西市引渠，经光德、通义、通化等坊至开化坊东街，向北经务本坊过皇城景风门、迎喜门（即由今雁塔区蒋家寨附近起，经碑林区太白立交、小雁塔公园到南关正街，向北至南门外，向东经仁义村到文昌门东，由开通巷、菊花园向北直达东五路）入内苑，以解决京师的薪炭运输。

○唐开成二年（837）正月由宰相郑覃、起居郎周墀等勘定文字，刻成《周易》《尚书》《毛诗》《周礼》《仪礼》《礼记》《春秋左氏传》《春秋公羊传》《春秋谷梁传》《孝经》《论语》《尔雅》等12种儒经共159卷、227石，置于务本坊太学内。后世称为《开成石经》。现藏西安碑林。

○唐天祐元年至天祐三年（904—906）昭宗东迁后，韩建任佑国军节度使、京兆尹，以原皇城范围缩建长安城，并将原在务本坊之国子监及唐石经迁于新城内尚书省之西隅。

○后梁开平三年至乾化四年（909—914）刘鄩任永平（即长安）军节度使。其间，在幕吏尹玉羽劝诱下，将委弃于野的六经石迁置于城内尚书省之西隅。

○北宋建隆三年（962）永兴（即长安）军节度使、京兆尹王彦超重修京兆文庙（即韩建移入新城内之国子监）及其中唐石经。王彦超任职京兆期间（建隆二年至乾德三年，即961—965），重刻虞世南书《孔子庙堂碑》于文庙。

○北宋太平兴国七年（982）权知永兴军府事李准在李延袭建议下，将《颜氏家庙碑》移入文庙，梦英秉笔书记。

○北宋淳化四年（993）陕西转运副使郑文宝依徐铉摹本重刻《峄山刻石》于文庙。

○北宋大中祥符二年（1009）知永兴军府事孙仅新修文庙大门。

○北宋大中祥符三年（1010）姚宗萼等重刻李阳冰书《栖先茔记》《三坟记》碑于文庙。

○北宋景祐元年（1034）正月知永兴军府事范雍奏准，首创京兆府学，赐国子监刊本九经，拨官田五顷供府学支用，招收学生137人。

○北宋至和元年（1054）京兆府学在文庙内置小学。

○北宋元丰三年（1080）知永兴军府事吕大防迁京兆府学与文庙至"府城之坤维"。

○北宋元祐二年（1087）陕西转运副使吕大忠把《开成石经》由故唐尚书省西南隅移置于长安"府学之北墉"，这是西安碑林的创始。

○北宋崇宁二年（1103）知永兴军府事虞策将府学、文庙由"府城之坤维"迁建于"府城之东南隅"，即碑林现址，唐石经及诸多唐宋碑刻也一并迁移。

○金正隆二年（1157）京兆府尹完颜胡女、学正来昌国重修京兆府学。

○金正隆五年（1160）前河中府同知府尹耶律隆、陕西东路转运副使周维甫重修碑院（即碑林）和七贤堂。

○金正大二年（1225）行省参政完颜合达重修府学、文庙和碑林。

○金正大八年（1231）二月，蒙古军攻克凤翔。不久，金军主动放弃京兆，退守潼关，并迁民于河南，京兆城遭极大破坏。《类编长安志》所记唐石经"正大辛卯迁徙，悉以摧仆"，当与此次撤退有关。

○蒙古国庚戌岁（1250）省幕王琛将仆倒之唐石经"奉而起立"。

○蒙古国中统建元前后（1260前后）陕西行省平章廉希宪、参政商挺整修文庙，重建府学。

○元至元之初，任佐、雷时中整修碑林，重立"石经之次诸碑"，"断者重续，废者载立，得还旧观"。

○元至元七年至八年（1270—1271）陕西行省平章赛典赤·赡思丁、佥事严忠范大规模整修文庙、府学、碑林。

○元元贞二年（1296）骆天骧撰成《类编长安志》，书中"石刻"一卷著录了长安及附近140余件碑刻，包括碑林藏石40件（书中称"在文庙"）。这是迄今所知关于碑林藏石最早的正式记载。

○元惠宗至元二年至五年（1336—1339）陕西诸道行御史台御史赡思帖木儿不花等整修文庙、府学、碑林。

○元至正二十五年（1365）陕西行省右丞韩元应诸儒户之请，整修文庙、府学、碑林。

○明洪武十一年（1378）西安城垣竣工。周长（中心距）13.79公里，比元奉元城向东、北两面各拓展约三分之一。设四门："东长乐、西安定、南永宁、北安远。"四隅有角楼，环城墙上有堞楼98座。

○明正统年间（1436—1449）陕西巡抚陈镒、王文整修文庙。

○明成化七年（1471）陕西巡抚马文升将长安、咸宁二县学由其县治迁于府学、文庙的东西两侧，从而形成了"一庙三学"的格局。于是就有了后来的府学巷、长安学巷、咸宁学巷和三学街。

○明成化九年（1473）陕西巡抚马文升、西安知府孙仁整修文庙、碑林。

○明嘉靖九年（1530）陕西巡抚刘天和、西安知府李文极重修文庙、府学。

○明嘉靖十二年（1533）陕西巡抚王

尧封、左布政使黄臣重修文庙、府县三学。

○明嘉靖三十四年（1555）十二月十二日，华县大地震，碑林建筑和藏石遭受极大破坏，《开成石经》碑有40余块断裂。

○明嘉靖三十八年（1559）在西安钱局巷（今安居巷）铸铜狮一对，先后几次移置，现置西安碑林东门外两侧。

○明万历十六年（1588）左布政使姚继可整理碑林，主要是对嘉靖地震时遭到破坏的唐石经进行补救，其文义断阙者，稽群书补之。所补文字刻于97块114面小石上，立于石经旁。

○明万历二十二年（1594）陕西巡抚刘光国、咸宁知县李得中、长安知县沈听之重修文庙、府县三学和碑林。

○明万历三十七年（1609）十月陕西布政使汪可受令咸宁、长安两县将宝庆寺东小悉园改建为关中书院（位于今西安城南门内东侧书院门街），由罢官归里的工部尚书、理学名儒冯从吾主持讲学，川、甘、豫、冀等地青年纷纷前来拜师就学。

○明万历四十六年（1618）赵崡撰成《石墨镌华》八卷，著录当时碑林藏石46件（书中称"在西安府学"），是研究明代碑林藏石情况的重要资料。该书首次使用"碑林"称谓。

○明万历四十六年至四十七年（1618—1619）西安知府梁鼎贤重修文庙和府县三学。

○明泰昌元年（1620）六月西安东南城墙上文昌阁（魁星楼）修建竣工。

○明天启五年（1625）阉党准备在陕西为权阉魏忠贤修建生祠，冯从吾联结诸生、绅耆竭力抵制。明熹宗朱由校下令封闭全国书院，翌年十二月，陕西巡抚乔应甲寻机捣毁关中书院。

○明崇祯九年（1636）巡按陕西监察御史钱守廉重修文庙。

○崇祯十六年（1643）十一月十一日，李自成攻西安城，击毁东门正楼、南门箭楼。明军守将王根子开东门迎降。

○清顺治三年（1646）陕西巡抚雷兴重修文庙、府县三学。当年，费甲铸依兰州肃府本重刻《淳化阁帖》于碑林，共143石。

○清顺治十年（1653）陕西提学使田厥茂重修西安府学。

○清顺治十三年（1656）陕西巡抚陈极新整修西安城墙，疏浚城壕，修复东门正楼和南门箭楼。

○清康熙三年（1664）陕西巡抚贾汉复集唐石经字样，补刻《孟子》16石，立于《开成石经》旁，补足"十三经"。

○清康熙十年（1671）陕西巡抚鄂善重修文庙。

○清康熙五十九年（1720）西安知府徐容、候补令徐朱整修碑林。

○清乾隆三年至四年（1738—1739）陕西巡抚崔纪、布政使帅念祖重修文庙、府学。

○清乾隆三十七年（1772）陕西巡抚毕沅整修碑林，重新规划和改建了碑林建筑，对碑林藏石进行了整理筛选，并建立了相应的管理制度。

○清嘉庆七年（1802）清军同知叶世倬在西安城内卧龙寺建立养正书院。道光时改名崇化书院（今开通巷小学校址）。

○清嘉庆十年（1805）西安知府盛惇崇整修碑林。

○清道光二十一年（1841）陕西巡抚富呢扬阿整修碑林。

○清光绪十五年（1889）十一月英国基督教浸礼会派医学博士姜感恩及医师罗伯逊、荣安居等人来西安，在东木头市街开办英华医院。西医由此传入西安。

○清光绪二十七年（1901）十一月护理陕西巡抚李绍芬在咸长考院及崇化书院旧址设立陕西大学堂，调选学生200名。三十一年（1905）改为陕西省高等学堂。

○清光绪二十九年（1903）五月改关中书院为陕西师范学堂，聘牛兆濂等为教习。

○清光绪三十三年（1907）丹麦人何尔谟来西安，盗《景教碑》（当时立于金胜寺）未遂，八月二十七日，陕西巡抚曹鸿勋将《景教碑》移入碑林。

○1912年碑林由陕西省立图书馆代管。

○1914年陕西图书馆编《陕西图书馆所管碑林碑目表》，这是迄今所知最早的一份正规的碑林藏石目录。

○ 1916年陕西商务总会会长郭蕴生向陕西督军兼省长陈树藩建议，官商筹办钱局，各投资一万银圆。陈同意后，在西安大湘子庙街成立了通惠钱局。

○ 1917年4月，陕西省省长李根源为省立图书馆筹拨款项，在重修图书馆北院的同时，也对碑林房屋加以修葺。

○ 1918年美国人毕士博又来西安（毕前次来西安是1914年，勾结陆建章盗走六骏石雕中的飒露紫和拳毛䯄），贿赂陈树藩之父陈配岳，盗运昭陵六骏石雕中的其余四骏，在群众的强烈反对下被截回，送交陕西省图书馆保管（现藏碑林博物馆）。

○ 1919年6月27日孔子诞辰，陕西省教育厅厅长郭希仁令西安各校学生到孔庙（今碑林博物馆处）参拜。西安各校学生拒绝参加祭孔。

○ 1921年12月20日西安各校学生一千多人在孔庙集会，抗议华盛顿会议瓜分中国，并举行示威游行。

○ 1921年陈勋臣在安居巷北口对面创办西安私立伦海小学（"伦海"是五伦坊和六海坊两坊之名的简称）。

○ 1923年4月16日西安学生外交后援会组织各校学生在孔庙集会，要求收回旅顺、大连，会后游行示威。

○ 1923年11月14—29日康有为应西安各界邀请在孔庙、基督教青年会（今东大街北柳巷北口对面）等处多次发表演讲，提倡发展工业，介绍自然科学知识，反对民主共和，宣传封建礼教。

○ 1923年12月康有为与卧龙寺住持定慧立约，将该寺所藏宋版明印《碛砂藏经》带到上海影印。李仪祉、杨叔吉等闻讯发起陕西保存会公布揭发，群情激愤。高等法院向康有为发出传票。康有为处境尴尬，离陕。

○ 1923年陕西省通志馆在大湘子庙街成立。

○ 1924年7月15日鲁迅浏览了三学街西安碑林，并购买了碑帖、造型拓片、文物等。

○ 1926年10月19日，西安南城门箭楼被火烧毁。

○ 1932年4月7日西京筹备委员会在陕西省民政厅训政楼开始办公，张

第十一编·大事记

继任筹委会主任。6月4日迁东木头市2号（今西安市二十四中学所在地）。

○ 1935年3月，省立图书馆馆长张知道编著出版《西京碑林》一书。是年春，中央古物保管委员会在西安设立办事处，黄文弼任主任。9月，在中央古物保管委员会第三次全委会上，与陕西省政府联合整修碑林的议案获得通过。12月，整理西安碑林计划被国民政府行政院批准，由中央财政拨款5万元。是年冬，于右任将其所藏"鸳鸯七志斋"志石捐归陕西公有。马文彦在宋哲元帮助下，将其中原存北平的200余方墓志运回西安，暂存孔庙。

○ 1935年12月24日西安高中、西安师范、西安二中等校学生集会并发出通电，反对华北自治，声援北平学生"一二·九"爱国运动。于右任托杨虎城将他从洛阳古董商处买到的汉、晋、北朝、隋、唐碑志290多方运回西安，捐赠给碑林收藏。

○ 1936年4月，于右任存于南京、洛阳两地的碑石运至西安，暂存孔庙，其中包括《熹平石经》残石。10月17日，内政部聘请邵力子、张继、黄文弼为整理西安碑林监修委员会委员（后又加聘孙蔚如等），黄文弼兼任秘书，实际主持整修事宜。11月9日，整修碑林工程由北平鸿兴公司得标承造。

○ 1936年11月，西安师范学生、共产党员董学源在西安师范、西安高中和西安女师三所学校发展7名党员，成立中共西安临时支部，干事会由三人组成，董学源任书记。支部隶属中共陕西省委，驻地书院门西安师范学校。

○ 1937年4月19日整理西安碑林监修委员会与鸿兴公司正式签订合同，4月21日，整修破土动工。11月，中央古物保管委员会西安办事处停止工作，整修碑林工程由陕西省政府接管主持，仍请黄文弼具体负责。

○ 1937年11月12日李敷仁等在西安师范（位于今书院门）创办了宣传抗日的通俗小报《老百姓》。李敷仁任主编，发行人是武伯纶、田克恭。

○ 1937年12月26日，八路军副总指挥彭德怀由前线回延安途经西安，应西安学生分会、民先队西安队部邀请，在西安师范操场做题为《目前抗战形势与今后任务》的报告，指出抗战胜利的根本途径在于坚持持久战。

○ 1938年年初，中共东北竞存学校支部建立，支部书记阎天佑，驻地湘子庙街。

○ 1938年3月整修碑林工程全部竣工。4月19日，陕西省政府根据建设厅查验结果，予以验收。4月，于右任所捐墓志380余方全部运入碑林，在第八室楼下以青砖砌墙，嵌石于其上。5月1日，西安碑林管理委员会正式成立，由张鹏一任主任委员。这是碑林有史以来第一个独立的管理机构。

○ 1938年6月14日，由刘光华创办的集义社（即后来的尚友社）在西安东木头市中段路北开台，当晚上演的剧目是《玉堂春》。

○ 1939年8—10月，西安碑林管理委员会为防日军空袭，实施碑林第一、二、三室碑石的防护工程。《熹平石经》残石由张鹏一移藏至其富平家中。

○ 1940年6月，"鸳鸯七志斋"藏石之大部分及《禹迹图》《华夷图》等，在碑林院内掘坑深埋。

○ 1944年4月，陕西省政府委员会第十次会议通过省教育厅提案，决定以西安碑林和孔庙为基础，并接收省立图书馆、省考古会、民众教育馆等单位所藏文物及陈列品，成立陕西省历史博物馆。5月21日，省政府任命康耀辰为陕西省历史博物馆馆长。6月1日，康耀辰在西安碑林就职。6月20日，该馆正式启用公章，对外办公。

○ 1947年2月，由陕西省历史博物馆编辑、曹仲谦作序的《西京碑林藏石目录》出版。3月，将拆除原民政厅仪门房屋时拆下的唐《马璘残碑》、五代周《重修文昌阁残碑》等历代碑石数方运回碑林。6—7月，由省教育厅主持，博物馆、孔教会等有关单位组成"陕西省整修孔庙委员会"，拍卖孔庙死柏，并对孔庙房屋和碑林各室进行维修、粉刷。8—9月，将抗战中埋藏于碑林院内的"鸳鸯七志斋"藏石全部起出，11—12月，将这批藏石重新嵌置于第八室楼下。

○ 1948年6—7月，将省政府拆交的

新城小碑林碑石汉《武都太守等题名残碑》及唐《颜勤礼碑》、《慧坚禅师碑》等38方运回碑林。

○ 1949年2月，《陕西省历史博物馆概况及藏品照片册》出版。5月20日，西安市解放。7月，西安市军管会接收陕西省历史博物馆。

新中国成立后

○ 1950年5月改馆名为西北历史文物陈列馆，隶属西北军政委员会文化部。

○ 1952年8月由政府拨专款，对碑林各展室和孔庙房屋进行了一次全面翻修，1953年10月完工，并将明清两代有关整修文庙和府县三学的记事碑埋入碑林院内。

○ 1952年11月改馆名为西北历史博物馆。

○ 1955年1月1日西安市第一、二、七区合并组成碑林区。中共碑林区区委驻东县坡9号，柳尚礼任中共西安市碑林区区委书记。碑林区人民政府驻东木头市公字13号，张凤岐任区长。即日起对外办公。

○ 1955年5月12日碑林区人委在三学街派出所辖区开始试点建立街道办事处。

○ 1955年5月28日国务院总理周恩来和副总理陈毅参加亚非会议之后，途经西安至碑林参观。

○ 1955年6月改西北历史博物馆为陕西省博物馆，隶属陕西省文化厅。

○ 1959年9月13日孔庙大成殿毁于雷电火灾，其台基后来也被平毁，辟为广场。

○ 1961年3月4日西安城墙、小雁塔、西安碑林被国务院公布为第一批全国重点文物保护单位。

○ 1961年10月6日下午，国务院总理周恩来和副总理陈毅陪同尼泊尔国王马亨德拉和皇后参观西安碑林。

○ 1962年7月1日恢复碑林区建制。碑林区各级机构正式成立，即日起对外办公。区人委设在东木头市公字13号，区委设在书院门6号。

○ 1963年10月1日西安碑林石刻艺术室建成并正式开放。

○ 1966年9月8日碑林区158条街

道（路或巷）及村更改新名。9月15日将南院门、南大街、柏树林、和平路、东关南街、伍道什字、太乙路、雁塔路、长安路、边家村、小寨路、八里村等人民公社分别改名为五星街、反修路、永红路、解放路中段、挺进街、更新街、火炬路、解放路南段、长红路、援越路、抗大路、四新人民公社，各公社党委亦随之更名。

○ 1973年和1985年分别拆除棂星门内西面和东面两个长廊，建成两座大型展室，用于举办各种临时陈列活动。

○ 1975年对《石台孝经》在未拆除碑亭的情况下进行了整理修复，重新夯实地基，扶正碑身，恢复原貌。

○ 1979年为防止地震破坏，对碑林各展室进行了加固处理。在碑首、碑身、碑座以及各碑之间，用角钢相互连接，增强了抗御地震的能力。

○ 1980年1月29日三学街居委会、马坊门粮店、永宁庄托儿所被市妇联授予"三八红旗集体"称号；周满意等27人被市妇联授予"三八红旗手"称号。

○ 1982年在碑林第六室前新建展室一座，为仿古建筑，列为第七室，专门用于陈列清刻《淳化阁帖》。

○ 1984年对原孔庙至圣门（又称启圣门、仪门、戟门，俗称小殿）进行维修，更换椽瓦，重新彩绘。

○ 1985年5月6日柏树林商业街建成。

○ 1993年1月西安碑林所在的陕西省博物馆正式改名为"西安碑林博物馆"。

○ 2015年启动西安碑林文化街区改造提升项目。

附录

附录1

北宋时期碑林藏石目录

名称	年代	撰书者	书体	入藏或刻立于碑林时间	所依据资料	备注
峄山刻石	秦	李斯撰并书，郑文宝摹刻	篆书	宋淳化四年（993）刻立于文庙	该碑附刻郑文宝题记	
	宋淳化四年（993）摹刻					
孔子庙堂碑	唐贞观初原刻，宋建隆、乾德间（960—967）重刻	虞世南撰并书，王彦超重刻	楷书	宋建隆、乾德间（960—967）刻立于文庙		
孟法师碑	唐贞观十六年（642）	岑文本撰，褚遂良书	楷书	宋初由原兴道坊至德观旧址移入文庙	《宣和书谱》"褚遂良"条下记述	已佚
道因法师碑	唐龙朔三年（663）	李俨撰，欧阳通书	楷书	宋初由原怀德坊惠目寺旧址移入文庙		
大智禅师碑	唐开元二十四年（736）	严挺之撰，史惟则书	隶书	至晚宋宣和四年（1122）已在碑林，可能亦为宋初移入文庙	碑阴所刻宋人题记	
隆阐法师碑	唐天宝二年（743）		行书	宋初由原太平坊实际寺旧址移入文庙		
石台孝经	唐天宝四年（745）	李隆基注释并书	隶书	唐末与国子监一同迁至尚书省西隅，后一直立于文庙		
多宝塔感应碑	唐天宝十一年（752）	岑勋撰，颜真卿书	楷书	宋初由原安定坊千福寺旧址迁入文庙		
栖先茔记	唐大历二年（767）刻，宋大中祥符三年（1010）重刻	李季卿述、李阳冰书，姚宗萼等重刻	篆书	宋大中祥符三年（1010）重刻于文庙	该碑附刻之重刻人题记	
三坟记	同上	同上	同上	同上		
颜氏家庙碑	唐建中元年（780）	颜真卿撰并书	楷书	宋太平兴国七年（982）移入文庙	该碑附刻之重立人题记	
不空和尚碑	唐建中二年（781）	严郢撰，徐浩书	楷书	宋初由原靖善坊大兴善寺移入文庙		
楚金禅师碑	唐贞元二十一年（805）	沙门飞锡撰、吴通微书	楷书	宋初由原安定坊千福寺旧址移入文庙		在《多宝塔感应碑》碑阴
梁守谦功德碑	唐长庆二年（822）	杨承和撰并书	楷书	宋初由原大宁坊兴唐寺旧址移入文庙		

开成石经	唐开成二年（837）		楷书	唐末与国子监一同迁至尚书省西隅后一直立于文庙		
玄秘塔碑	唐会昌元年（841）	裴休撰，柳公权书	楷书	宋初由原兴宁坊安国寺旧址移入文庙		
争座位稿	唐广德二年（764年）书帖，宋熙宁年间（1068—1077）摹刻	颜真卿撰并书，吴中复摹刻	行书	宋熙宁年间（1068—1077）刻于文庙		在《抄高僧传序》碑阴
重修文宣王庙记	宋建隆三年（962）	刘从乂撰，马昭吉书	楷书	当时刻立于文庙		
篆书千字文	宋乾德三年（965）	梦英书	篆书	当时刻立于文庙		
篆书千字文序	宋乾德五年（967）	陶谷撰，皇甫俨书	楷书	当时刻立于文庙		在《篆书千字文》碑阴
三体阴符经	宋乾德四年（966）	郭忠恕书	古文、篆、隶三体	当时刻立于文庙		在《隆阐法师碑》碑阴
十八体篆书	宋乾德五年（967）	梦英书	篆书	当时刻立于文庙		
夫子庙堂记	宋乾德五年（967）	梦英书	楷书	当时刻立于文庙		在《十八体篆书》碑阴
摩利支天经与阴符经	宋乾德六年（968）	袁正己书	楷书	当时刻立于文庙	碑文题目下署"京兆府国子监"	二经同刻一石
太上老君常清静经	宋太平兴国五年（980）	庞仁显书	楷书	当时刻立于文庙	该碑题记曰："永在宣圣庙建立"	在《摩利支天经》碑阴
宋新泽三藏圣教序	宋端拱元年（988）	宋太宗赵炅撰，释云胜书	隶书	当时刻立于文庙		
篆书目录偏旁字源碑	宋咸平元年（998）	梦英书	篆书	当时刻立于文庙	碑文中梦英自序称："贞石于长安故都文宣王庙"	
赠梦英诗	宋咸平元年（998）	僧正蒙书	楷书	当时刻立于文庙		在《道因法师碑》碑阴
永兴军新修文宣王庙大门记	宋大中祥符二年（1009）	孙仪撰，阎宗闵书	楷书	当时刻立于文庙		
沙门静己书偈	宋大中祥符三年（1010）	沙门静己书	行书	当时刻立于文庙	该碑未题名	在《栖先茔记》碑阴

附录

名称	年代	撰书者	书体	原立位置	备注	存佚
大宋勃兴颂	宋天禧三年（1019）	虚仪先生撰，唐英书	篆书	当时刻立于文庙		
慎刑箴	宋天圣六年（1028）	晁迥撰，卢经书	楷书	当时刻立于文庙	该碑末题记："立于永兴军至圣文宣王庙"	
劝慎刑文	宋天圣六年（1028）	晁迥撰，卢经书	楷书	当时刻立于文庙	与《慎刑箴》同刻一石之两面	
建学敕	宋景祐元年（1034）			当时刻立于府学	据骆天骧《类编长安志》，元代尚在	已佚
牒永兴军	宋景祐二年（1035）	惟悟书	楷书	当时刻立于府学		
永兴军中书札子	宋景祐二年（1035）		楷书	当时刻立于府学		
京兆府小学规	宋至和元年（1054）	裴衿书	楷书	当时刻立于府学	在《篆书目录偏旁字源》碑阴	
宋京兆府移文宣王庙记	宋元丰三年（1080）	吕大防撰，石苍舒书		当时刻立于文庙	据《类编长安志》，元代尚在	已佚
京兆府学新移石经记	宋元祐五年（1090）	黎持撰，安宜之书	楷书	当时刻立于府学		
宋永兴军创修府学记	宋大观元年（1107）			当时刻立于府学	据《类编长安志》，元代尚在	已佚
宋永兴军府学开泮水记	宋大观元年（1107）			当时刻立于府学	据《类编长安志》，元代尚在	已佚
抄高僧传序	宋，年月不详	陶谷撰，梦英书	行书	当时刻立于文庙		
京兆府学新建七贤堂记	宋，年月不详		楷书	当时刻立于府学	碑残，金代有《重修碑院七贤堂记》碑	

附录2

元代碑林藏石目录

(根据骆天骧《类编长安志》)

名称	刻立年代	撰书人	存放地点	存佚情况	备注
秦峄山碑		李斯书，郑文宝摹刻	今在文庙	仍在碑林	
石经	唐开成中		文庙之北墉	仍在碑林	
石经音释			在府学东序石经之碑阴	仍在碑林	碑文写明十碑，应是《五经文字》和《九经字样》
孝经台	唐天宝四年(745)	唐明皇八分书，太子亨篆额	今在文庙	仍在碑林	
孔子庙堂碑	唐武德九年(626)	虞世南撰并书，相王旦篆额	今在文庙	仍在碑林	宋初王彦超重刻
颜氏家庙碑	唐建中元年(780)	颜真卿撰并书，李阳冰篆额	今在文庙	仍在碑林	
大达法师玄秘塔铭	唐会昌元年(841)	裴休撰，柳公权书并篆额	今在文庙	仍在碑林	
大智禅师碑	唐开元二十四年(736)	严挺之撰，史惟则八分书并篆额	今在文庙	仍在碑林	
大唐三藏圣教序	唐咸亨三年(672)	沙门怀仁集王右军书	今在文庙	仍在碑林	
金刚经碑	唐麟德三年(666)	武敏之正书		已佚	
道因法师碑	唐龙朔三年(663)	李俨撰，欧阳通书	今在文庙	仍在碑林	
西京千福寺多宝塔感应碑	唐天宝十一载(752)	岑勋撰，颜真卿书，徐浩题额	今在文庙	仍在碑林	
唐三藏和尚不空碑	唐建中二年(781)	严郢撰，徐浩书	今在文庙	仍在碑林	
唐千福寺楚会禅师碑	唐贞元二十一年(805)	沙门飞锡撰，吴通微书	今在文庙	仍在碑林	在《多宝塔感应碑》碑阴
唐李氏拪先茔记	唐大历二年(767)	嗣子季卿撰，从子阳冰篆书	今在文庙	仍在碑林	
唐李氏三坟记	唐大历二年(767)	李季卿撰，李阳冰篆书	今在文庙	仍在碑林	
唐颜鲁公争座位帖		鲁公与仆射郭英义行草书稿也	今石刻在文庙	仍在碑林	

唐邠国公功德铭	唐长庆二年（822）		今在文庙	仍在碑林	即《梁守谦功德碑》
唐金兰帖	宋元祐元年（1086）摹	欧阳询书	今嵌在文庙成德堂西壁	已佚	
唐昌黎五箴	宋宣和五年（1123）摹	李寂篆书，李珍勒上石	今嵌在文庙	仍在碑林	
宋大观圣作碑			在府学	已佚	现存碑林者系由乾县移来
宋重修文宣王庙记	宋建隆三年（962）	刘从乂撰，王彦超立		仍在碑林	
宋建学敕	宋景祐元年（1034）十月			已佚	
宋京兆府移文宣王庙记	宋元丰三年（1080）	吕大防撰，石苍舒书		已佚	
宋府学移石经碑记	宋元祐五年（1090）	黎持撰		仍在碑林	
宋永兴军创修庙学记	宋大观元年（1107）			已佚	
宋永兴军府学开泮水记	宋大观元年（1107）			已佚	
大宋勃兴颂		虚仪先生撰，唐英篆书	在文庙	仍在碑林	
京兆府小学规		任民师撰	在文庙	仍在碑林	
宋三体阴符经	宋乾德四年（966）	郭忠恕古文，王筠篆、八分书三体		仍在碑林	
宋兴庆池禊宴诗碑	宋庆历十五年（1055）		元至元十三年，安西教官移在文庙	仍在碑林	
宋十八体篆额		僧梦英篆十八体		仍在碑林	
宋武功游师雄墓志		张舜民撰，章粢篆额	嵌在成德堂壁	仍在碑林	
金重修府学碑	金正隆三年（1158）	潘师雄撰并书			立碑时间应为正隆二年

附录3　明代整修西安碑林、文庙和府县三学一览表

整修时间	整修对象	倡修之地方官	工程主持者	资料来源	备注
正统年间（1436—1449）	文庙	陕西巡抚陈镒、王文		明成化十一年《重修西安府学文庙记》碑之追述	此次整修未见立记事碑
成化初年	府学	西安知府余子俊		明嘉靖十一年《西安府重修学庙之碑》追述	此次整修未见立记事碑
成化九年（1473）	文庙、碑林	陕西巡抚马文升	西安知府孙仁	明成化十一年《重修西安府学文庙记》碑、乾隆本《西安府志》、嘉庆本《咸宁县志》和《长安县志》	
嘉靖九年（1530）	文庙、府学	陕西巡抚刘天和、西安知府李文极	西安府同知李梅	嘉靖十一年《西安府重修学庙之碑》	记事碑已埋
嘉靖十一年（1533）	文庙、府县三学	陕西巡抚王尧封	左布政使黄臣	嘉靖十五年《陕西西安府县儒学先圣庙重修记》碑	记事碑已埋
万历十三年（1585）	咸宁县学	咸宁知县李生芳		嘉庆本《咸宁县志》所录王鹤碑文	记事碑已佚
万历十六年（1588）	碑林、石经补字	陕西左布政使姚继可		万历十七年《重修孔庙石经记》碑	
万历二十年（1592）	修建文庙坊、亭	永寿王府辅国中尉朱惟燿		万历四十二年《秦贤宗建文庙坊亭记》碑	记事碑已埋
万历二十二年（1594）	文庙、府县三学和碑林	陕西巡抚刘光国、咸宁知县李得中	咸宁知县李得中，长安知县沈听之	万历二十二年《咸宁长安二县尹修葺文庙记》碑，嘉庆本《咸宁县志》所录周宇《重修儒学碑》碑文	记事碑已埋
万历四十六年至四十七年（1618—1619）	文庙、府县三学	西安知府梁鼎贤	府知事潘善，咸宁丞张待礼，长安丞郭知彰	万历四十八年《重修庙学记》	记事碑已埋
崇祯九年（1636）	文庙	巡按陕西监察御史钱守廉	梁黄三等	崇祯九年《重修文庙记碑》	记事碑已埋

附录4

清代整修西安碑林、文庙和府县三学一览表

整修时间	整修对象	倡修之地方官	工程主持者	资料来源	备注
顺治三年（1646）	文庙、府县三学	陕西巡抚雷兴	杨璇	顺治三年《重修庙学记》碑拓本	记事碑已掩埋
顺治六年（1649）	文庙	陕西巡抚黄尔性	府学广文杨先春	顺治七年《重修文庙碑记》拓本	记事碑已掩埋
顺治八年（1651）	长安县学	长安知县樊鸿选、樊宏	县学训导张宏业	雍正本《陕西通志·学校志》，嘉庆本《长安县志·学校志》	记事碑已佚
顺治十年（1653）	西安府学	陕西提学使田厥茂		雍正本《陕西通志·学校志》，乾隆本《西安府志·学校志》	记事碑已佚
顺治十二年（1655）	咸宁县学	咸宁知县余国柱		雍正本《陕西通志·学校志》，嘉庆本《长安县志·学校志》（附有碑文）	记事碑已佚
顺治十七年（1660）	文庙	陕西巡抚张珺		康熙四年《重修西安府学文庙记》拓本	记事碑已掩埋
康熙三年（1664）	咸宁县学	咸宁知县黄家鼎		嘉庆本《咸宁县志·学校志》（附有碑文）	记事碑已佚
康熙十年（1671）	文庙	陕西巡抚鄂善		康熙十一年《重修文庙记》碑拓本	记事碑已掩埋
康熙五十三年（1714）	咸宁县学			民国二十五年《咸宁长安两县续志·金石考上》有康熙五十三年《咸宁县重修儒学记》碑目	记事碑已佚
康熙五十九年（1720）	碑林	西安知府徐睿、候补令徐朱熻	府学教授张钟，训导姚文思	康熙五十九年《重修碑亭碑记》（现藏碑林），乾隆本《西安府志·学校志》（附《重修西安府学碑林记》碑文）	此二碑均掩埋
乾隆三至四年（1738—1739）	文庙、府学	陕西巡抚崔纪、布政使帅念祖		乾隆九年《重修西安府学宫碑记》碑拓本，乾隆九年《重修文庙碑颂并序》碑拓本	
乾隆六年（1741）	长安县学	长安知县杨毓芳		《续修陕西通志稿·学校二》《咸宁长安两县续志·金石考上》，有乾隆七年《修长安县学记》碑	记事碑已佚
乾隆三十七年（1772）	碑林	陕西巡抚毕沅		《关中金石记》《陕甘资政录》嘉庆十年《重修西安府学碑林记》碑的追述	此次整理未见专门立碑
嘉庆十年（1805）	碑林	西安知府盛惇崇，同知叶世倬		《重修西安府学碑林记》碑（碑林现藏）	
道光二十一年（1841）	碑林	陕西巡抚富呢扬阿		道光二十二年《复修碑林记》碑（碑林现藏）	